A LIBRARY OF
DOCTORAL
DISSERTATIONS
IN SOCIAL SCIENCES IN CHINA

中国
社会科学
博士论文
文库

姓 与 性
一部裕固族亲属制度的民族志

Surname and Sex: an Ethnography of Yugu's Kinship System

林 红 著

导师 蔡 华

中国社会科学出版社

图书在版编目（CIP）数据

姓与性：一部裕固族亲属制度的民族志／林红著.—北京：中国社会科学
出版社，2018.11
（中国社会科学博士论文文库）
ISBN 978-7-5203-3449-5

Ⅰ.①姓… Ⅱ.①林… Ⅲ.①裕固族—亲属制度—研究—中国
Ⅳ.①K283.5

中国版本图书馆 CIP 数据核字（2018）第 250741 号

出 版 人　赵剑英
责任编辑　王莎莎
责任校对　杨　林
责任印制　王　超

出　　　版　中国社会科学出版社
社　　　址　北京鼓楼西大街甲 158 号
邮　　　编　100720
网　　　址　http://www.csspw.cn
发 行 部　010－84083685
门 市 部　010－84029450
经　　　销　新华书店及其他书店

印　　　刷　北京明恒达印务有限公司
装　　　订　廊坊市广阳区广增装订厂
版　　　次　2018 年 11 月第 1 版
印　　　次　2018 年 11 月第 1 次印刷

开　　　本　710×1000　1/16
印　　　张　18.75
插　　　页　2
字　　　数　305 千字
定　　　价　76.00 元

总　序

在胡绳同志倡导和主持下，中国社会科学院组成编委会，从全国每年毕业并通过答辩的社会科学博士论文中遴选优秀者纳入《中国社会科学博士论文文库》，由中国社会科学出版社正式出版，这项工作已持续了 12 年。这 12 年所出版的论文，代表了这一时期中国社会科学各学科博士学位论文水平，较好地实现了本文库编辑出版的初衷。

编辑出版博士文库，既是培养社会科学各学科学术带头人的有效举措，又是一种重要的文化积累，很有意义。在到中国社会科学院之前，我就曾饶有兴趣地看过文库中的部分论文，到社科院以后，也一直关注和支持文库的出版。新旧世纪之交，原编委会主任胡绳同志仙逝，社科院希望我主持文库编委会的工作，我同意了。社会科学博士都是青年社会科学研究人员，青年是国家的未来，青年社科学者是我们社会科学的未来，我们有责任支持他们更快地成长。

每一个时代总有属于它们自己的问题，"问题就是时代的声音"（马克思语）。坚持理论联系实际，注意研究带全局性的战略问题，是我们党的优良传统。我希望包括博士在内的青年社会科学工作者继承和发扬这一优良传统，密切关注、深入研究 21 世纪初中国面临的重大时代问题。离开了时代性，脱离了社会潮流，社会科学研究的价值就要受到影响。我是鼓励青年人成名成家的，这是党的需要，国家的需要，人民的需要。但问题在于，什么是名呢？名，就是他的价值得到了社会的承认。如果没有得到社会、人民的承认，他的价值又表现在哪里呢？所以说，价值就在于对社会重大问题的回答和解决。一旦回答了时代性的重大问题，就必然会对社会产生巨大而深刻的影响，你也因此而实现了你的价值。在这方面年轻的博士有很大的优势：精力旺盛，思想敏捷，勤于学习，勇于创新。但青年学者要多向老一辈学者学习，博士尤其要很好地向导师学习，在导师的指导下，发挥自己的优势，研究重大问题，就有可能出好的成果，实现自己的价值。过去12年入选文库的论文，也说明了这一点。

什么是当前时代的重大问题呢？纵观当今世界，无外乎两种社会制度，一种是资本主义制度，一种是社会主义制度。所有的世界观问题、政治问题、理论问题都离不开对这两大制度的基本看法。对于社会主义，马克思主义者和资本主义世界的学者都有很多的研究和论述；对于资本主义，马克思主义者和资本主义世界的学者也有过很多研究和论述。面对这些众说纷纭的思潮和学说，我们应该如何认识？从基本倾向看，资本主义国家的学者、政治家论证的是资本主义的合理性和长期存在的"必然性"；中国的马克思主义者，中国的社会科学工作者，当然要向世界、向社会讲清楚，中国坚持走自己的路一定能实现现代化，中华民族一定能通过社会主义来实现全面的振兴。中国的问题只能由中国人用自己的理论来解决，让外国人来解决中国的问题，是行不通的。也许有的同志会说，马克思主义也是外来的。但是，要知道，马克思主义只是在中国化了以后才解决中国的问题的。如果没有马克思主义的普遍原理与中国革命和建设的实际相结合而形成的毛泽东思想、邓小平理论，马克思主义同样不能解决中国的问题。教条主义是不行的，东教条不行，西教条也不行，什么教条都不行。把学问、理论当教条，本身就是反科学的。

在21世纪，人类所面对的最重大的问题仍然是两大制度问题：这两大制度的前途、命运如何？资本主义会如何变化？社会主义怎么发展？中国特色的社会主义怎么发展？中国学者无论是研究资本主义，还是研究社会主义，最终总是要落脚到解决中国的现实与未来问题。我看中国的未来就是如何保持长期的稳定和发展。只要能长期稳定，就能长期发展；只要能长期发展，中国的社会主义现代化就能实现。

什么是21世纪的重大理论问题？我看还是马克思主义的发展问

题。我们的理论是为中国的发展服务的，绝不是相反。解决中国问题的关键，取决于我们能否更好地坚持和发展马克思主义，特别是发展马克思主义。不能发展马克思主义也就不能坚持马克思主义。一切不发展的、僵化的东西都是坚持不住的，也不可能坚持住。坚持马克思主义，就是要随着实践，随着社会、经济各方面的发展，不断地发展马克思主义。马克思主义没有穷尽真理，也没有包揽一切答案。它所提供给我们的，更多的是认识世界、改造世界的世界观、方法论、价值观，是立场，是方法。我们必须学会运用科学的世界观来认识社会的发展，在实践中不断地丰富和发展马克思主义，只有发展马克思主义才能真正坚持马克思主义。我们年轻的社会科学博士们要以坚持和发展马克思主义为己任，在这方面多出精品力作。我们将优先出版这种成果。

2001 年 8 月 8 日于北戴河

特别说明

1. 凡文中涉及的个人信息（包括所有案例中可能暴露个人身份信息的地名、人名），均已做匿名化和去隐私化处理。

2. 本书正文以宋体和仿宋体两种字体呈现，前者侧重分析性，以作者的论述视角为主；后者侧重故事性，以田野笔记和田野人物的表述视角为主，极个别为摘引内容；二者从内容和视角方面形成互补，从而构成本书的完整论述。

3. 本书涉及的裕固族（东部）语言，未严格遵循国际音标的严式标音法或宽式标音法，而是采用了宽泛的标音方式。

亲属关系图例表

○	女性
△	男性
□	男性或女性
▲/■/●	Ego
△	立房杆子关系中的丈夫
═══	婚姻关系
= = =	共居关系
= = =	勒系腰关系
≡ ≡ ≡	立房杆子关系
│	代际关系
┆	收养关系
┌──┐	兄弟姊妹关系

摘　　要

　　一直以来，学界关于裕固族"勒系腰"的研究存在一个普遍结论："母权制婚姻的残余。"在长达一年的田野调查基础上，本研究将彻底推翻此结论。

　　在裕固族的观念里，孩子身体的骨骼来自父亲，血和肉来自母亲，这种代际传承建立在两性关系的基础之上。"父亲的骨头"作为最重要的个体遗传性征，是能够在代际间永远传承且毫不会消减的物质。源自同一个男性祖先的个体共享相同的骨头，拥有相同的姓氏，互称"本家"，我们称之为裕固族社会血亲。在这个建立于"同骨"基础之上的社会血亲集团内部，性关系是被禁止的，严格遵守"同姓不婚"的规则。

　　在文化血缘和社会血亲基础之上，裕固族实践两种性生活模式，即明媒正娶和勒系腰。而明媒正娶又表现为四种不同形式：娶媳、招赘、立房杆子、换门亲，无论何种形式，所生子女均使用男方姓氏。

　　勒系腰具备明媒正娶的所有形式特征，是为社会承认的、正式的婚姻关系，但两性之间不存在必然的感情联系和经济联系。女子勒系腰的主要目的是为自己的孩子找个姓，以获得一种社会合法性。通过勒系腰结成的形式上的夫妻关系相对比较稳定，从而保证了勒系腰女子所生子女在姓氏上的延续。但另一方面，相较于形式上的稳定，实质的两性关系却可能变化不定，从而形成勒系腰关系中"姓氏"的稳定和"性关系"的不稳定。

　　裕固族的个体身份认定制度作为一种根本的社会运作逻辑，分别从文化血缘、社会血亲、性禁忌、称谓制度四个方面明确了男性的主导地位。明媒正娶和勒系腰两种性生活模式都直指男性姓氏的关键作用，以及男性实现完整家庭继承的重要性。而作为对个体生命和其他物质存在的认知表述，裕固族的空间和时间观则具体强调了男性的家庭、社会地位以及女性对男性的依附性。

　　综上所述，我们的结论是：裕固族社会实行父系制。"勒系腰"并非所谓的"母权制婚姻的残余"，它只是父系制度下一种多样化的性生活模式。

　　关键词：裕固族　文化血缘　社会血亲　性禁忌　称谓制度　时间空间

Abstract

Presently, there is a common conclusion on the sexual life model "tying waistband" of Yugu ethnic group: it is the matrilineal relic.

In Yugu's conception, child's boneis from father, blood and flesh are from mother. As the key of individual transmissibility, "father's bone" is the substance which would not reduce during forever generational transmission. People from the same male ancestor share same bone and surname, they call each other "the same family", which is Yugu's consanguinity.

Basing on cultural and social consanguinity, Yugu people used to practice two sexual life models, one is matched marriage, the other is tying waistband. Matched marriage has different forms. No matter what form, all born child use male's surname. Tying waistband is also the social formal marriage, but female and male in this type of marriage do not have necessary affection and economic connections. A woman chooses tying waistband is in purpose of finding surname for her children to gain social admit.

As basic social logic, the defining system of Yugu's individual identity is clearly male – oriented. Matched marriage and tying waistband have shown the key role of male's surname and full inheritance. As expression of cognition on individual life and surrounding existence, Yugu's conception on space and time specifically emphasizes male's family and social role, and female's attaching role to male.

In the sum, our conclusion is that Yugu society is a patrilineal society. "Tying waistband" is just another variation of sexual life models in the patrilineal system.

Key Words: Yugu Sanguinity Consanguinity Sex taboo Kin – term system Time Space

目　　录

第二部分　性生活实践模式

第三部分 时空观

Contents

Part II   Practice Models of Sexual Life

Part Ⅲ   View of Time and Space

导　言

一　研究综述

迄今为止，国内外关于裕固族的研究在研究对象上保持着较大的一致性：重西部裕固族而轻东部；同时，在研究方向上又各有偏好：国内重历史学而国外重语言学。我们目前能够看到的国内相关研究大多是以西部裕固族为对象，侧重历史角度的探源，同时涉及部分宇宙观、语言、民歌、民俗等方面。这些研究，从资料利用上来看，可分为两类：一类以调查资料为主，另一类以文献资料为主。

近代国内关于裕固族的调查从时间上当首推《祁连山北麓调查报告》（1932）。这份报告内容侧重行政区划和物产资源，对裕固族生活习俗则笼统地记为"均同于青海藏民"。20 世纪 50 年代末 60 年代初的民族社会历史调查，可以算作近代裕固族研究的正式开端。此次调查的公开成果先后见于《裕固族简史》（1983）、《裕固族、东乡族、保安族社会历史调查》（1987）、《裕固族》（1985）。调查内容较为全面地涵盖了东、西两部分裕固族的生产状况、社会生活、宇宙观、民歌传说等方面。对裕固族婚俗、民歌和敬"汗腾格尔"仪式有较为细致的记述，从而成为之后相关研究的重要参考资料。由于各方面因素制约，此份调查虽然内容较为全面，但多限于泛泛而谈，只能为我们提供一种概貌式的了解。此后有高自厚、贺红梅等以访谈资料结合文献资料对裕固族姓氏、部落和地名进行了考证；又有江波、钟福祖等以问卷为主要调查形式，对裕固族人的家庭观、社会参与度等做了描述；问世了一批基于调查材料的语言学专著，如《东部裕固族简志》《西部裕固语简志》等，主要从语法、词汇方面记录和分析了裕固语，并搜集了部分话语材料，为之后的裕固族文化研究提供了资料。近十年来，国内对裕固族的关注逐渐升温。2001 年，姚力进行了为期一个月的调查并在其硕士学位论文《裕固族帐房戴头婚研究》中提出，裕固族帐房戴头婚并非母系制遗存而是文化涵化的结果。2003 年的中国民族村寨调查项目组成员在进行为期近两个月的调查后出版了以东部裕固族大草滩村为研究对象的《裕固族》一书，汲取了 20 世纪 50 年代末 60 年代初的调查资料，结合当地档案资料和访谈内容，较为全面地展现了裕固族人的现代社会生活。2007 年兰州大学产生了一批以裕固族为研究对象的硕士、博士学位论文，这些论文结合短期的调查资料，从民族历程、现代性、人口、医学、民歌等方面补充或完善了相关信息。以上不论是集体行为还是个体行为的调查，都存在同样的问题：调查时间有限，调查不深入。由是，基于此类调查之上的专著多限于浮光掠影，虽然涉及面广但浅尝辄止；而相关的主题论文，或源于考证，或基于概率统计，或限于泛读，或止于误读。

关于裕固族的文献学研究，始于历史探源，也见长于历史研究。岑仲勉 1936 年发表在《金陵学报》第 6 卷第 2 号上的《明初曲先、阿端、安定、罕东四卫考》可看作此类研究的开始。此后，学界便开始从各类文献资料入手探寻裕固族的历史渊源。程溯洛、钱伯泉、汤开建等人先后写下《甘州回鹘始末与撒里畏兀儿的迁徙及其下落》《沙洲回鹘研究》《甘州回鹘余部的迁徙及西州回鹘之关系》等文章，针对裕固族族源问题提出了甘州回鹘、龟兹回鹘、西州回鹘等几种答案。20 世纪 80 年代后，关于裕固族的研究逐渐呈现多样化，我们可以看到佛教、萨满教、语言特征、民歌、婚俗、人口、教育等各方面文章，同时也出现了《裕固族文化史》《裕固族音乐史》等专著，从不同的角度丰富了裕固族研究。此类文献学的研究，其早期资料来源多为汉文历史古籍，而对藏文、蒙文资料利用甚少。史家究本溯源的考证功底令人叹服，但资料利用的局限也实为一份遗憾。20 世纪 80 年代后，对资料的利用已能够跳出汉文史籍的苑围，虽未能充分利用其他民族文献，但增加了对民间资料的使用率。即使所使用的民间资料多源自二手的相关调查报告或话语资料，但至少从视野上开阔了裕固族研究。

以上裕固族研究是以调查资料和文献资料为基础，针对相关问题提出解释，同时还有大量地方性作品，以资料保存和信息记录为目的，为更进一步的专业研究提供了大量基础材料。首先是地方志类作品，如《康乐区志》《明花区志》《肃南裕固族自治县志》等，结合史料与地方性经验，为我们提供了较为全面的信息；其次是地方专门机构的作品，如肃南县纪念册编辑室编《裕固族之歌》（1984）、肃南裕固族文化研究室搜集整理的《裕固族民歌档案》（2008）、肃南县政协组织编撰的《肃南文史资料》（1994）、肃南县文联及文化馆编《裕固族民间故事集》（2002）、《裕固族民间歌谣谚语集》（2003）等。这些地方性作品多是地方作者利用当地便利条件搜集编撰而成，多为第一手资料，为相关专业性研究提供了坚实基础。但同时，我们在利用这些地方性资料做进一步研究时首先要做仔细甄别，在参差不齐的杂芜中取其精华以求正确使用。

国外关于裕固族的研究始于波塔宁的鸿篇巨制《中国的唐古特——西藏边区和蒙古中部》（1893）。在此书中，波塔宁设专题介绍了裕固族的部落构成、行政区域，并用斯拉夫字母记录了部分裕固族话语材料。曼内海姆于1907年底进入裕固族地区，在短短二十天的行程中对西部裕固族和东部裕固族进行了考察，写下了《撒里尧乎尔访问记》和《西喇尧熬尔访问记》。之后马洛夫追随其足迹两次前往中国西北进行语言调查，后根据自己两次在裕固族地区所调查的资料写了《裕固地区和撒拉地区旅行总结》（1912）、《裕固地区再次旅行总结》（1914）、《裕固族民间故事》（1912）、《裕固族故事、歌谣、谚语和谜语》（1914—1915）、《裕固人的萨满遗迹》（1912）等文章，并写了两本关于西部裕固族语言的著作：《裕固语词与语法》（1957）、《裕固语长篇话语材料及其译文》（1967）。马洛夫调查搜集的资料较为全面地展现了20世纪初西部裕固族地区的社会文化面貌，为后人留下了宝贵资料。德国传教士海尔曼斯1940年发表长篇调查报告《回鹘及其最近发现的后裔》，其中对裕固族汗腾格尔信仰进行了详尽记述，或成为目前我们所见最为完整记录裕固族此信仰行为的报告。

调查报告之外，我们能够见到的国外裕固族研究多侧重语言学和历史学。其中，日本学者如佐口透对裕固族历史研究做了大量努力，在其结集《新疆民族史研究》（1986）中专设"裕固族的历史和社会"一章，充分利用19世纪末20世纪初各国探险家的报告，并结合相关汉文史料对裕固族族源、鄂托克制、东迁传说做了细致探讨；波兰蒙古语言学家科特维奇，荷兰学者玛蒂·茹斯、内和泰仁·汉斯，日本学者佐藤畅治，美国学者尼古拉斯·波普、莱瑞柯拉克等人，多以早期的话语和语言资料为基础，重点从语言学角度对西部裕固语和东部裕固语做了描述和分析，试图在语言族系中将裕固语归位。

从历史时期来看，国内外裕固族研究在近一百多年的时间里出现了三次高潮。第一次高潮出现在 19 世纪末 20 世纪初，其动因为各国探险家们的东方之旅。这一时期的中国风雨飘摇，各国势力都试图在帝国主义殖民瓜分接近尾声时在中国分得一杯羹。陆续以各种身份进入中国的探险家们怀着殖民主义特有的对异域文化的猎奇心，收集了大量裕固族语言和话语材料，记录了这个民族某些正在消失的文化事实和社会事实，如海尔曼斯对西部裕固族祭祀天神仪式的详尽记录，在今天已经成为绝版的珍贵资料。这些探险家大多具备较好的专业背景，回国后相继发表了各自的成果，让世人开始正视这个深山中的弱小民族。第二次高潮出现在 20 世纪 80 年代初，经历了大集体生活洗礼的中国学术界如雨后春笋般涌现出大量裕固族研究作品。这一时期的裕固族研究源于有意识地保存民族文化，以本土学者对裕固族民间资料的收集为始，逐渐拓展到宗教、民俗等各方面。初期的努力及时保存了大量裕固族民间口传材料，如《神奇的皮袋：裕固族民间故事选》（1984）、《东乡族保安族裕固族民间故事选》（1987）、《裕固族民间文学作品选》（1984）、《裕固之歌（1954—1984）》（1984）等。进入 90 年代，裕固族研究逐渐从纯粹的资料整理转向专业性资料分析，有关萨满教、婚俗等方面的论文相继发表。在进化论的影响下，这一时期关于裕固族祭天和帐房戴头婚的探讨几乎都以"原始宗教"和"母系社会遗存"为预设。2000 年贺卫光、钟福祖著《裕固族民俗文化研究》，将裕固族与蒙古族作比较研究，为进化论画上了句号，并引发第三次裕固族研究高潮。2003 年姚力在其硕士学位论文中否定了"帐房戴头婚"的"母系社会遗存"说，提出文化涵化的解释。之后，兰州大学涌现出一系列以裕固族不同方面为研究主题的硕士学位论文、博士学位论文。可以说，第三次裕固族研究的高潮是以专业院校的专业研究为主动力，结合时代背景，利用前人调查报告及官方数据，从人口、教育、性别、艺术等方面重新解读裕固族。这三次高潮，源起于国外探险家们的猎奇，发展于文化自觉的心理，并在渐趋专业化的研究中走向成熟。

从数量上看，关于裕固族语言的研究占有绝对优势，少量涉及历史和宇宙观（萨满信仰），而其他方面鲜有涉足者。这些研究中，各类调查报告为语言、历史及宇宙观等方面的研究提供了大量资料，也为我们了解裕固族某些已经失传的文化事实提供了弥足珍贵的信息来源；有些调查报告在百年或半个世纪之后仍旧是裕固族研究的基础资料，如曼内海姆、海尔曼斯、马洛夫等人的行记以及 20 世纪 50 年代末 60 年代初的中国民族调查报告；但由于调查者所使用语言、调查方式、调查时间、调查目的及时代背景等因素制约，也为后来研究者对这类资料的使用制造了障碍甚至是误导，如社会进化论的理论预设。无论是国内还是国外的裕固族研究，有精华亦有糟粕。作为后续研究的资料，我们在参考这些研究资料的同时亦容易被其混淆视听，尤其是理论预设和价值判断。

无论是地方性研究成果还是专业机构及人士的研究成果，都显示出各自长短。专业性研究重文献资料而轻实际调查，地方性研究重资料搜集而轻定性分析，故而呈现在我们面前的各类作品良莠不齐，难见结合两者优势的著作。撇开时代背景、研究方法等因素，仅仅从研究内容上来看目前国内外裕固族研究状况，某些方面仍旧是空白，如裕固族亲属制度。虽然有专著和论文探讨了裕固族的"帐房戴头婚"，但都是从民俗的角度来描写并最终落于进化论或文化涵化的判断，并未触及其本质。所以我们说，目前裕固族亲属制度研究仍旧是一片待垦的荒土。从另一角度来说，现有裕固族研究还存在两个方面的致命缺陷。第一，缺乏足够充实的田野调查资料。我们所说的田野调查资料的充实性，至少要从调查时间、调查方法、专业知识等方面予以保证。至少一年以上的调查时间，参与观察与访谈相结合的调查方法，调查者具备人类学相关专业的训练，这些因素是以上国内外研究者没有完全实现的。第二，缺乏基于材料之上的理论分析。我们并不是说前人研究中没有涉及相关的理论分析，一方面，恰是蕴含在这些理论分析中的作者个人的理论预设和价值判断误导了作者，同时也误导了许多后继之人；另一方面，由于没有充分的田野调查，此类理论分析多限于只知其表不明就里，未能就相关问题提供本质性解释。

行文至此，有一个问题逐渐清晰：以一个民族为研究对象，究竟要研究什么及怎么研究？也许有人会认为，这个问题在裕固族研究已渐成气候的今天提出乃无稽之谈；但我们认为，回答这个问题是非常必要的。在回答这个问题之前，我们有必要对几个关键概念做出区分：什么是文化事实？什么是社会事实？什么是民族？这三个概念其实就是近百年来裕固族研究的主题词。蔡华在其新作《人思之人》中对这三个概念进行了澄清和重新定义，我们在此沿用。《人思之人》提出，文化的本质是信仰（信仰即是判断为真的命题），一个民族接受和遵守的，或者一个民族的不同群体分别接受和遵守的所有宗教的、制度的、法律的、伦理的、美学的理念，所有的知识和技术，都称为文化事实；因此，一种文化就构成一个观念世界；社会事实是表达信仰的后果，即行为方式；一个以给定的一套信仰体系为个体身份认定标准、行为标准和社会组织标准的集团构成一个民族①。从蔡华对这三个概念的定义出发，我们认为，对一个民族的研究，只有研究该民族所有成员共同遵行的信仰即文化事实，我们对这个民族才能实现真正意义上的理解；对裕固族的研究，只有研究该民族成员共同奉行的那套信仰体系，我们才能真正地了解裕固族的文化。

　　综上所述，我们大致可以厘清目前国内外裕固族研究概况及其存在的问题。如果对目前所能见到的裕固族研究成果做文化社会科学角度的分类和定性分析，我们不难发现：学院派作品对裕固族宗教、民俗、教育等方面的探讨多限于行为方式层面即社会事实，而地方性作品多为资料性整理和搜集，可被视为对文化事实的记录，无论是对社会事实的描述还是对文化事实的记录都不是对裕固族文化事实即观念世界的研究，此项研究的缺失实为遗憾。要对裕固族文化事实进行研究，充分的田野调查是实现对裕固族信仰体系尽可能完善理解和描述的唯一途径。我们所说的"充分"，首先指调查时间充足——或许我们无法保证如马林诺夫斯基、蔡华等人进行四年或十年的田野调查，但半年或一年以上的调查时间是必须保证的；其次是深入的调查方法，人类学的铁律要求我们必须从一个民族的内部去理解这个民族的文化，参与观察与深度访谈相结合的方式能够帮助我们充分地深入民族内部去发现其所思所想。在对文化事实和社会事实细致描述的基础上进行相关的理论升华，是我们研究民族文化的更高诉求。在这一层次上研究裕固族文化，要求我们从民族内部跳出，于庐山之外看庐山，贺卫光、钟福祖在《裕固族民俗文化研究》中进行的比较研究为我们打开了这扇门。我们在这里所谓于民族之外去研究民族文化，是基于更高层次和更广范围内的一种理论追求，正如《人思之人》所做的那样。一方面，从裕固族内部去描写文化事实和社会事实；另一方面，从裕固族外部

---

① 蔡华：《人思之人：文化科学和自然科学的统一性》，云南人民出版社 2009 年版，第102—105 页。

进行比较研究和理论提炼，两者的有机结合是我们对裕固族研究的最高期待，尽管任重而道远。

二　研究目的

实际上，我们选择裕固族为研究对象的初衷，源于"勒系腰"研究中被不断重复和强调的一个结论，即"这种女不嫁，男不娶，家庭中以女性为主的婚姻形态，可能是古老的母权制婚姻的残余"①。由于前人对"勒系腰"的研究多限于形式描写，未进行更深层次的挖掘，这就使得"母权制婚姻的残余"这一结论因缺乏确凿的论据支持而无法令人信服。我们很想知道：裕固族社会真实的运作机制是什么样的？"勒系腰"真的是一种"母权制婚姻的残余"吗？而要弄清这些问题，只有从亲属制度入手。

2008 年 2 月至 2009 年 2 月，我在甘肃省肃南裕固族自治县完成了为期近 13 个月的田野调查。这一年间，我几乎跑遍了三个目标行政村的每家每户，走到哪里就吃住在哪里，可以说这一年我是吃裕固族人的百家饭过来的。东牛毛山、西牛毛山上的鄂博我也去祭祀过，老虎沟台子我骑着毛驴上过，拉盖达坂我徒步翻过，大小斯满科沟我也到过；从前山到后山，我跟随牧民们四季迁徙，从冬春场到夏场再到秋场最后回到冬春场，与居住家庭的成员同居一间屋同睡一张大炕，从陌生到熟悉。与其说这一年时间是我在调查裕固族，不如说是裕固草原用这一年的时间在逐步接纳我。

通过参与观察和访谈，我渐渐开始理解裕固族文化和裕固族人，并搜集了大量裕固族亲属制度的相关资料。也正是一年的牧区生活，让我开始反思一个人类学工作者对一种异文化的描写方式和阐释视角；也正是那些真诚、淳朴、豪迈的裕固族人，让我有机会触及其生活深处并对自己研究的意义有了更深的认识。

蔡华在《人思之人》中提出了人类学自赋的使命：一种是处于形式层面的由所有文化的特殊性构成的多样性；另一种是寓于深层结构中的存

---

① 国家民委民族问题五种丛书之一，中国少数民族社会历史调查资料丛刊，甘肃省编辑组：《裕固族东乡族保安族社会历史调查》，甘肃民族出版社 1987 年版，第 24 页。

在于所有类型的文化和社会的不同结构之间的统一性①。第一种使命在于描写，描写具有不同存在形式的、多样性的文化案例，为之做细致的素描。这种描写，可以是对这个世界未知领域发现后的描写，也可以是对一个社会、群体、民族、国家等实体发现或再发现之后的描写。这种描写的意义在于，搜集尽可能多量、多样的文化个案，充实人类学研究的原材料库存。第二种使命在于分析，对已经获得的文化案例进行提炼，通过分类、比较等方式，从内在结构层次对各种人类学原材料做进一步处理，以获得一个统一性的概念、规律或理论。这两种使命的共同点在于发现，发现未知的案例，发现未知的概念、规律、理论。无论哪一种发现，都是对人类知识不同层次的充实和丰富。

　　针对目前裕固族研究存在的不足，本书重点关注裕固族亲属制度，在笔者长达一年田野调查的基础上对裕固族血亲社会做尽可能细致的素描，力图展现裕固族社会的基本面貌及其文化变迁，并将结合前人研究对裕固族亲属制度的相关问题进行延伸、对存疑做进一步分析探讨。

三　研究内容

　　本书从内容上可以大致分为个体身份认定制度、性生活模式、空间和时间三部分，前者是关于制度本体的描述，后两者是关于制度实践的描写。

　　第一部分为个体身份认定制度，由文化血缘、社会血亲、性禁忌、称谓制度四章组成。在这一部分，我们将要回答"裕固族是谁"这一根本问题。文化血缘，作为对客体的、人的生命的认知结果，告诉我们：裕固族认为，孩子的骨头来自父亲、血和肉来自母亲。"父亲的骨头"作为个体遗传性征的载体，是能够在男性代际间传递且永不会消减的物质。这是裕固族对个体生命来源的认知，同时也是其亲属制度的逻辑起点。以"父亲的骨头"为最基本的社会划分准则，我们得到两个基本类：社会血亲和非社会血亲。社会血亲集团内的个体共享同一个男性祖先的骨头，拥有相同的姓氏，严格禁止婚配，裕固族人称之为"一个骨头上的"。裕固语中，"骨头""姓氏""氏族"三种含义为同一个词"牙森"。在裕固族

---

① 蔡华：《人思之人：文化科学和自然科学的统一性》，云南人民出版社 2009 年版，第 140 页。

观念里，男性的骨头＝姓氏＝氏族，这一连等式是成立的。它进而构成了"同姓不婚"等各种性禁忌以及称谓制度的逻辑原因。

第二部分我们探讨了"明媒正娶"和"勒系腰"两种性生活模式。明媒正娶又存在四种不同的形式：娶媳、招赘、换门亲、立房杆子。这种性生活模式由提亲、定亲、戴头面、迎亲、婚礼等几个主要环节构成。除了戴头面礼是女方家庭为女子举行的成年礼，其他所有环节都由男方家庭主导。明媒正娶的直接结果为：第一，女子成为男方家庭的一员，对其丈夫产生依附性；第二，男、女双方家庭成为姻亲，男方家庭对入门的媳妇拥有至上的话语权。反之，另一种性生活模式"勒系腰"则是由女方家庭主导。通过勒系腰结成的婚姻关系不必要存在真实的"丈夫"，其直接目的是"为孩子找个姓"。勒系腰女子与共居男性生育的子女，使用受系腰男子的姓氏。勒系腰的直接结果为：第一，女子获得合法的生育资格，所生子女拥有社会承认的合法身份特征——姓氏；第二，女子对受系腰男子及其家庭产生名义上的依附性，但双方不必要履行婚姻关系所包含的任何实际责任和义务；第三，虽然女子对其名义丈夫存在正式的依附关系，但在勒系腰家庭中，女子拥有实际的主导权；第四，勒系腰女子能够获得家庭主导权的根本原因是：真实丈夫的缺位，即实际家庭结构的不完整。无论何种性生活方式，女子都能够为所生子女找到姓氏，而姓氏又是新生儿获得社会承认的唯一方式。这种姓氏观念的逻辑起点就在于文化血缘。

我们在第一部分构建了裕固族亲属制度的基本逻辑框架，接着在第二部分探讨了实践这种逻辑的两种模式。于是，我们在第三部分试图进一步扩展视野，从空间和时间两个维度为读者展现一个更为开阔的社会背景，从而补充和完善裕固族亲属制度。如果说第一部分和第二部分搭建了骨架部分，那么第三部分关于时间观和空间观的细致描写则为之补充了血肉。最终，我们展现在读者面前的，是一幅完整的裕固族社会亲属制度运作图景。

四　研究方法

本书可视为一部以裕固族亲属制度为主题的民族志。严格意义上的人类学田野调查必须满足三个基本条件：1年以上的田野调查时间、500人以上的谱系、使用调查对象的语言，这也是此部民族志的田野基础。

　　本书的田野调查可分为两个部分，首先是正式田野调查即 2008 年 2 月至 2009 年 2 月共计 13 个月；其次是补充调查即正式田野调查结束后多次返回田野调查点有针对性地进行资料信息的完善和补充。2009 年 2 月笔者离开田野点之后，仍与当地人保持了信息沟通，并于 2016 年至 2018 年多次返回田野调查点开展补充调查。正式田野调查期间，笔者完成了三个行政村共 213 户总计 732 人的家庭谱系，并学会使用调查对象的语言即听、说东部裕固语。在满足严格意义上人类学田野调查的三个基本条件之外，本书还采用了如下两种主要方法：

　　第一，参与式观察。不论正式田野调查还是补充田野调查期间，笔者都是住在当地牧民家中。正式田野调查期间，笔者长期住在两户牧民家中，而前期勾画家庭谱系期间则是随走随停，属于真正意义上的吃百家饭睡百家炕。居住在牧户家中，与牧民同吃、同住、同劳动（为保证调研时间，一般是上午参与牧民劳作，下午做文字记录和资料分析）、同迁徙（在四季牧场间随牲畜转场）。

　　第二，深度访谈。本书所使用材料有两大来源，首先是参与式观察所得，其次是访谈所得。访谈集中在田野调查后 3 个月，即田野调查时间10 个月左右才开始进行访谈。选择在田野调查后期进行访谈，主要有三个方面的优势：（1）利于信息人/报道人（imformant）的选择，知道可以找谁了解或补充什么信息资料，知道谁提供的信息更可靠等；（2）利于筛选信息，即在访谈过程中能够分辨出哪些信息可能是信息人的想象或杜撰，能够辨析出信息人可能误导或遮掩了哪些信息，能够清楚信息人可能存在的个人立场等；（3）利于节省访谈成本，不同于初入田野或尚无田野基础时开展的访谈，田野调查后期进行的访谈，很多现象级的问题通过参与式观察已经解决，这样访谈的问题就可以更具深度和针对性。

　　此外，田野调查期间，笔者还搜集了大量文本和视觉资料，包括：（1）档案资料，主要是乡镇府保存的各村资料和县档案局保存的资料；（2）地方出版物，主要是肃南县裕固族文化研究室搜集和保存的资料，以及县政府的各类出版物；（3）田野照片和视频，此类资料均为笔者自行拍摄所得，部分图片资料因生活方式的变迁时至今日已成为绝版资料，例如全套的"打奶子"照片；（4）田野观察记录文本，均来自笔者参与式田野调查期间观察和感受的文字记录，包括田野日记和工作笔记，共计约 30 万字。

五　田野概况

甘肃省肃南裕固族自治县是我国裕固族人口分布最为集中的地区。自治县地处河西走廊中段和祁连山北麓的狭长地带，境内群峰屹立，地势险要，海拔在 2000—5000 米。位于肃南县中部的康乐乡，东西长 47 公里，南北宽 69 公里，总面积 2457.9 平方公里，辖 4 个片区，共计 16 个行政村。2006 年出版的《康乐区志》记载，截至 2004 年，辖区有裕固、蒙古、藏、汉、土、回、东乡七个民族，共计 1126 户 3998 人，其中裕固族 1723 人，占总人口的 43%。

一个村定居点（林红，摄于 2017 年 7 月 15 日）

我们的田野调查地点是康乐乡三个以牧业生产为主的行政村。① 根据康乐乡派出所 2008 年人口统计数字，这三个行政村共有 213 户，总人口 732 人，其中裕固族约 600 人，占总人口的 81.97%。除裕固族之外，这三个村中人口较多的为汉族，大部分从事农业，与裕固族虽归属同村但存在较为明显的农业点、牧业点之地理区分；其次还有藏族、蒙古族、土

---

① 经"去隐私化"处理，在此后的行文中，这三个行政村分别化名为西勒、永乐、东青，与之相关的一些地名也以同样的方式进行了处理。

族、回族等，多是通过嫁娶方式进入裕固族社会。

　　康乐乡裕固族人主要从事畜牧生产。自 1983 年实行草场承包到户以来，每家都形成了固定的冬、春、夏、秋四季牧场。由于草原上夏季短暂，人畜每年只有两个月至三个月的时间在夏季牧场，所以有的村仍旧实行夏场集体放牧。也就是说，村里统一协调之后，把夏季牧场分成几个区域，再考量各区域草场大小、质量等因素安置不同数量的牧户，并形成一个相对固定的格局。所以在面积广阔的牧区，一般情况下只有到了夏季人口才会相对集中，而其他时节人口分散在不同的山沟里或坡地上，邻居之间相隔一两公里算是最短的距离。

转场（林红，摄于 2008 年 9 月 1 日）

　　还记得初做家谱时，一位牧民一手拿起一根煮熟的羊肋骨，一边用怀疑的口吻问我："我们裕固族还吃生肉（指风干肉），你能行吗？"当时，我用一种近乎义愤填膺的语气抗议他对我的怀疑。但在后来的调查中，这种生活方式的差异日渐成为考验我适应能力的测试题。牧区的饮食以肉、面、茶为主，蔬菜很少。每次下山，各家各户都会大包小包地从山下买回蔬菜和水果。无法获得蔬菜的日子里，人们会在山里寻找一些野菜。平均每天只做一顿饭，其他时间均喝炒面茶充饥、止渴。所谓生肉，就是风干肉。为便于储存，裕固族人将鲜肉切成条，挂在通风阴凉处，经此法制成的肉干味美香醇，可直接食用，或煮，或炒，或烤，均可。在随后的日子里，不想我竟喜欢上了这种生肉的口感。

牧区地理环境、人口分布等因素，给我的田野调查工作带来不少挑战。我的家谱涉及三个行政村中的所有裕固族人，这是牧民们用摩托接力的方式把我从这家送到那家完成的，最初进入田野的我几乎就是靠这种摩托接力奔波于三个村的各户之间。除了牧区交通问题，另一个问题就是调查时间的安排。由于牧区老年人大多居住在张掖市、肃南县及乡政府等学校周围，牧场上多为中青年人，故而调查期间，前六个月我住在草原，跟随牧户从冬春场到夏场再到秋场最后回到冬春场，完成了一个四季轮回；我在冬季大雪之前离开后山的冬春场，到康乐乡政府、肃南县城集中完成了对裕固族老人的访谈及相关档案资料的查找；由于大雪封山，后山道路艰险，春节前后约四个月的时间我住在前山牧户家中。这样的时间安排，在调查结束后我发现还算合理，至少没有留下大的遗憾。

第一部分 个体身份认定制度

裕固族是谁？从何而来？这是我们研究裕固族时面临的首要问题。

在久远的往昔，人类和动物被茫茫洪水淹没了，毁灭了。这是因为人们贪婪地开垦草原、毁坏森林、滥挖金银、屠杀野兽。人们的罪恶行径激怒了天上的汗腾格尔（天神），汗腾格尔用汪洋大海毁灭了人类。那时天地一片混沌，四方全是无边无际的大海。天地间只留下了一个孤岛，孤岛上有一个善良的男孩、一匹好心的白马和一只美丽的白鸟（一说为白天鹅）。男孩失去了亲人，白马失去了马群，白鸟失去了伙伴。这个孤岛在一个庞大的金蛙身上，金蛙一颤抖小岛就会震动，金蛙一发怒，小岛和岛上的一切都将倾入大海。

白马用自己的乳汁喂养了这个孤儿，白鸟从海水中叼来泥土填满了小岛的周围。洪水退去，小岛变成了大岛。白鸟从远处叼来各种草籽和花籽，不久大地上冒出了各种植物的嫩芽。

白马老死了，孤儿就用白马的骨头和尾巴做了一把琴，琴声酷似白马啸啸的声音。这个琴叫作"毛日英胡尔"，意为"马琴"或"马之琴"。这是最早的乐器。这个孤儿就是最早的琴手。

大雪飘来时，孤儿用最干净的雪和白桦树枝做了一个和他相仿的雪人，雪人以雪为肌肤树为骨，他一吹雪人就活了。从此，他们生儿育女，人类便开始繁衍，大地上万物生长，群山上满是活蹦乱跳的动物，海水渐渐消失在天边，草原又变得辽阔无垠。孤儿的子孙们日益增多，他们又繁衍了更多的人。

这是写在《裕固族民族尧熬尔千年史》扉页的一则关于裕固族起源的传说。裕固族作家铁穆尔用一种浪漫的方式讲述了裕固族的起源传说。传说中，洪水之后，唯一幸存的男孩用雪和白桦树枝创造了一个雪人，赋予了她生命，并与之共同繁衍了人类。

　　一九五三年一月十二日，一份高台县第六区团工委关于少数民族地区各种情况调查报告中提到：……有祁明的郭怀成同志来说，他们县萨里维吾族，但本民族的上层人士及群众不承认这种民族的称号，而是承认他们尧胡族。尧胡族的来历，因在最早年以前，他们住在新疆哈什地区，那时候埋没无法生存（是被沙埋没的），于大明宣德二十六年六月二十四日迁徙此地居住，又在清代雍正十年尧胡族受到清政府的残酷压迫而起来反抗，清政府派出年羹尧刽子手无理屠杀，现在活下来的，都是那时躲藏而逃生的，后来被俘去姓安的弟兄七人，送到北京，清政府清朝的雍正皇帝看到这个民族被杀光了，似乎有些可怜，随将七人当即释放，并封为祖传的头目，从那时候传到今为七族的黄番头目。这种民族信仰喇嘛教，全区有四个喇嘛寺即红湾寺、金窑寺、长沟寺、水关寺，这些寺院里共有大小僧人 92 人……本地区尧胡族上层人物，是过去本族的千户头目、总圈头。

　　这份报告写于中国共产党接管裕固族地区初期，是一份裕固族概况的描述。从中我们可获知，裕固族自称"尧胡族"，原驻地"新疆哈什"，头目姓"安"，信仰"喇嘛教"等信息点。于是，我们不禁要问：裕固族为何自称"尧胡族"？为何从"新疆哈什"迁徙？等等。这些问题，我们都将在民歌《尧熬尔来自西至哈至》中获得答案。

　　裕固族自称尧熬尔，其族源可追溯至回纥。目前根据语言和地理裕固族分为东、西裕固族和黄泥堡裕固族三部分。黄泥堡裕固族操汉语，农业定居；明花区、大河区裕固族操阿尔泰语系突厥语族语，保留了很多古代回鹘语的语法特征，其民自称"萨里尧熬尔"，一词在突厥语中意为"黄色"，"尧熬尔"一词直接承译自元史籍中的古代回鹘语词汇"畏兀儿"；康乐地区裕固族操阿尔泰语系蒙古语族语，语法具备 13、14 世纪蒙古语特征，其民自称"施喇尧熬尔"，"施喇"一词蒙古语意为"黄色"。史家考证，自 13 世纪前后起，在甘肃西部分布着一个名叫撒里畏兀儿的种族，起源于 11 世纪末宋代史料中出现的黄头回纥。宋史载"神宗尝问其使（于阗国使者）去国岁月，所经何国？对曰'去国四年，道途居其半，历黄头回纥、青唐，惟惧契丹钞略耳'"①。薛文波结合维吾尔史料和元史记载推断：黄头回纥即西州回鹘地区的原著回鹘部落。②

撒里畏兀儿的成分问题一直是学者探讨的焦点，目前存在甘州回鹘说、龟兹回鹘说、西州回鹘说等多种解释，我们比较认同西州回鹘一说。虽对源流众说纷纭，但学界对宋时"黄头回纥"与元时"撒里畏兀儿"两者之间的嬗变关系已达成共识。840 年回鹘王国分崩离析后，其部族或东归或南下或西迁。其中一支主力往西州与原著西州回鹘会合，后建立高昌回鹘王国。高昌回鹘王国在成吉思汗西征时率先归附，其统领亦都护巴而术阿而忒的斤被成吉思汗封为第五子，并娶成吉思汗女，名义上拥有与成吉思汗其他四位皇子同等的地位。在 10 世纪至 15 世纪西域的伊斯兰化进程中，高昌回鹘王国作为佛教的最后一块阵地终在 15 世纪时被纳入了伊斯兰的版图。14 世纪末高昌回鹘战败，部族东迁，《康乐区志》中将这次东迁称为裕固族先民的第一次东迁。此次东迁的终点是今甘肃阿尔金山南的大小苏干湖一带，回鹘部族迁于此后与当地原著回鹘、蒙古等部逐渐汇流，后明朝在此设关西八卫。约一个世纪之后，关西八卫又开始受到伊斯兰化后的原高昌属地吐鲁番势力不断侵袭，加之各卫之间势力争夺及瘟疫横起、草原环境恶化等因素，15 世纪末各卫部族开始陆续东迁关内。此次东迁是现代裕固族形成的关键时期，《康乐区志》将其称为裕固族先民的第二次东迁，其目的地与今日裕固族所在区域大致相仿。③ 相较于第一次东迁，第二次东迁的民族成分更为复杂，前者以原高昌地区的回鹘部族为主，而后者至少包含了回鹘部族和蒙古部族。其实在此，前后两次东迁的回鹘部族成分也在民族融合的过程中更加复杂化了。第一次东迁时的回鹘部族经元一朝，从其统治阶层已经开始蒙古化；至第二次东迁时，其蒙古化程度更深。在整个北方民族史历程中，时至今日我们已很难从根源上去区分两个不同的民族。

---

① 《宋史》卷四百九十《于阗传》。
② 薛文波：《裕固族历史初探》，《西北民族大学学报》（哲学社会科学版）1981 年第 2、3 期。
③ 第二次东迁的目的地准确地讲是祁连山北麓八字墩、托莱牧场，1958 年甘青划界时划归青海，从而引起裕固族历史上第三次大迁移，《康乐区志》中将其称为第三次东迁。

对于历史的考证，民歌只能作为一种辅助手段，但在一些细节上也能为我们提供历史佐证。热依拉·达吾提在其《裕固族史诗〈尧熬尔来自西至哈至〉研究》[①] 一文中，以才让丹珍收集整理的《尧熬尔来自西至哈至》为蓝本，通过分析歌中的地名、事件并结合史料认为，"西至哈至"即是今天新疆吐鲁番、哈密一带，裕固族先民东迁的起点便是这里。除此一说，目前关于"西至哈至"的地理位置还存在多种说法，如高自厚认为"西至哈至"是"曲先、安定"的谐音，故提出裕固族原驻地应为曲先卫和安定卫辖区；钱伯泉则认为"西至""哈至"分别为西域地名，其地域应为曲先卫、罕东左卫；而范玉梅则认为"西至—哈至"是指敦煌以西、哈密以南、柴达木盆地以北地区。从语音学上来说，我们认为"西至—哈至"可被视为"西州—哈卓"的音变。"哈卓"一词在回鹘语中即指"高昌"，为西州回鹘政权的都城。根据民歌中提到的"千佛洞""万佛峡"等地名以及宗教战争、东迁路线相关故事，我们基本赞同热依拉·达吾提所提出的观点。

---

① 热依拉·达吾提：《裕固族史诗〈尧熬尔来自西至哈至〉研究》，《新疆大学学报》（社会科学版）2000 年第 2 期。

第一章

文化血缘

一 "你是什么骨头的?"

孩子从哪里来?

刚到永丰,我第一次向尹春兰老人提出这个问题的时候,她思考片刻后很快地说出一句我当时还听不懂的裕固族语。我请陪同一起来的奉妮月帮忙翻译,虽然她的丈夫是汉族,但仍旧有点作难,不知该如何为我翻译。她正绞尽脑汁地找合适的词汇,老人突然间笑了起来,她的笑随即感染了奉妮月,两人笑得前俯后仰、眼泪汪汪。我只能纳闷地看着两人笑,似乎一时没有停止的势头。那天的访谈就在她们无法抑制的笑声中戛然而止。后来我又不甘心地多次问起老人那句话是什么,但老人只是笑而不答,而奉妮月说无法给我翻译。时至今日,老人的那句话在我心里已经成为一个无法解开的谜,让我无法释怀。

关于身体表征的问题是我提问次数最多但获得答案最少的调查部分,让我开始怀疑自己的提问方式以及这个民族文化的变迁速度。后来在学习裕固语的过程中,一句旧时流行的见面语给我带来些许希望。就如我们现在两位陌生人见面后互问对方姓名一样,裕固族人旧时见面问好之后便会问对方的姓氏"tʃi ima jasəŋdə we?"汉语直译为"您是什么骨头的?""jasəŋ"一词近似汉字发音可记为"牙森",本意即"骨头",但是在这句问语中意为"姓氏"。我以此为突破口,改变了提问方式,于是获得了关于"父亲的骨头"的信息。东青村尹秀花老人说:

一个人身体的各个部分都是由娘、老子一起给的。骨头是老子给的，血和肉是娘母子给的。一个女人经血多少是根据家里姐妹多少定的，家里姐妹多的女人经血就少，姐妹少的经血就多。因为经血是娘母子给的，就那么多，分给每个女儿，女儿多的每个人摊的就少，女儿少的摊的就多；而且生相是猪、牛、马这些大个头动物的女人经血也少，血和肉都是一起的，肉给得多了血就当然少了。娃子的头发是娘、老子一起给的，用梳子从头中间把头发分成两半，多的一半就是老子给的，少的那一半就是娘母子给的。因为我们尧熬尔女人都留长发，知道头发多的麻烦，所以给自己孩子的头发就要少一些，不想孩子头发多了麻烦。①

永乐村尹怀谷老人这样说：

对一个人来说，老子给的骨头是最重要的，有了骨头就有了姓。男人的骨头可以一代一代传下去，但女人的血、肉就不行了。没有老子的人，就没有姓，这样的人我们背地里都叫"蛮疙瘩"，意思就是没有骨头的人，低贱得很。没有姓的人在部落里被人看不起，没有谁家的姑娘愿意跟，死了以后连埋的地方都没有。我们各家都有自己的坟场，没有姓的人死了以后谁家的坟场都进不去，就到处浪荡去了。所以不管咋的，女人一定要给自己的娃子找个姓才行，要不然他们以后可不好活。

尹怀谷老人讲起一个人的姓氏时似乎有点兴奋，他不断地向我强调裕固族人对一个人姓氏的看重，他甚至打比方，如果我与他同姓，不论是从哪里来，即使是从四川来的，都会被认为是他的本家人。与传统汉族地方社会里对宗族的重视一样，牧区的裕固族人对以姓氏为代表的氏族也有着一种天然的归属感。正如铁穆尔所说"作为一种古老的习惯，氏族中的每一个成员血缘必须清楚，不然将被整个氏族所抛弃"②。一

① 裕固族老人尹士进谈及对人体的认知时说：人生来就带着金、木、水、火、土五种东西。人离不开水，比如血、眼泪；人的身体是热的，就是有火；人要出气呼吸，就是金、木化成了风在人的身体里进出；人脚踩在土地上，离不开土。如果发烧，就是火不对了；如果嘴歪了，就是被风打了；如果关节疼、身上浮肿，就是水在作怪。
② 铁穆尔：《千年尧熬尔文化史》，民族出版社1999年版，第113页。

个人，有了姓氏才有了在这个社会中的一席之地，进而才能够明白如何行为。

裕固语中"牙森"一词有三种含义：骨头、姓氏、氏族。在裕固族的观念里，孩子身体里的骨骼来自父亲，血、肉来自母亲，这种代际的传承建立在两性关系基础之上。由于裕固族社会正式承认的两性关系是男娶女嫁，也就是说，在一个裕固族核心家庭中，"母亲"这一个体来自另一个家庭，是通过嫁入的方式成为该家庭的一员。于是，男性的遗传性征"骨头"可以通过自己的男性后代在家庭中不断地延续，而女性的遗传性征"血、肉"则在嫁出其出生家庭之后无法继续传承。所以裕固族认为，"父亲的骨头"是最重要的个体遗传性征，是能够在代际间永远传承且毫不会消减的物质。

"牙森"作为裕固族代际传承的个体遗传性征，其社会意义的存在就是姓氏，也可以说，姓氏是"父亲的骨头"的社会象征。在裕固族人看来，没有父亲的人就没有姓，是被社会鄙视的"蛮疙瘩"，这样的人被认为是没有骨头的低贱的异类。在裕固族社会中，每一个人都应该被贴上姓氏的标签，只有这样才能得到社会的承认。一个人的姓氏背后蕴含着更多更深的社会意义，如老人提到的坟场。不同姓氏的人都有各自的葬身之所，一个人的姓氏直指其死后的归所。在后文，我们将陆续明了姓氏背后更为深厚的社会意义。

源自同一个男性祖先的个体共享相同的骨头，拥有相同的姓氏，进而构成一个氏族集团。传统裕固族社会以氏族—部落建制为基础，使得氏族成为重要的社会力量。东青村尹士进老人这样说：

> 原先康乐有四个鄂托克（部落），到现在能数得上的姓有十来个：常曼，常姓；安帐，安姓；兰恰克，兰姓；白亚特，白姓；额尔盖尔，高姓；洪洛特，郭姓；苏尔杜斯，苏姓；跌木尔特，铁姓；格尔额斯，耿姓；瓜拉，孟姓；霍尔，黄姓；尕尔恰克，尕姓，现在康乐已经没有此姓。这些姓氏基本上是1949年以前康乐所有裕固族的姓氏，每个部落有三到四个姓，也有每个部落都有的姓氏，比如安姓。原来裕固族的姓氏很多，后来由于人口越来越少，有的就绝户了，姓氏也就断了。比如以前大头目部落有一家姓郎的，到中华人民共和国成立的时候姓郎这家只剩下一个男人了，这男人原本有一个

哥,很早死了。这男人后来也没娶上媳妇,大集体的时候原来部落里的人挨家挨户管他,给他送吃的送穿的。后来在尹怀邦(原部落里大户)家站了几年就不在了。他一走,原先大头目部落里就没有郎姓了,这一户就绝了。

一个部落里,同一个姓的都是一家子。哪个姓的人多势力就大,有事的时候,比如嫁姑娘娶媳妇什么的就能说上话,也没人敢欺负。这样一来,那些人口少的户什么事都说不上话,即使受了欺负也没人给撑腰。比如说我们的一位部落首领尹召什嘉,1949 年以前他怕事逃到格尔隆,后来把他老婆从格尔隆赶回家的时候(相当于现在的离婚),那女人的娘家在西勒,在格尔隆没有人给说话,分家的时候什么都没有得着不说,大儿子大了能干活了留在了大头目家,另外一个丫头、儿子还小得很,就让他老婆带走。那女人被赶回西勒的时候,背上背着小丫头,后面跟着小儿子,孽障(可怜)得很。要是她娘家在格尔隆人多势众,那情况就不一样了。

氏族在传统裕固族社会的作用正如上所述,是为氏族内的个体"撑腰"的。这种社会力量可以体现在社会生活中经济、政治、宗教、礼仪等方方面面,如复仇、财产分割、联姻、祭祀等。了解氏族的这种社会作用力能够让我们更深刻地明白,为什么裕固族社会如此强调一个人的姓氏,进而理解为什么裕固语中会用"牙森"一词来表示"骨头""姓氏""氏族"这三层不同含义。

二　氏族

裕固族源自"回纥",该名称既是回纥汗国的名号,同时也是 7 世纪至 10 世纪间草原帝国内各铁勒诸部的对外称谓。该词为突厥语"畏衣兀儿"的汉语音译,其本意为"联合、团结",取各氏族部落联合之意。单从"回纥"一词我们可以推知:回纥汗国的构成基础是氏族。

东青村尹士进老人告诉我:

以前裕固族人只有三个部落:黑尧熬尔、白尧熬尔、黄尧熬尔。

现在明花和大河的裕固族就是黑尧熬尔的后代，白尧熬尔原先居住在今天马蹄、友爱一带，现在已经没有了，据说是格萨尔王时期，格萨尔王征战南北，他军队的很多伤员在马蹄、友爱一带留下后，经过长时期的民族融合，原先居住此地的少数裕固族人被渐渐同化融入了藏族，所以这一带渐渐成了藏族人住的地方；现在康乐和皇城的裕固族则是黄尧熬尔的后代。

三个部落后来渐渐分成了七个部落。大河、明花有三个部落：亚拉格部落、贺郎格部落、萨尔格斯部落，康乐有四个部落：大头目部落、乃曼部落、杨哥部落、赛尔丁部落。一个部落所在的地方称为一个底勤，包括部落里所有人口、牲畜、草场、帐篷等实实在在的东西。但说起部落，一般只是说部落里的人口，就不包括牲口、草场、帐篷这些东西。安家大头目下面有七个正头目和七个副头目，总共15个大小头目管理裕固族。我们有"天下头目都姓安"的说法，就是说只有姓安的人才能当头目。每个部落都有好几个牙森，有多少牙森就有多少姓，同姓的各家各户互称本家。

老人的叙述，向我们描绘了一幅裕固族氏族—部落建制的全图。氏族既是部落的构成单位，同时也是个体的划分单位。不同的氏族联合建构了部落，而相同姓氏的个体则被划为同一氏族。无论对部落还是个体而言，氏族都具有举足轻重的作用。

拉施特在《史集》中提到一则关于裕固族先祖回纥的两个著名集团"九姓"和"十回纥"起源的传说①：

在贝加尔湖以南的山区中，有一处地方有十条河，另一处地方有九条河。在古代，回纥人祖先诸部的驻地就在这些河流沿岸的山里和草原上。沿着十条河居住的称为"十回纥"，而住在九河地区的称为"九姓"。那十条河称为显昆水，它们的名字依次为：亦失里克、兀丁格尔、不乞思、兀思浑都儿、秃喇儿、塔儿答儿、阿迭儿、斡赤 - 塔宾、合木剌卜忽和兀的刊。其中，在前三条河畔住有九个部落，在另外的四条河畔住有五个部落；沿第九条河居住的部落，称为

① ［波斯］拉施特：《史集》（第一卷第一册），余大均译，商务印书馆1983年版，第140页。

"隆";住在第十条河畔的为"合马黑-额的古思"部落。过了若干岁月和世代,这些部落还没有共同的君长。在任何时候,各部落中都是通过暴力争夺,由某一个氏族中出来一位强有力者做本部落的领袖。后来,各部落为了谋公共利益起见,开了一个大会,全体一致地从伊什阕部选出最贤的一个领袖,授以"唉利晊尔"的称号。又从㽝昆部选出最聪明的另一个领袖,给了他"阕唉斤"的称号。他们让这两个人做了诸部落的君主。这两个君主的氏族统治了回纥人百年之久。

这则传说意在解释回纥部落的起源,谈及的两个集团"十回纥""九姓回纥"后来构成了回纥汗国的核心。回纥汗国实行世选制①,汗王只能从药罗葛氏族中产生。由此,根据各氏族部落与汗王氏族集团的关系远近,汗国国民被分为奴役和被奴役两大阶层。而统治阶层中,药罗葛氏族则成为凌驾于所有氏族之上的黄金氏族。传说中提到"这两个君主的氏族统治了回纥人百年之久",正是回纥汗国黄金氏族的写照。传说的细节内容我们还无从考证,但也让我们明白了"氏族"对于个人的重要性。

裕固族有一则民间传说"天下头目都姓安"向我们解释了为什么只有姓安的人才能当头目:

> 裕固族准备从西至哈至东迁时,为了途中节省精力,部落头目下令将老人和孩子都杀死,把老弱病残的牲畜都宰杀掩埋,只留下青壮年男女赶着健壮的牲畜出发。有一位安家的姑娘不忍心将自己的老父亲杀死,她与自己的心上人一起将老人藏入扎了孔的牛皮袋子假装行李驮在驮牛背上启程了。一路上,老人用自己的智慧帮助东迁的部落找到了水源、摆脱了敌人的追杀,历经艰险终于到达了东方丰美的草原。最后部落头目打算奖赏安家姑娘,这时候安家老人从口袋中走了出来,所有人都震惊了。最后,人们一致同意:因为安家老人救了所有裕固族部落,所以此后裕固

---

① 肖爱民:《中国古代北方游牧民族两翼制度研究》,人民出版社 2007 年版,第 5 页。

族部落头目都由安家人担任。①

"安"姓为裕固族氏族部落建制时期大头目部落的主要氏族"安帐"的汉译姓氏，也是整个裕固族部落氏族中的"头目氏族"。裕固族的大头目和各个部落的头目都是从这个氏族中产生和派遣，故而形成了所有裕固族部落的头目包括大头目都姓安的局面。同时，这也是今天裕固族中安姓人口比例很高的原因。

康熙三十七年（1698）中央王朝册封裕固族大头目为"七族黄番总头目"，颁发草原执照。封号"七族黄番总头目"中"七族"即指是时裕固族部落建制下的七个部落。

> 过去有祁明的郭怀成同志来说，他们县萨里维吾族，但本民族的上层人士及群众不承认这种民族的称号，而是承认他们尧胡族，尧胡族的来历，因在最早年以前，他们住在新疆哈什地区，那时候埋没无法生存（是被沙埋没的），于大明宣德二十六年六月二十四日迁徙此地居住，又在清代雍正十年尧胡族受到清政府的残酷压迫而起来反

---

① 这则传说在裕固族地区流传甚广，此外还有另外两个相关传说，其一，据说裕固族在西至哈至的时候，每个人只有名字没有姓氏。后来东迁到达肃州城门下，守城门的汉族官兵问"你们是姓什么的部落？"由于裕固族人不懂汉语，坐在马背上急得又拍马鞍又叫唤，守城的人就以为是姓"安"，于是就给明朝的洪武大帝上奏折说一个姓安的部落要求在肃州定居。洪武帝开恩，传下圣旨把裕固族安顿在了肃州东滩和南山里，并将裕固族定名为"安家茶马户"。当地老人告诉我，这个说法无根无据，可能是关于裕固族不懂汉语的一个笑话。裕固族民间流传有不少关于裕固族不懂汉语或汉语不好而在与汉族交往过程中闹出的笑话。其二，相传，清朝康熙年间，清政府下令全国各族男子都要像满族一样留长辫子。这一命令遭到裕固族人的强烈反对，因为裕固族男子自古以来不留长发，不穿马褂，只穿长袍。裕固族人认为这个命令是对他们的一种羞辱，于是在裕固族人中爆发了一场反清斗争，清政府立即派大将军年羹尧率领军队来镇压。年羹尧屠杀了很多人，眼看着裕固族人就要灭绝了，当时的甘州巡抚孙思克和总兵窝合多次劝年羹尧手下留情，年羹尧自恃战功显赫，位高权重，根本听不进劝。于是孙思克和窝合两人联名上奏朝廷，请皇上以慈悲为怀，不可对裕固族赶尽杀绝。康熙帝见到奏章后，立即传旨要裕固族头目进京面圣。接到皇上的圣旨，很多裕固族头人都认为此次进京凶多吉少，但如果抗旨，必将大难临头。正在众人为难之际，有姓安的七个兄弟自告奋勇进京，但是跟裕固族汗王提了一个条件：进京以后如果被杀了，我们死而无憾，但是如果活着回来了，就要让我们当部落的首领。大家商议之后，同意了兄弟七人的条件。兄弟七人进京后，在一位喇嘛的帮助下获得了康熙皇帝的谅解，皇帝命令年羹尧撤兵，并再次召见七个安家兄弟，把裕固族划分为七个部落：大头目家、杨哥家、八个家、五个家、罗尔、亚拉格家、贺郎格家，任命他们为裕固族的七个世袭头目，并封大头目为"七族黄番总管"，要裕固族每年朝贡纳马。从此，裕固族头目都由安家人担任。

抗，清政府派出年羹尧刽子手无理屠杀，现在活下来的，都是那时躲藏而逃生的，后来被俘去姓安的弟兄七人，送到北京，清政府清朝的雍正皇帝看到这个民族杀光了，似乎有些可怜，随将七人当即释放，并封为祖传的头目，从那时候传到今为七族的黄番头目，这种民族信仰喇嘛教，全区有四个喇嘛寺即红湾寺、金窑寺、长沟寺、水关寺，这些寺院里共有大小僧人 92 人。①

　　与其他北方游牧民族的部落建制一样，裕固族的部落建制也是以氏族为构成单位，有的部落甚至以该部落中占人口绝对优势的氏族姓氏来命名，如：安帐，现为安姓，即大头目部落；贺郎格特，现为贺姓，即贺郎格部落；亚拉格，现为杨姓，即亚拉格部落。与回纥汗国药罗葛氏族类似，部落建制下的裕固族社会只有安帐氏族的人才能担任大小头目，并由此氏族不断向其他部落派遣头目。仅此一点便可见"氏族"对于族群内个人的重要性，它不仅是身份的代码、权力的象征，更是构成个人行为方式的基础。

　　裕固语中有一个词"兀鲁斯"，指称大头目管辖之下所有裕固族部落构成的共同体。铁穆尔在《裕固民族尧熬尔千年史》中写道："在西拉尧熬尔人中，该日②组成牙森，牙森组成鄂托克，鄂托克组成兀鲁斯。"③ 裕固族作为突厥民族后裔，其语言中"兀鲁斯"一词与突厥语中意为"氏族"的"乌鲁克－阿衣马克"一词具有相同词源即"乌鲁"，该词根意指男性。而无论在东部裕固语还是西部裕固语中，"氏族 = 姓氏 = 父亲的骨头"这一关系都是成立的，进而结合上文谈及的 1949 年前裕固族社会的封建部落建制，我们认为，裕固族保留了古代北方游牧民族父权至上的观念，形成了男性继承的氏族，而这种继承方式就体现在姓氏上。在氏族—部落的建制下，一个人的姓氏在说明自己是什么骨头的同时更承载着重要的社会意义。姓氏所表明的不仅仅是个体的归属，同时也明确了一种社会存在方式。

---

　　① 摘选自肃南县档案局档案：《高台县第六区团工委关于少数民族地区各种情况调查报告（一九五三年元月十二日）》。

　　② 裕固语"盖尔/该日"意为"帐篷，家"，"牙森"意为"氏族"，"鄂托克"意为部落，"兀鲁斯"意为"部落联盟"。

　　③ 铁穆尔：《千年尧熬尔文化史》，民族出版社 1999 年版，第 113 页。

三　沙特

　　《沙特》[①] 讲述了裕固族婚礼的来历，实际也是"沙特"作为婚礼象征物的来历。用东部裕固语演唱的《沙特》和用西部裕固语演唱的《尧达尧达》（或《尧达曲克》）是内容大同小异的不同语言版本，可以作为同一母题的变体。史诗中详细讲述了天、地两位汗王儿女结亲的过程，其故事原型可能源自高昌回鹘王国统领亦都护巴而术阿而忒的斤娶成吉思汗女这一历史事件。

　　贺卫光认为，"尧达"与"干棒骨"以及《尧达曲克》与《沙特》作为西部裕固和东部裕固之间深层的、内在的文化联系，是裕固族这一民族共同体的文化基础之一，而且它是在早期形成的，至少在东迁以前形成的。[②] 那么，以第一次东迁的时间来推算，至少在西州回鹘时期即已形成了《沙特》和《尧达曲克》两部长诗的母体。后在民族变迁的历史进程中，不断被其传唱者融入新的内容并随着第二次东迁后形成的分居格局开始分化，从而形成我们今天看到的两种变体版本。

　　歌中唱道，天地形成之初，共有三十三层，由八十八根金柱子支撑着，其中三十层已经稳定，尚有三层没有稳定，八十四根柱子稳定了，还有四根没有稳定。天神腾格里说，只有天、地两位可汗结亲，才能使天地稳定。那么，用什么作为天地永远结亲的象征呢？从白云间翱翔的青龙，到黑松林中咆哮的青鬃白狮子，从拥有千两宝牙的白象，到西边博格达汗歌颂的黑牦牛，为了让芸芸众生都能够相互攀亲繁衍，逐渐降低标准，最后选定东方莫日根成吉思汗颂唱的有盘羊血统的白色绵羊。那么，选择白色绵羊的哪一个部位呢？"用达勒骨（肩胛骨）颂唱，那是有其他用途的骨头；用浩恩骨（后退短骨）颂唱，那是短小的骨头；用合日骨（前腿骨）颂唱，那是难看的骨头；用随吉骨（尾骨）颂唱，那是开洞的骨头；用杜恩达图骨（后腿中间的骨）颂唱，那是短小的骨头。"[③] 因此，"用

---

　　① 详细内容请参见附录 2：沙特。
　　② 贺卫光：《裕固族婚俗中的"尧达"及〈尧达曲格尔〉》，《西北民族研究》1997 年第 1 期。
　　③ 肃南裕固族自治县裕固族文化研究室收集整理：《裕固语话语材料（一）（二）（三）》（内部资料），2008 年，第 19 页。

宝贵的白羊左边的沙特（胫骨）颂唱"。在一番比较之后，确定用羊干棒骨①作为永远结亲的象征物，因为此块骨头的形状：重的一头呈三角形，是用纯银包裹的纯银的沙特；轻的一头呈四方形，是用黄金镶嵌的黄金沙特，愿两亲家用黄金富裕，用八音来铺路；沙特中黄金色精髓那么旺盛是为了两亲家神圣黄教兴盛；外层覆盖三层肉是两亲家的羊毛呢子缝对缝；沙特上厚厚的筋肉象征着给新郎穿上了盛装；沙特上缠着洁白的羊毛象征着给新郎系上了簇新的系腰；沙特上涂着酥油和奶子象征着对新郎圣洁的祝福。于是，"沙特"便被赋予了男、女结成婚姻关系的象征意义，成为裕固族婚礼的象征。

"沙特"一词，在语音上与蒙古语"沙达"相近。在青海蒙古族俗语中，"沙达"即指男性生殖器官。"沙特"和"尧达"分别在东部裕固语和西部裕固语中同指"羊干棒骨"。在词源学上，"沙特""尧达""沙达"属同源词。同时，贺卫光提出，"尧达"与"雅答什"② 具有词源学上的同源关系。"尧达"作为两性缔结婚姻关系的象征物，其原初的物质形态是柱形石头。故而古代北方游牧民族中，魔石崇拜的原生形态实际上是男性生殖器官，是生殖崇拜的一种表现形态。③ 也就是说，"沙特"和"尧达"作为裕固族婚礼中的象征物，实际上是生殖崇拜的一种表现形式。

婚礼仪式之后，新婚夫妻要共食沙特上的肉。实际是借沙特关于生殖崇拜的象征寓意，喻示后代兴旺。食尽沙特上的肉之后，丈夫要小心翼翼地将羊干棒骨收藏起来，这有两层寓意：羊干棒骨会赋予男性繁衍后代的能力，同时也是两性缔结性关系的凭证。

从"骨头"的观念到"沙特"的象征意义，我们不难发现两者的共通点：骨头。沙特是羊胫骨，而孩子的关键构成则是"父亲的骨头"。裕固语中，无论是动物的骨骼还是人的骨骼，均可统称为"牙森"。也就是说，羊胫骨和男性的骨头均为"牙森"。故而，作为男性生殖崇拜这一观念形态的延续，沙特不仅仅是缔结两性性关系的凭证，还是男性生殖能力的象征，隐喻"男性的骨头"，即"父亲的骨头"。

---

① 羊干棒骨，指羊后腿第二节骨头，西部裕固语中称为"尧达"，东部裕固语称为"沙特"。
② 指萨满祈雨时使用的一种圆柱形石头，古代北方游牧民族认为所有圆柱形的、约手腕粗细、二三十厘米长短的石头都具有某种魔力而对之崇拜。
③ 贺卫光：《裕固族信仰民俗中"尧达"与魔石崇拜》，载郑炳林、樊锦诗、杨富学主编《敦煌佛教与禅宗学术讨论会文集》，三秦出版社 2007 年版，第 495—504 页。

第二章

社会血亲

一　一块骨头上的

在裕固族人的观念里，孩子身上的骨头来自父亲，血、肉来自母亲。从父亲到儿子，从儿子到孙子，从孙子到曾孙，男性的骨头代代延续。同一个男人的后代必定拥有相同的骨头。但女性的血、肉，则无法像骨头一样无限延续。

裕固语中，"骨头"和"姓氏"是同一个词。同姓氏的人被认为拥有相同的骨头，互称"qitʃiajasəŋdə"，意为"一块骨头上的"。"qitʃia"意为"一起，一块儿"，有时可用作数词"一"，"jasəŋ"即"骨头、姓氏、氏族"，"də"为位格后缀，这一复合词意为"一块骨头上的"或"同一姓氏的""同一氏族的"。裕固族人借用汉语"本家"一词来翻译"qitʃiajasəŋdə"，指可以追溯至同一个男性祖先的人构成的集团，我们称之为裕固族社会血亲。在裕固族人的观念里，只要姓氏相同，不论身在何处，来自何处，都应该是"本家"。也就是说，姓氏是裕固族人判断彼此是否源自同一块骨头的基本依据。在这个建立于"同骨"基础之上的社会血亲集团内部，性关系是被禁止的，严格遵守"同姓不婚"。

谈及1956年以前男女婚嫁，老人们无不强调"一个姓的绝对找不得，那可是了不得的事情"。当地方言中"了不得的事情"一般指能够产生深刻或广泛社会影响的事情。那么，"一块骨头上的"或者说"一个姓的"，即"本家"，究竟包括了哪些人呢？时至今日，这个词的内涵是否发生了变化呢？

理论上，理想的传统裕固族社会是一个对外封闭的社会网络，人口的流动仅限于此网络之内。这就意味着裕固族社会中共享同一个姓氏的每一个个体都能向上追溯至历史上某个确实存在的、相同的男性祖先。也就是说，同姓集团中的所有个体都拥有相同的骨头。这个集团中的个体可能集中分布在同一部落，也可能分散在不同的部落，比如裕固族头目的姓氏"安"。裕固族有"天下头目都姓安"的说法，每个部落的头目都由大头目从本氏族中分派并继承延续，所以导致每一个部落都有"安"姓。这些广布于不同部落的安姓，虽然地理上相隔很远，但都互认为"本家"。

但在实践层面，传统裕固族社会，更无须说现代裕固族社会，都与外部世界存在大量社会互动。家谱中常常会出现来自其他地区的藏人、蒙古人、汉人等。这种流入人口，不论其迁入原因为何，可以分为两类。第一类是散客迁入。20世纪80年代之前这种散迁人口以单身男性居多，他们从不同的地区来到裕固族草原。有的与勒系腰的裕固族女子共居，有的与裕固族女子结婚，共同繁衍后代。最后，有的人离开了，有的人去世了，还有的人于1956年与共居的勒系腰女子登记结婚了。家谱上，这些最后留居在草原的人，有的取用了裕固族姓氏，如永乐村瓦方生；有的保留了自己原来的姓氏，如东青村的成立军、文洲及昌玉花的父亲。现在，我们已经无法寻到丝毫关于他们原先家庭成员的信息，不论是出于有意还是无意，他们与原生家庭已断绝了联系，完全融入了裕固族社会。20世纪80年代后，这种散迁人口则以嫁入的非裕固族女子为主。从家谱上，我们能够很清楚地看到她们与原生家庭的联系。这类迁入人口并未完全融入裕固族社会，甚至与裕固族生活方式存在矛盾和冲突，如东青村奉古荣之妻成维丽。第二类是散户迁入。从家谱分析可知，这种以户为单位迁入的人口从20世纪60年代开始出现。他们在大集体时代迁入，并于家庭联产承包责任制推行之时分得草场。这些人很大程度上保留着自己原有的生活方式，甚至不参加一年一度的祭鄂博，如东青村成新等兄弟几人。

这种人口互动在20世纪60年代之前以流入为主，而60年代之后则逐渐趋于双向流动。从家谱上我们发现，于20世纪60年代之前进入裕固族地区的人口具有一个有趣的共同特征。以1956年为界，那些单身来到裕固族草原的男人，都没有与裕固族女子结成裕固族社会承认的、正式的婚姻关系。他们只能与勒系腰女子共同生活、生育，无婚姻之名却有婚姻之实。1956年开始，根据《婚姻法》实行登记结婚，那些最终选择留在草原的男人与共居的裕固族女人都登记结婚了。之后来到草原的其他男人也如此，通过登记结婚，与裕固族女子结成了正式的婚姻关系。

永乐村洛军老人的母亲，勒系腰给洛同新后，与一个只身来到草原的蒙古人一起生活。后来那位蒙古人想要正式娶洛军之母，并带她离开草原，但在部落和亲戚的干预下没有实现。尹怀谷老人这样解释：

> 那蒙古人穷得叮当响，啥也没有，根本没钱摆席。他到我们草原上来的时候啥也没有，都是靠着那女方家。否则，他在草原上活都没法活。他凭啥带女人走？当时那女人倒是想跟着走呢，最后还是被劝下来了。你想呀，她的娘、老子、亲戚啥都在这，离开家跟着那蒙古人去浪荡，能成吗！

更深层的原因我们不在此章节讨论，我们关注人口流动及其特征的关键在于：这种人口流动，直接导致了传统裕固族社会"本家"一词的内涵和边界发生了变化。有的外来迁入人口取用了裕固族姓氏，比如永乐村瓦方生家。据村里老人说，瓦方生的父辈本为汉人，逃难到永丰后取用了裕固族姓氏。尹怀谷老人说："现在永乐（村）的尹姓也不单单是裕固族了，其他从外面来的人也可以随便给自己取个尹姓，乱得很。"裕固族改用汉族式的姓氏后，有迁入人口的姓氏与裕固族姓氏相同。这些因素直接改变了"本家"的内涵。姓氏相同并非意味着真的是"一块骨头上的"。

正是由于"本家"词义的变化，以及《婚姻法》的法律效力，现代裕固族社会"同姓不婚"已不再被绝对遵守。从家谱上，我们能够清楚地看到对这一禁忌原则予以实践的时代性和行为变化。在1956年之前建立性关系并于1956年后领取结婚证的这一代裕固族人中我们没有找到一例同姓婚配，可以初步判断这一代人仍旧严格遵守着"同姓不婚"的原则。而在大集体时代（约1960—1985年间）建立性关系并领取结婚证的这一代裕固族人中，已经出现了少量同姓婚配。1985年后，"同姓"已逐渐不再是男女择偶的绝对禁忌了。

家谱上，我们从最近一代配偶关系向上追溯，就会发现一个有趣的现象：相互之间存在亲属关系的男女婚配都非常严格地遵守了"三代不婚"原则。即处于同姓亲属关系中的、建立了性关系的两个异性，他们的亲属关系只能追溯至三代之外的某个共同男性祖先。尤其是1990年以后结婚的两个同姓异性，仔细数来，其中大部分人的亲属关系刚好向上追溯至第四代共同祖先，也就是说他们拥有共同的曾祖辈。如东青村尹华建和尹兰燕夫妇，两人的爷爷为亲兄弟，也就是说两人的曾爷爷为同一人。很显然，这是《婚姻法》在当地实施后产生的直接结果。

于是我们可以判断得知，当代裕固族人社会血亲的内涵，已经从所有的"同姓"缩小至三代以内的同姓。"本家"虽然仍旧被用来指称与己身姓氏相同的人，但并不是所有被认作"本家"的人都被归为己身的社会血亲。因为，在现代裕固族社会，"同姓"并不意味着真正是"一块骨头上的"。加之《婚姻法》的直接效力，"本家"这一称谓的内涵随之有了狭义和广义之分。狭义的"本家"，指三代（包括第三代）之内的同姓群体。处于这一群体之内的个体仍旧被认为拥有相同的骨头，是真正的"一块骨头上的"，严格遵守"同姓不婚"的禁忌。广义的"本家"，指所有同姓人构成的群体。这一群体内的个体虽然拥有相同的姓氏，但不再被认为拥有相同的骨头，也不必要遵守"同姓不婚"这一禁忌。如果说，狭义"本家"的内涵就如原子核，那么广义"本家"就是核外电子层。

二　亲戚

裕固族人用"eretal"统称"本家"之外有亲属关系的人，即所有姻亲。因牧区的裕固族和农区的汉族自古以来就存在各种往来联系，相较于很多其他少数民族聚居区，汉语在裕固族地区具有较高的普及度。裕固族人借用汉语中"亲戚"一词来翻译"eretal"。

东青村奉古言解释道：

> "eretal"一般是说关系远一点的，不那么亲的亲戚。一个姓的亲戚我们都叫"qitʃiajasəŋdə"（一块骨头上的）。如果我把自己的弟兄叫"eretal"，那听起来很不礼貌。

2009年元旦，西勒村君世磊为儿子举行剃头礼，在家摆席。宾客来自四面八方，更多是来自西勒村和永乐村的亲属、朋友。君世磊的妹妹君玉花带着五岁的儿子瓦君·东尔升从永乐村提前来帮忙。田玉兰和儿子华全民（28岁）也特意从肃南县城赶来。田玉兰的姐姐是君世磊的母亲。

开席之前，华全民和瓦君·东尔升逗坑。华全民双手高举起瓦君·东尔升，故作恶狠狠的样子对小家伙说"munə 亲戚！（意为：我的亲戚）"，小家伙突然"咯咯咯"笑开来。华全民放下瓦君·东尔升后，小家伙转身朝门外跑去。华全民一边小步追赶，一边变换着搞笑的语气喊"亲戚！亲戚！"。此后，只要华全民对瓦君·东尔升说出"亲戚"两个字，小家伙总会笑不可支地跑开。后来，田秀云忍不住责备儿子："这么大个人了，还跟小孩儿闹着玩儿！"华全民解释道："我是在逗他玩儿呢。"华全民和瓦君·东尔升逗玩很好理解，但让我们不解的是，他为什么要用"亲戚"这个称呼来逗笑？

奉古言进一步向我解释：

> 汉语里说的"亲戚"，用我们的话来说就是"eretal"。平时，我叫我媳妇子家里的人，比如她的娘、老子、弟兄们和姊妹们，和叫我自己家的一个叫法。但如果笼统地来说，我叫自己的兄弟们是"qitʃiajasəŋdə"（一块骨头上的），叫她的兄弟姊妹就是"eretal"（亲戚）。我妈妈那边的家里人也是我的"eretal"。像我哥哥的媳妇和她那边的家里人，以及华强（奉古言之妻的弟弟）媳妇那边的家里人，凡是能跟这些人扯上关系的人都算是我的"eretal"。

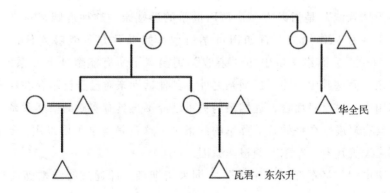

华全民和瓦君·东尔升的亲属关系图

从以上华全民和瓦君·东尔升的亲属关系图我们不难发现，两人的亲属关系是通过母亲也就是姻亲联系起来的，在奉古言关于"亲戚"和

"一块骨头上的"两个称谓内涵区分的解释中，都是彼此的"亲戚"。所以，即使是开玩笑，华全民对瓦君·东尔升的称谓也是正确的，但小孩子并不能真正理解"亲戚"这一称呼的内涵和意义，只是因为华全民采用了一种逗弄的表情和语气而把这一正确的称呼与有趣建立了联系。瓦君·东尔升听到"亲戚"这一称呼大笑，并不是因为这个称呼本身有趣或存在什么问题，而是因为华全民的表达方式。那么，如果单纯通过有趣的表达方式就可以实现逗笑的目的，为什么华全民用了"亲戚"这个词而不是其他称呼例如"侄子"？

在西勒村田世学家里时，某次谈起第二年村干部改选事宜，田世学说："明年一定要想办法让尹方冬连任。"我问为什么要支持尹方冬，他回答道："因为他和我们是亲戚，如果他连任对我们也有好处。如果其他人上来，不是我们的亲戚就没意思了。"家谱上，田世学的母亲叫路红梅，路红梅的妹妹路红英，是尹方冬的妻子。也就是说，尹方冬是田世学的亲姨夫。

永乐村的洛军老人熟谙村里各家各户的谱系，在我即将完成永乐村的家谱时，老人特意提示我说："我们村的所有人都能扯上关系，和西勒村的很多人也能扯上关系，说全村人都是亲戚，一点问题都没有。"从家谱上看，因为联姻而形成的关系网络可以覆盖整个村子的所有人口。[①]

田世学和洛军同时用了"亲戚"一词，但具体所指却不同。田世学口中的"亲戚"是指尹方冬，是田世学的近姻亲。这种近姻亲对己身而言还存在社会作用力。就如田世学所说，如果尹方冬能够连任，对他"也有好处"。而洛军口中的"亲戚"则涵盖了所有能牵扯上关系的远、近姻亲。而这其中，除了近姻亲之外，其他远姻亲对己身已不存在任何社会作用力。对己身而言，远姻亲的关系已经不再具有实质的情感联系，也不再具有严肃、严格的长幼尊卑的约束力。这也是华全民可以用"亲戚"一词来逗笑瓦君·东尔升的根本原因。

田世学和洛军都用"亲戚"一词来指姻亲。即通过缔结婚姻而形成的亲属关系，包括某个姓氏嫁出和娶进（包括招赘）的人口及与这些人口有亲属关系的所有人，处在这一群体内的所有个体为非社会血亲。

---

① 由于村里还有小部分从事农业生产的以汉族为主的其他民族人口，我们的家谱只涉及村里所有的裕固族以及加入裕固族的其他民族人口。

理论上，"亲戚"意指所有姻亲。但实际上，裕固族人绝不会用这一称谓来称呼自己的妻子。生活中，裕固族人对包括己身在内的前、后三代中的每一个人，都有明确的称谓。虽可以笼统地用"亲戚"一词来指代除了"本家"和妻子之外的人，但裕固族人一般都选择使用具体的称谓来称呼三代之内的姻亲。正如奉古言所说，"亲戚"这一称呼听起来"不那么亲"。

三 一个家里的人

裕固族人把居住的地方称为"ger"（近似汉字发音可记为"该日""盖尔"），并用汉语"家"一词来翻译。居住生活在同一个"ger"之内的人为"qitʃiagerkun"。"qitʃia"意为"一个、在一起"，"kun"意为"人"，"qitʃiagerkun"即"一个家里的人"或"住在一起的人"。

20世纪80年代以前，裕固族人均住帐篷。20世纪60年代以前，裕固族人居住的帐篷多为两杆、四杆或六杆，被称为"jap ger"，汉语称"毛帐房"。20世纪60年代后，藏式帐篷传入，裕固族人一直沿用，至今在个别夏场或秋场仍旧可见这一制式的毛帐篷。改良后的藏式帐篷多为九杆，内部空间较早期裕固族人的毛帐房更加宽敞。因为是采用牦牛牛毛密织而成，呈黑褐色，故被称为"hara ger"，意为"黑帐篷"。

一顶帐篷就是一个家。20世纪60年代之前，由于瘟疫、疾病、贫穷等因素，裕固族地区很多女子不生育，或者生育很少，有的人家甚至没有孩子。全家老少共居一顶帐篷之下，多则五六口人，少则两三口人。每一顶帐篷内都有一位"miedixtʃi"，意为：掌柜的、当家的人，掌握家中大小事情的决定权。比如，日常各种收入开支、安排家里的生产生活劳作、怎么挣钱、什么时候迁场、到哪里找吃的（例如到农区交换谷物粮食）、女儿要嫁给谁家的男孩、儿子娶谁家的姑娘、何时储备冬肉等。

换而言之，"miedixtʃi"是一种体现家庭权力的身份。一般而言，"miedixtʃi"这一身份主体都是男性。有老人回忆说，家里的"miedixtʃi"基本上都是父亲，有的父亲很厉害（强势），在儿子娶媳妇生孩子后，仍然掌管着家中的各种事务；而大多数情况下，儿子娶媳妇后，便会渐渐开始接管家中事务大权；如果家中没有男人，那么就是女人做"miedixtʃi"。此外，与"miedixtʃi"相区别（二者发音上近似），每个部落里还有一种被称为"miedimertʃi"的老人，意思是什么都知道的人。这样的老人在部落里威信很高，对于部落里的事情一清二楚。如果遇到难题或是红白喜事的，都会请他前去。

夏场毛帐篷（林红，摄于 2008 年 6 月 16 日）

那么，哪些人算是"一个家里的人"呢？东青村奉古言这样解释：

现在，我家里有四个人（奉古言及妻华玉梅、子奉全明、女奉雪莉），我们就是"qitʃiagerkun"。我的 meme（指奉古言之母尹秀兰，独居）就不能说是"qitʃiagerkun"。如果 meme 和我住在一起，我们才是"qitʃiagerkun"。奉古明、奉古荣（奉古言之弟）也不是我的"qitʃiagerkun"，因为我们已经分家过了。没有分家之前，我们住在一起，可以说是"qitʃiagerkun"。即使是抱来孩子，跟着我们一起过，也叫"qitʃiagerkun"。

从奉古言的解释，我们可知："一个家里的人"所指，关键在于是否一起居住。这一称谓实际涵盖了居住在一起的社会血亲和姻亲。

我们还需要注意一个区分，即"gerkun"，这一称谓比"qitʃiagerkun"少了一个定语"qitʃia"，意为"家里人"，与"一个家里的人"所指内涵存在差异。因为这个称谓，我曾闹了一个很尴尬的笑话，也正是因为这个笑话让我明确了二者的所指区分。

在西勒村田世学家时，一天午后，田世学不在家。我和田世学的母亲路红梅、妻子华米兰、岳母尹梅月四人一边喝炒面茶一边闲聊。我听华米兰说话中出现了很多次"edʒen（意为：我的）gerkun"或"budas（意为：我们的）gerkun"，但不明白她说的"gerkun"所指具体何人。于是我问，"姐姐（指华米兰）说的gerkun指的是谁"。几人听到我的问题，忽而大笑起来。路红梅故作神秘地问我："××（一个男子的名字，是我在田野中认识的一位好朋友）tʃimadə gerkun mu?"（这句话的意思是：××是你的gerkun吗？）我明显感觉到这个问题带着些许暧昧，但又实在搞不清楚状况，故作镇定地先否认："ɣei we（不是的）。"三个女人听到我的回答，更加笑不可支。最后，华米兰替我解围："别开玩笑了，再笑，我们姑娘要急了呀。"然后，她告诉我："我刚才说的gerkun，指的就是田世学。刚才我婆子（婆婆）开玩笑问你，××是不是你的男人，你还正儿八经地说不是。你不要答就对了。"

东青村奉古言这样说：

> 我一家四口人里，华玉梅（奉古言的妻子）就是我的"gerkun"（家里人）。我不能说奉全明（奉古言的儿子）、奉雪莉（奉古言的女儿）是我的"gerkun"，只能说是"qitʃiagerkun"（一个家里的人）。我也不能说我的meme（指尹秀兰，奉古言之母）和adja（指奉多福，奉古言之父）是我的"gerkun"。我的兄、弟们和他们的媳妇们也不能说是我的"gerkun"。只有华玉梅是我的"gerkun"，她也可以说我是她的"gerkun"。

也就是说，"家里人"仅用于称呼己身的配偶，是夫、妻这一亲密关系之间一种含蓄的称谓，类似汉族男性称呼自己的妻子为"内人"。

四　继承

在裕固族人的观念里，"ger"是指包括帐篷或房屋、生活用品、牲畜、草场等在内的实在物。但，"ger"还具有一种本质的属性：姓氏。如"tʃiaŋmenə ger"（意为：常家的帐篷或房屋）。裕固族人说"ger"的继承："munə ger××（某某人）bargə we。""bar"是动词"扎起来、立起来"之意，"ger bargə we"即："把帐篷扎起来。"这句话意为"我的家（由）某某人扎起来"，也就是说，我的家由某某人来继承。裕固族人认为，儿子或女儿都可以把房子扎起来；但如果是儿子扎房子，那么姓就断不了；但如果是女儿扎房子，姓就断了。对没有儿子、姓氏无法延续的家庭，裕固族人称为："ar ɣei wɔrdʒi we。""ar"即"后面的"，"wɔrdʒi"指人死亡，这句话意为："人死了，后面也没有了。"也就是说，没有继承姓氏的人了。这个句子可用来指没有儿女或只有女儿没有儿子的家庭。在裕固族人看来，虽然女儿和儿子都可以扎房子，但只有儿子才能延续姓氏；即完整的家的继承，是同时继承家的实物和姓氏。

裕固族地区，家的继承有以下几种情况：

（一）家中都是儿子的情况

这样的家庭，兄弟平分牛羊、草场、家产，共同赡养父母。家中有两个或两个以上儿子，男子便可能选择当上门女婿。但前提是，最后家中至少要有一个儿子留下。选择当上门女婿的儿子出嫁时，家里会附陪嫁，由此嫁出的儿子便也无权再回来分财产。最后留在家中的儿子平均分配家产。分家之前，全家人共同扎好帐篷。分家那天，请部落里的圈头、自家的亲戚、朋友、舅舅来喝茶、吃饭，大家一起商量怎么分。所有东西都是平分，牲畜、草场及锅碗瓢盆。分了家、立了新帐篷以后，各自开始独立生活。

这种平均分家也有两种情况。一是，父母也算作一份。分家后，老人一般选择与幼子共同生活，把自己的那份家产并入幼子的家产。幼子赡养父母，并继承父母的那份家产。如永乐村洛军家。洛军夫妇有三个儿子，无女。三个儿子陆续成家后，老人把家产平分为四份，洛军夫妇和三个儿子各占一份。大儿子夫妇在外工作，草场租给二儿子夫妇。洛军夫妇俩跟随三子生活，草场也就和三子那份合在一起。

另一种情况是，父母不占份子。儿子们平分家产后，父母轮流到各家居住。或者儿子们共同为父母提供一处住地，父母单独居住，由各儿子定时、定额提供生活费和生活物资。如东青村奉古言兄弟五人。分家时，包括草场、牲畜在内的所有家产均分为五，兄弟五人各一份。现在，老母亲尹秀兰独居村部，由五个儿子定期送去生活费。老人生病住院时，儿媳妇轮流照顾。过年过节时，老人愿意去谁家就去谁家。

（二）家中都是女儿的情况

这样的家庭存在如下选择：

1. 招上门女婿，女儿、女婿共同继承家产，并共同承担赡养义务，孩子随女婿姓氏。东青村华为智、木秀莲夫妇有三个女儿，无子。大女儿、二女儿出嫁时，华为智夫妇陪嫁了相同数量的牛羊数。剩下三女儿，招了上门女婿。女婿上门时，男方家也按照当地风俗陪嫁牛羊，但所生孩子仍旧跟男方姓。

2. 女儿全部出嫁后，将牲畜卖了，草场出租他人，靠租金生活，死后财产充公。这种情况，我们没有搜集到具体的案例。当我问尹怀谷老人："如果家里只有丫头，而且丫头都嫁出去了，老人怎么办呢？"老人回答："那还不好办吗，牲口卖了，草场租出去，也能活呀。死了以后草场就充公了。"我又问："那老人去世后，女儿能回来继承家产吗？"老人说："丫头既然嫁出去了，就不能回来继承家产了。"但是，女子如果离婚回到家中来，就可以继承父母家产。如，西勒村尹年忠之女，嫁到农区，离婚后带着孩子回到了父母家，与父母共同抚养已故哥哥的儿子。还有一种情况，女儿出嫁后，身边无儿无女。有意愿及经济条件允许的家庭可以实行"立房杆子"娶一位媳妇进门，继承家产并养老送终。女子所生孩子传承主家姓氏。此风俗1956年后不再实行。

3. 女儿不出嫁也不招女婿，实行勒系腰后，继承家产，并赡养老人，但不能传承家庭姓氏。1956年以前，裕固族女子"十个有八个"实行勒系腰。这样，如果家里只有女儿没有儿子，至少有一个女儿会勒系腰。女子举行勒系腰仪式后，仍旧与父母共同生活，为父母养老送终，并继承家产。但是，家庭的姓氏并不能通过勒系腰的方式传承。1956年后，勒系腰不再实行。

（三）家中有儿有女的情况

这样的家庭，儿子传承家庭姓氏、为父母养老送终并继承家产。女儿可以出嫁，也可以选择勒系腰而留在家中，为父母养老送终，并与兄弟一起继承家产。女儿出嫁后不必要承担赡养父母的义务。

2008 年 7 月的一天，东青村尹秀兰在夏场上与子女们分家。尹秀兰有三个儿子、一个女儿。女儿已经出嫁，三个儿子也已分家而过。最初分家时，老人自己也占了一份。老人一直跟着小儿子尹华建夫妻俩生活。随着婆媳之间的矛盾不断升级，老人决定分家。于是召集了自己的兄弟姊妹，以及邻居们前来商议如何分法。最后分法是这样的：老人把自己那份草场、牲畜和积蓄重新分配给尹华建兄弟三人；尹华建结婚欠下的三万块钱，由他自己偿还；此后由三个儿子每年每人给老人 2000 元生活费；由三个儿子负责把村里的老房子修缮后，老人独自居住；过年过节，老人在三个儿子家轮流走；由于女儿对老人很好，所以重新分配家产时，老人拿出了 8 只羊、2 头牛给女儿。

（四）家中无儿无女的情况

这样的家庭，如果有意愿，而且经济条件较好，也可以"立房杆子"娶一位媳妇进门，为自己养老送终、传承姓氏，并继承家产。此风俗1956 年后不再实行。

从以上几种情况我们可知：第一，只有儿子才能在继承中传承家庭姓氏。女性虽然也可以继承家庭财产和赡养老人，但男性是姓氏传承的载体和继承家产、赡养老人的主体。第二，以上任何一种情况的家庭都可能发生收养行为。无儿无女的家庭是必然。有女无儿的家庭，可能收养一个儿子。有儿无女的家庭，可能收养一个女儿。无论出于何种意图：或为了姓氏传承，或为了养老送终，或为了继承家财，收养都是一种有效、可行的方式。

五 收养

对于任何一个民族而言，收养都是一种补充家庭人口的常用手段。在北方游牧民族中，更是一种普遍现象。在蒙古族、哈萨克族、裕固族等游牧民族中，收养一般具有两种目的。其一是为了补充劳动力，其二是为了家庭继承和养老。

回纥汗国时期，上层统治者出战的主要目的就是掠夺人口和财富。安史之乱回纥出兵平叛时与唐朝达成的协议就是"克城之日，土地、士庶归唐，金帛、子女皆归回纥"①。洛阳城收复之时，回纥兵入城大掠金帛和人口达三日之久。被掳往草原的儿童多被回纥人收为养子，成为各回纥部落氏族中的一员。他们或只是名义上的养子养女，成为家庭中的劳动力，地位与奴隶相差无几；他们或是事实上的养子养女，具有亲子一般的继承权和自由权利。出土的大量回鹘文契约文书中，有一类养子文书，规定：养子可以成家，可以有自己的一部分私有财产，甚至可以有自己的奴婢。但如果没有得到收养家庭的允许，将永远负有为收养家庭无偿服役和为之出战的义务，而且永远也不能脱离收养家庭所在的氏族。②

史载贞元八年（792）七月出使唐朝的回纥可汗养子药逻葛灵："灵本唐人，姓吕氏，因入回纥，为可汗养子，遂以可汗姓为药逻葛灵，在国用事。"③ 这位可汗养子，原本汉人，有汉族姓氏，但作为回纥可汗养子，他已继承可汗姓氏药逻葛，成为药逻葛氏族一员。还有回纥怀信可汗，"本碛跌氏，少孤"④，被可汗收为养子；后因可汗无亲子而继承汗位，但他"不敢自名其族"，只能"冒姓药逻葛氏"⑤。怀信可作为药逻葛氏养子，不仅继承了姓氏，而且继承了汗位。我们也可以说，正因为药逻葛灵和怀信可汗继承了汗室的姓氏，才具备了出使唐朝和继位可汗的资格。在这种养子继承中起作用的不是亲生与否，而是，是否具有汗王氏族的姓氏。对游牧民族而言，人口是保证生产和经济地位的关键因素，进而也是维持氏族实力和地位的重要因素。可汗氏族尚且实行这种收养，可想而知其他氏族！

在裕固族社会里，收养既是正常繁衍后代的一种辅助方式，又可能是

① 《资治通鉴》卷二二〇。
② 耿世民：《两件回鹘文契约的考释》，《中央民族学院学报》1978 年第 2 期。
③ 《旧唐书·回纥传》。
④ 《新唐书·回鹘传》。
⑤ 《资治通鉴》卷二三五。

一种互惠形式。1958 年①以前的收养以亲属间收养为主，而 1983 年后的收养则是以非亲属间通过法定程序完成的收养为主。在国家计划生育政策、人口相关法律及医疗卫生条件大为改善的环境之下，亲属之间的收养在今天的裕固族社会已经不再可能。所以我们这里主要讨论 1983 年以前裕固族实践的收养方式。

在家谱分析的过程中，我发现一个有趣的现象：不少 50 岁以上的人都有在别人家生活过的经历，我们称之为寄养。永乐村武明军这样告诉我：

> 我有两个弟弟：武明华、武明健，和一个妹妹武明慧，我们四个人是亲生的兄弟姊妹。小时候，家里除了我们四个孩子，尹怀亭（武明军二舅舅之子）、尹怀谷（武明军大舅舅之子）、路山民（表姨娘亲的兄弟）都在我们家蹲过（方言："蹲"意为"居住、留宿"）。时间都不长，也就几年时间。华文玉原先是我们家的邻居，六岁的时候父母都不在了，也到我们家来了，是在我们家和我们一起长大的。不过她比我们大得多，后来嫁人了。

寄养不同于过继，过继行为的产生伴随着继承和赡养关系的产生，而寄养行为则不会产生任何的权利和义务关系，行为双方仅存在一种施恩与报恩的道德关系。1949 年前的永丰裕固族仍旧执行氏族部落建制，并延续着游牧生活方式。加之高山草原的地理环境，以部落为单位形成的熟人社会里，邻里之间形成了"远了的姓一样，近了的名一样"的亲密关系，以及福难同享的社会道德。故而在做家谱时，有人会很自豪地告诉我"某某小时候在我家蹲过"。由于寄养行为不牵涉任何社会权利和义务关系的产生，我们在这里仅将其作为区分于收养的一种社会互惠互助形式提及，而着重探讨过继。

让我们来看一些案例：

---

① 裕固族地区于 1956 年开始实行《婚姻法》，1958 年开始反封建斗争运动，直至 1983 年实行家庭联产承包责任制，这二十多年间传统裕固族社会格局被彻底打破。1983 年后，民族文化意识开始复兴，今天的裕固族人仍旧保持着传统的游牧生活方式和主要的历史记忆。但面对日新月异的现代化进程，传统早已在这一复兴过程中发生异化，或已逝去。

　　永乐村瓦义学的哥哥瓦北方为养子。瓦北方的亲生父母从青海逃难来到永丰草原时，瓦拉措，也就是瓦义学的父亲，结婚后一直没有孩子。由于担心日后没有生育，便领养了瓦北方（被领养后改姓）。裕固族地区，一对夫妻如果结婚两三年后仍旧没有孩子，为防止无后，都会考虑领养一个孩子，男、女皆可。

　　西勒村尹怀贞的哥哥和嫂子，婚后一直没有生育。后来，从同村一个非亲属的家庭领养了一个女儿。女孩被收养后，改姓了尹。此后，女孩同时称呼自己的亲生父母、养父母为父亲、母亲。逢年过节，两个家庭还会相互往来。之前没有什么关系的两家人，发生收养行为后成了亲戚。女孩长大成人，到了出嫁的时候，先征得养父母的同意，然后还要征得自己亲生父母的同意。亲生父母、养父母两边都给了姑娘陪嫁。

　　东青村金建和永乐村尹华福是一对双胞胎。尹家家境贫穷，有子女十个。金建出生十天后便被其母亲的姐姐、姐夫收养，并随其姨父姓氏。后来养父去世，养母带着年幼的他改嫁东青村的金国福，并改姓金。现在，他和永乐村的亲生父母、兄弟姊妹仍旧时常相互走动。过年过节，他还会去给父亲尹自荣拜年。

　　东青村亚方义和尹怀萍夫妇，两人婚后一直没有孩子，便从农区领养了一个女孩。女孩与养父母的关系一直不好。后来亚方义夫妇没办法，就把养女送到亚方义的哥哥家里。没想到，那女孩与亚方义哥哥夫妻俩的关系也不好，经常吵架。夏场上的某一天，一次吵架后，那女孩不知怎么的上吊自杀了。后来，尹怀萍过继了她弟弟尹怀忠的大儿子尹中山。尹中山三四岁的时候来到他姑姑家，没有改姓，为老两口养老送终后继承了亚方义夫妇的牲畜、草场等家产。

　　西勒村田玉慧有兄妹三人：姐姐田玉梅和哥哥田光明。田光明实际上是田玉慧叔伯亲的哥哥。田玉慧家没有男性，田光明的母亲去世后便收养了田光明。因为是相同姓氏领养，所以田光明没有改姓。后来，田玉慧姐妹俩都出嫁了，田光明就继承了田家的家产。

　　东青村奉多福夫妻也没有孩子。奉多福的姐姐勒系腰后生下一个女儿尹文兰，是由奉多福兄弟几人养大。后来，尹文兰嫁给了金国明。生有三个孩子，两个儿子、一个女儿。老大金全华，老二金全勇，老三金元花。奉多福夫妻一直没有孩子，就领养金全勇做孙子。于是，金全勇改姓，叫奉贞国，并继承了奉家的财产。后来，尹文兰和金国明离婚，嫁给农区一方姓男人。儿子金全华因为已经长大，没有改姓。女儿还小，在方家长大，就改姓了方。

在传统裕固族社会，家庭继承是以男性继承为主，女性继承为辅。女性可以继承家庭财产并完成赡养老人的义务，但却没有传承氏族姓氏的权利和义务，氏族姓氏的传承只能由男性完成。作为一种家庭传承的辅助手段，在没有生育、孩子夭折、没有儿子等情况下，出于姓氏传承、财产继承、养老送终等目的，收养便会发生，我们称之为过继。这种收养方式中，养子女与养父母之间的收养关系在不发生意外的情况下将转化为正常的家庭代际关系和继嗣关系，这是收养行为发生后的常态。但如果发生意外情况，如上文提到的，尹怀萍夫妇与其养女关系不和，尹怀萍夫妇将养女送至兄嫂家，将导致收养关系改变。

伴随过继行为产生的关系直接牵涉过继家庭、被过继者与收继家庭三方。从以上案例，我们看到，过继可分为两种形式：亲属间过继和非亲属间过继。

非亲属间过继存在两种情况。其一，如瓦北方和尹怀萍之养女。被过继者都与收继方没有亲属关系，且被过继者与原生家庭已完全脱离即过继家庭和收继家庭关系解除，只剩下被过继者和收继方形成的亲属关系，这种亲属关系在权利和义务上与亲子关系相同。其二，如尹怀贞的哥哥收养一女。过继家庭和收继家庭原本没有亲属关系，但收继行为发生后两家就建立了亲属关系。被过继者与过继家庭之间的权利和义务关系解除，而与收继方产生了权利和义务关系。被过继者与过继家庭、过继家庭与收继家庭之间形成的亲属关系仅仅是一种社会道德关系。这两种非亲属间的过继行为都会导致被过继者姓氏的改变。

亲属间过继存在三种情况。其一，如亚方义、尹怀萍夫妇过继其弟弟尹怀忠之子尹中山。尹中山继承了亚家的财产，完成了赡养义务，但没有更改姓氏。其二，如奉多福过继金全勇为孙。金全勇继承了奉多福的财产，完成了赡养义务，同时也改姓为奉。其三，如田玉慧家过继田光明。田光明继承了田玉慧家的财产，完成了赡养义务。但由于这是叔伯同姓之间的过继，被过继者也就不涉及是否更改姓氏。

　　过继行为中姓氏的更改与否直接牵涉的是"同姓不婚"的血亲性禁忌。这一禁忌的根本就在于社会血亲和非社会血亲的归属。一旦姓氏改变，被过继者就被赋予了双重社会血亲身份。他/她虽然与过继方解除了社会权利和义务关系，但要遵守过继方的社会血亲性禁忌。被纳入收继方的权利和义务关系之中后，被过继者同时也被纳入了收继方的社会血亲范围之内，需遵守"同姓不婚"的基本原则。而姓氏没有改变的被过继者，如尹中山，他与收继方亚方义仅仅形成了权利和义务的关系，并未被纳入亚氏的社会血亲范围。原则上，尹中山是可以与亚姓氏婚配。这种情况下被过继者只具有一重社会血亲身份。

六　谁的家？

　　临近春节，我住在西勒村田世学家中。村里各家都在忙着大扫除、办年货，准备过节。某个晚上临睡前，田世学的女儿田恬想要睡在大房间，不愿回平时睡的小房间。田世学的母亲路红梅对耍赖皮的孙女说："回你的房子睡去，这是我睡的房子。"不想小家伙一听这话来劲儿了，开始与奶奶争论："这是我爸爸田世学的房子，凭什么说是你的房子？"

　　老太太有点逗趣地接道："田世学是我儿子，我儿子的房子就是我的房子。"

　　小家伙腾地从炕上站起来，大声说："我是田世学的丫头，我爸爸的房子就是我的房子。"

　　老太太接着说："我是田世学的妈，没有我哪来的田世学。"

　　小家伙想了想，反击道："你姓路，田世学姓田，我也姓田，这是田家的房子，没你的份儿。"

　　老太太似乎有点不耐烦地说："这房子还是我修的呢，不是我的还是你的！"

　　小家伙反应很快，立即接道："田家的房子以后就是要传给我的，田家所有的东西以后都是要传给我的！没你的份儿！"

　　这段祖孙两人的财产之争最终在田世学的干预下停止。一旁静听的我不禁从内心深处感慨田恬的财产继承意识，一个年仅九岁的小姑娘就懂得姓氏与财产继承的关系。路老太太在与小孙女的争辩中显得有点语噎，我是可以理解的。她无法让田恬明白自己和田世学之间血缘、财产、权利、义务等复杂的关系，但又无法驳斥田恬关于姓氏问题的理解。

永乐村尹怀谷老人说：

> 在我们牧区上，丫头嫁出去以后就是别人家的了。按理说，应该是儿子继承家产、给娘老子养老送终，但也不一定。如果说光是为了养老送终、继承家业，那丫头、儿子都可以。过去，我们这里的女人时兴系腰带。系了腰带的丫头也可以待在家里给父母养老送终，最后继承父母的家产。所以我们尧熬尔重男轻女的思想不像汉族那么严重。但有一点，姓氏只有儿子才能传下去，丫头就不行。丫头系腰带也好，嫁人也好，孩子都是跟了别人的姓。不管咋样，姓氏到了丫头这就断了，但儿子就能传下去。

裕固族地区实行《婚姻法》之前存在勒系腰的性生活方式。这种模式下，女子虽然不能传承家庭姓氏，但与男子一样可以继承家产、赡养老人。所以在裕固族人的观念里，女儿也是可以最终继承家产的。而在实施《婚姻法》五十多年后的今天，女儿也可以让孩子跟随自己的姓氏，如我们上文提到的瓦君·东尔升（瓦，是孩子父亲的姓；君，是孩子母亲的姓）。这样，女儿和儿子同时被赋予了传承家庭姓氏的权利。所以当小孙女还无法理解血缘、权利、义务等关系时，路老太太也真是无法找到更好反驳孙女的理由。

田恬在与其奶奶的争辩中为什么能占上风？一个重要的原因在于，她是家中目前唯一的孩子，如果她有一个哥哥或将来有一个弟弟，那么她独一无二的地位将消失。虽然现代裕固族女人被《婚姻法》赋予了与男子同等的法律地位，但在当地人的观念中，只有儿子才能传承姓氏的观念仍旧在起作用。

东青村尹梅月，丈夫华茂早逝，有一儿一女均已成家。儿子华方平与儿媳欧丽华对尹梅月夫妇不尽赡养之责在永丰地区妇孺皆知。与之形成鲜明对比的是，女儿华米兰与女婿田世学对尹梅月夫妇极为孝顺。华茂患肝癌住院治疗期间，儿子华方平已分家独立，从未到医院看望。田世学每天早晨撒羊后就赶到医院去照顾，给岳丈买最好的烟（华茂嗜好抽烟）。华茂去世后，村邻、亲戚们都去看望。尹梅月准备招待。她通知儿子华方平杀一只羊来招待客人。华方平不但没有杀羊送来，他夫妻两人葬礼期间连脸都未露过。又是田世学，杀了一只羊，送到岳母家办葬礼。

华茂去世后，华方平就嚷嚷着要继承华家的房子和草场。华家虽然只有四口人，但却有六口人份额的草场。华茂、尹梅月、华米兰、华方平一家四口，每人各占一份草场。后来尹梅月又继承了她爷爷奶奶的草场。华米兰出嫁后，草场留了下来。严格来说，如果尹梅月分一半草场给儿子华方平，也是合乎情理的。因为另外一半草场，也就是另外三个人份额的草场，原本就属于尹梅月本人。而房屋也应该有尹梅月一半。但事实是，华方平要求完全继承家中的草场和房屋。他的理由就是："我现在是华家唯一的继承人，华家的草场和房子不给我给谁？"

几番财产争夺战后，尹梅月伤心退出。按照当地习俗，华方平继承了全部家产，就应该完成赡养义务。但之后的几年，尹梅月四处打工，没有从儿子处得到一分钱的生活费。尹梅月的兄弟姊妹看不下去，计划通过法律途径帮尹梅月收回一半的草场。华方平闻听，跑来寻求和解，约定：他以每年支付 3000 元租金的方式继续使用草场。但不想，此后的四年间，尹梅月只得到 3000 元的租金。尹梅月很失望，不打算把草场租给儿子，计划外租。不想，华方平到处扬言说，谁如果租了尹梅月的草场就是明摆着和他华方平过不去。得知同村亚士贞准备租尹梅月的草场，华方平三天两头跑去亚士贞家门口骂。华方平说，只要母亲把全部草场和房屋都划到他的名下，他就把欠的 9000 元草场租金还给母亲，并此后每年给母亲 3000 元的生活费。亲戚朋友都支持尹梅月打官司，但她本人不想把事情闹大。最后，尹梅月妥协了，把草场和房屋给了华方平。华方平这才还了租金，并且每年给尹梅月 3000 元生活费。但是，这点钱在当地生活很勉强。财产纠纷后，尹家人、华家人与华方平都断绝了往来。幸运的是，女婿田世学对她很好。尹梅月每年过年过节都在女儿家，从未去过华方平家，而华方平也从未有过一通电话。

当尹梅月与我说起这些的时候，我们正在她女儿华米兰家中准备过年。年节愈近，她的心情愈发低落。趁没人的时候；她邀我同她一起静静地躺在羊圈里，仰望高空。她说她与丈夫曾经常常在闲下来的时候这样一起躺在羊圈里。因为他们家在路口上，人来人往都会到她家来歇脚。再加上自己家的活儿，难得有空闲的时候。她与我说这些的时候，眼泪始终在她眼眶内旋转，终无法掩饰而背过身去。当她再次转过身来时，她说："我还在等，等华方平回心转意的那一天，等他接我回家。这里（女儿华米兰的家）毕竟不是我自己的家，怎么说也是田家，不是华家呀。"突然间，我似乎明白了：家的延续终究是依靠男性。对于裕固族女人而言，丈夫和儿子才是女人真正的家！丈夫不在了，只有儿子才能继承家庭。如果儿子也不在了，那么就没有家了。

七　祭祖

裕固族先祖回纥，是一个由多氏族多部落融合而成的联合体。在 14 世纪回纥后裔的传说中提到，最初组成回纥的 24 个氏族都有各自不同的图腾，且"凡是做了某部落的汪浑（图腾）的动物，他们就不侵犯它，不抗拒它，也不吃它的肉，因为他们占有它是为了吉兆"[①]。传说中还叙述了这些血缘氏族集合起来举行祭祀时，他们共同吃食作为图腾的牺牲的兽肉，通过共食的仪式与图腾交感，以加深彼此之间的一体感。[②] 同姓氏族内部正是通过与图腾崇拜类似的方式来达成个体之间的相互认同。

在西迁回纥建立的高昌回纥王国时期，高昌回纥王仍旧将"那株代表他们家族的树"[③] 供奉于驻地。根据回纥传说，在鄂尔浑河和土拉河之间，有一棵大树，一夕有天光降于树，树即生瘿，像人怀孕一样，过了 9 个月又 10 天，树瘿裂，回纥人的第一位君长不古可汗者降生。[④] 于是树成为回纥王族的象征，或称氏族图腾，受到王族祭祀。

永乐村尹怀谷老人每天傍晚时都会在院子前面一块干净的石头上放上一勺炒面拌酥油，点燃后，一边看着炒面一点一点烧去，一边念着玛尼。老人说，炒面、酥油是烧给那些去世了的人，意思就是请自己家的先人、其他饿死的人和没有子女后代的所有人一起来吃；一边烧一边念玛尼或者经文，一是请那些故去的人保佑；二来也报个平安，告诉先人们在那边不要牵挂着这边。

20 世纪 60 年代以前，敬先人是每家每户每天下午必做的事情，过年

---

① ［波斯］拉施特：《史集》（第一卷第一册），余大均译，商务印书馆 1983 年版，第 141 页。
② 杨圣敏：《回纥史》，广西师范大学出版社 2008 年版，第 137 页。
③ ［伊朗］志费尼：《世界征服者史》，何高济译，内蒙古人民出版社 1981 年版，第 67 页。
④ 《元史·巴而术阿而忒的斤传》。

过节时更不必说。裕固语"miextʃime ʃigi kundə sapʃir ʃidava"即意为："给祖先送东西。""sapʃir"是裕固族人通常所用的祭祀品，为熟食。一般是炒面、酥油、曲拉、白糖、红糖、枣、葡萄干等食品的混合物。还有红、黄、白、蓝、黑五色布条，表示送给死者的新衣服、布匹。"ʃidava"意为："烧"，是裕固族人给祖先献祭品的方式。每户人家的毛毡房前都有一片干净的空地，专门用于祭祀祖先。点燃几根柏树枝，朝火中撒入sapʃir。祭祀，一般由家中长者或男性执行。长者及男性不在场的情况下，女性也会操作这一简单的仪式。而今，只有少数老人还在每天孜孜不倦地这样做，祭慰先祖。绝大多数的裕固族人只会在每年清明节、春节前或家中有事时，如红白喜事时去坟场祭祖。

2008年4月3日至4月5日，东青村奉古建家念大经。念经结束后，奉古建切开念经时供奉的炒面团。把炒面团切成很小的块放在一个大盘子中，再放入切成小块的苹果、橘子瓣、山楂糕、山楂片、糖果等食物。奉古建告诉我，这个大拼盘叫作"sʌŋgəqɔr"，是一种斋饭，念完经后大家一起分享。前来参加念经的人都围坐在一起吃"sʌŋgəqɔr"。我发现，长者们一边吃一边拿起一些放入旁边的一个小盘子中。当小盘子中的东西满了，阿卡（裕固族对僧人的称呼akə）让奉全明（奉古建之弟奉古言的儿子）把盘子端出门，指定倒在门外山下某处。奉全明按照指示把东西倒了后，飞快地跑回了屋子。我很纳闷地望着门外，不明白是为什么。坐在我身边的奉妮月（奉古建之妹）压低了声音对我说："别看了，快吃，你一直看着，就没人好意思来吃东西了。"我奇怪地问："我们不都在这里吗？还有谁会来吃东西吗？"奉妮月的声音愈发低了，说："今天不是过节吗（指清明节），那些不在了的人要来吃，刚才那些东西就是给他们送去的。你如果老是看外面，他们就不好意思来了，搞不好还要急呢（意为：生气）。也不要多说话，要不然他们以为我们是在议论他们呢。"难怪大家都低着头吃东西，没有人说话，原来是另一个世界的人们也被邀请了。

2009年1月24日，农历十二月二十九日。这一天，裕固族家家户户都要祭祀祖先。尹梅月说："要过年了，那边的人（去世了的人）也要过年，我们要给他们办年货，送吃的、送穿的。要不他们多可怜，要去别家要着吃。"我跟着田世学一家三口去田家的坟场祭祀。回来后，我发现田世学的母亲路红梅和岳母尹梅月各自也在祭祀。我很奇怪：为什么她们要分别祭祀呢？路红梅告诉我："我是烧给我们家的大人，我的老子（路红梅之母仍在世）、我的爷爷、奶奶，主要是我们路家的人。"我问："田世学不是去上过坟了吗？"她解释："他是去给田家的人烧，我是在给路家的人烧，是两码事。"尹梅月也说："我是在给我的老汉、我的爸爸、妈妈、爷爷、奶奶烧呢，主要是给我们尹家人烧。"原来，田世学一家三口是在祭祀田家的祖先，而路红梅、尹梅月则是在分别祭祀路家祖先和尹家祖先。不同姓氏的人，祭祀对象自然也是不同。

无论是回纥人祭祀的动物，还是高昌回鹘人供奉的树，抑或是裕固族人祭祀的祖先，都体现了一种血脉传承的历史。一个族群对个体生命来源的认知在该族群内部形成了两种质的分类：社会血亲与非社会血亲，血脉传承的历史实际上就是社会血亲代际延续的历史。

第三章

称谓制度

一　亲属称谓

　　1956 年以前，裕固族地区存在明媒正娶、勒系腰两种性生活模式。明媒正娶又分别有娶媳、招赘、换门亲、立房杆子四种不同形式。不同的性生活方式，其亲属称谓也相应地存在差异。

　　以明媒正娶方式结成的性关系，是"名"副其"实"的婚姻关系，我们以娶媳方式为例（见图 1、图 2）。

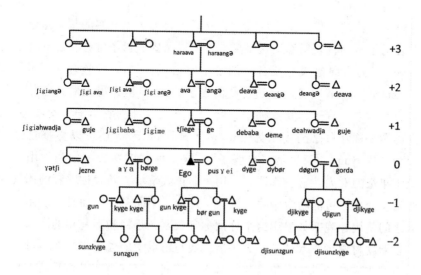

图 1　明媒正娶家庭亲属称谓全图（父方）

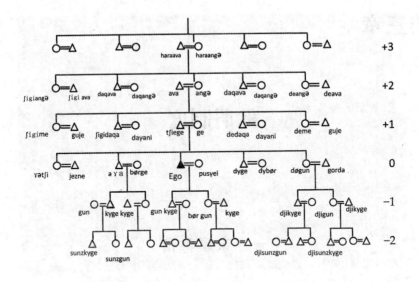

图 2　明媒正娶家庭亲属称谓全图（母方）

女子在摆席仪式之后正式成为男子家庭的一员，与男子共同生活、繁衍后代。这种两性关系中，男性平时称呼女性为"pusɣei"。"pus"意为"腰带"，"ɣei"意为"没有"，这个称谓的意思是"没有腰带的女人"。裕固族传统服饰是长袍，无论男女一年四季都穿长袍，腰间系腰带。按照裕固族人的传统习俗，摆席仪式上，女子把自己亲手缝制的腰带送给男子或系在男子腰间，表明嫁给这个男人。所以裕固族男子称呼自己的妻子为"pusɣei"。男人向他人介绍自己的妻子时会说："tere edʒen pusɣei"或"tere munə pusɣei"（意为：这是我的妻子）。平日里，男人对自己的妻子亦可直呼其名。有子、女或孙子、女后，男人也可以使用子、女或孙子、女的称谓来称呼自己的妻子为"meme"或"angə"。还可以称呼自己的妻子为"kəuʃəŋ"，意思是"老婆子"。这个称呼男女皆可使用，用以称呼上了年纪的女人。这一称谓，多用于非正式情境。随着称呼者的语气和具体情境变化，可能隐含亲昵、调侃、鄙视等不同意味。而且一般是在同辈人之间使用，晚辈如果用这个称谓称呼长辈，是极为不礼貌的。

在西勒村田世学家的某一天午后，我与田世学的妻子华米兰、母亲路红梅以及华米兰的母亲尹梅月四人聊天。其间，路红梅和尹梅月两人相互拿对方与某某男人的趣闻往事调侃，互相用 kəuʃəŋ 来指称对方。后来，华米兰忍不住接过她们的话头道："你们两个 kəuʃəŋ，当着我们两个小辈子（指我和她自己）说话注意点行不？害事（害羞，难为情）得很！"路红梅和尹梅月两人闻言大笑。路红梅笑骂华米兰："你这个媳妇子，kəuʃəŋ 也是你能叫的？"华米兰禁不住满脸通红，解释道："要不这样，你们两个能停得下来？"尹梅月接着说道："不管咋样，也不能这么叫自己的娘母子和婆子。"华米兰听罢起身，说："好吧，那你们继续说吧，我反正害事得很。"尹梅月转头笑骂路红梅："你个 kəuʃəŋ，说话嘴上没个把门的。"尹梅月和路红梅为同辈，所以两人用 kəuʃəŋ 来相互调侃，是一种昵称。而华米兰用这一称谓来称呼自己的母亲和婆婆，即使是开玩笑，也是极为不礼貌的。

　　女人称呼自己的丈夫为 "djalu"，意思是 "老汉"。这个称谓隐含着两人存在性关系，是相好的。平日里，女人多使用自己孩子的称谓来称呼自己的丈夫为 "adja" 或 "tʃiege"。有了孙子、女后，女人又会使用自己孙子、女的称呼来称自己的丈夫为 "ava"。女人任何时候都不能直接叫自己丈夫的名字。否则，会为人耻笑，说这个女人不懂礼数，不尊重自己的男人。而一个男人，如果被自己的妻子直呼其名，那么他在外面也会被人耻笑："这个男人活得真窝囊，让自己的女人直接叫名字，像什么样子。"

　　同辈的兄弟姐妹。己身称哥哥为 "aɣa" 或 "gogo"，称哥哥的妻子为 "børge"。称弟弟为 "dyge"，称弟弟的妻子为 "dybør"。称姐姐为 "ɣətʃi"，姐姐的丈夫为 "jezne"。称妹妹为 "døgun"，妹妹的丈夫为 "dykyrge"。年龄比自己小的，己身可以直呼其名。但年长于自己的，直呼其名就是很不礼貌的。姑舅亲的孩子之间，不论性别、年龄，都可以互相称呼 "djihqa"。如果听得两个人相互称呼 "djihqa"，就说明这两人是姑舅亲的同辈。姨娘亲的孩子之间，不论性别、年龄，可以互相称呼 "tshihqang"。如果听到两个人互相这样称呼，就说明两人是姨娘亲的同辈。叔伯亲的孩子之间没有什么特别的称呼。在裕固族人看来，兄、弟两人的孩子是姓氏相同的本家，称呼上不需要特别区分，与己身对自己亲兄弟姊妹的称谓一样。一般情况下，己身对叔伯亲、姑舅亲、姨娘亲的同辈兄弟姐妹，以及各自的配偶的称呼，可以和对自己亲兄弟姐妹的称呼相同，不需作特意区分亦可。

　　子女辈和父母辈。己身称呼父亲为 "tʃiege" 或 "adja"，母亲为 "ge" 或 "meme"。称呼自己的儿子为 "kyge"，儿媳妇为 "bør"。称女儿为"gun"，女儿的丈夫为"kyge"。称呼自己父亲的哥哥、弟弟为"adja"或"baba"。如果需要区分大小顺序，于称谓前加上表示长幼的前缀"ʃigi"（大）和"de"（小），如"ʃigibaba""debaba"。己身称呼自己兄、弟的孩子和称呼自己的孩子一样。称自己父亲的哥哥的妻子为"ʃigime"；称父亲的弟弟的妻子为"deme"。这两个称谓与母亲的称谓"meme"具有相同的词根"me"。母亲的称谓"meme"是这一词根的叠加，而这两个称谓则是在词根前加上了表示长幼前缀"ʃigi"和"de"。如果己身性别为女，她对自己父亲的兄弟的妻子还有一个专门的称呼："amaga"。这个称谓仅限于女性使用。己身称自己父亲的姊妹为"ahwadja"。如果需要区分大小顺序时，可在称呼前加上"ʃigi"或"de"，比如"ʃigiahwadja""deahwadja"。己身性别如果为男，他与自己妹妹的丈夫之间可以互相称呼"gɔrda"。这种称呼只适合用在己身和自己妹妹的丈夫之间，是男性使用的专门称谓。己身称呼自己父亲的姊妹的丈夫为"guje"，和汉语的"姑爷"音近似。己身为女性，称呼自己兄、弟的孩子时，要在对己身子、女的称谓前加前缀"dji"，予以区分，即"dji-kyge"或是"dji-gun"；对自己姊、妹的孩子的称谓与自己的孩子一样，直接叫"gun""kyge"即可。己身为男性，称呼自己姊、妹的孩子时，要在对己身子、女的称谓前加前缀"dji"，予以区分，即"dji-kyge"或是"dji-gun"；对自己兄、弟的孩子的称谓与自己的孩子相同。己身对自己母亲的姐、妹的称呼，和对自己父亲的兄、弟的妻子称谓相同，都叫"ahwadja"。己身称呼自己母亲的兄、弟为"daqa"。如果需要区分大小，则加上表示大小的前缀"ʃigi"和"de"即可，比如"ʃigidaqa""dedaqa"。

　　孙子女辈与爷爷奶奶辈。己身称呼不论是父方的父母，还是母方的父母，均为"ava""angə"。称呼自己的孙子为"sunzkyge"，孙女为"sunzgun"。从爷、奶辈再上溯的老人，男性统称为"hara-ava"，女性统称为"hara-angə"。"hara"在裕固语中原意为"黑色"，用以表示"大的、地位高的、辈分尊的"。

　　己身对比自己辈分小或是同辈里年龄比自己小的人、无论男女均可直呼其名，反之，己身不能对辈分比自己大或同辈中年长于自己的人、不论男女直呼其名，否则被视为无礼不敬。

　　招赘与换门亲方式缔结的婚姻关系，其血亲和姻亲的称谓方式与娶媳相同，而立房杆子这一方式却与前三者存在些许差异，如图3、图4所示。

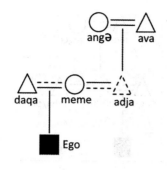

图 3　立房杆子 – Ego 不区分性别

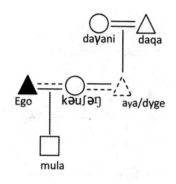

图 4　立房杆子 – Ego 为男性

　　有的人家没有儿子，而且家里也有钱举行摆席仪式，就采取立房杆子的办法娶个媳妇进门为自己养老送终、传宗接代。立房杆子意指以支撑帐篷的帐房杆子的名义娶个女人进门，这个女人的丈夫实际上就是帐房杆子。媳妇娶进门以后，婆家在自家的帐篷旁边为其单另扎一顶帐篷，让女人和其他男人一起生活，生下的孩子都跟婆家的姓。在女人帐篷里生活的男人，不论是不是女人所生孩子生物学意义上的父亲，孩子都不能称呼其"adja"，而只能称呼他"daqa"。

　　1956 年之前，裕固族地区普遍实行"勒系腰"。勒系腰家庭的称谓方式与立房杆子家庭类似，但也存在区别，如图 5、图 6 所示。

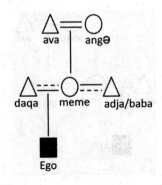

图 5 勒系腰 – Ego 不区分性别

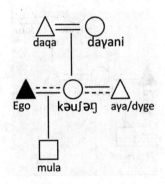

图 6 勒系腰 – Ego 为男性

　　勒系腰方式中，通过女子向男子赠送腰带而结成的为社会承认的正式性关系，实际上只有其名而无其实，从而带来称谓上区别于明媒正娶式的称呼。这样的家庭里，除了到女人帐篷里一起生活的男人之外，其他人之间的称呼都和明媒正娶关系的称呼一样。女人和她勒给腰带的男人虽然是名义上的夫妻，但两人这种名义夫妻关系却是为社会正式承认的。接受腰带的男人不一定和赠送腰带的女人共同生活，但名义上他们是夫妻关系，所以他们在称呼上也与这种关系基本一致。但有一点非常重要的区别，如果接受系腰的男人和赠送系腰的女人之间不存在真实的性关系，那么女人不能称呼该男人为 "djalu"。因为 "djalu" 这一称呼实际暗指一对男女之间存在真实的性关系，所以该女子可以用此称谓称呼与自己共居的男人。

　　在名义夫妻关系中，女子必须对接受自己腰带的男人予以丈夫般的尊重，不能直呼其名，可以称呼"孩子他爸爸"，即使他只是自己孩子名义上的父亲。女人生下的孩子，如果接受腰带的男人愿意，孩子可以称呼他"adja"，如果不愿意，孩子则称呼他"baba"，这是一个用来称呼自己父亲的兄弟的称谓。

与勒系腰女子共居的男人，女人可以称呼他"djalu"，但男人不能称呼女人"pusɣei"，也不能说"munə pusɣei"（意为：我的妻子）。虽然与勒系腰女子共同生活的男人与该女子有夫妻之实却无夫妻之名，没有为社会承认的正式的夫妻关系。不论这个男人是否是女人所生孩子生物学意义上的父亲，孩子都称呼他"daqa"，裕固族人通常情况下用这个称谓来称呼自己母亲的兄弟。男子可以称呼孩子"mula"（意为：孩子）或是直呼其名，但不能说"munə mula"（意为：我的孩子）。共居男子称呼女方的父亲为"daqa"，母亲为"daɣani"，裕固族人一般用这个称谓来称呼自己母亲的兄、弟及其配偶，或称呼与自己父母同辈的异姓氏的男、女。

1956 年之前，裕固族地区藏传佛教格鲁派盛行。家中凡有两个或是两个以上的儿子，必须送一个儿子去当 akə。[①] 据说，为了裕固族群能得以延续，清朝中央王权特许裕固族的阿卡能成家生子。但由于阿卡的宗教身份，使得其家庭中的称谓方式与普通明媒正娶的家庭不同，如图 7、图 8所示。

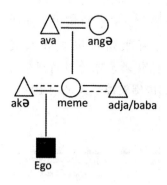

图 7　阿卡与勒系腰女子共居

---

① akə，裕固语，指藏传佛教寺院神职人员，亦可称"ʃavu"。为了方便读者阅读，后文中都将使用汉语音译"阿卡"。

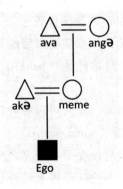

图8　阿卡家庭

　　1956 年之前，阿卡多会选择去勒系腰女子的帐篷里共居，也会通过明媒正娶的方式娶妻入门。如果阿卡与勒系腰女子共居，女子不能称呼其为"djalu"，只能称呼他"akə"；而女子所生的孩子也不能称呼他"daqa"，而只能称他"akə"。如果阿卡明媒正娶，其妻子也不能称呼其为"djalu"，只能称呼他"akə"；阿卡的孩子也不能称呼他"adja"，而称他"akə"或"baba"（一般情况下裕固族人用这一称谓称呼自己父亲的兄、弟）。① 如果有人问阿卡的妻子"你男人去哪了？"这类的话，女人会回答说"budas akə…（我们的阿卡……）"；如果有人问阿卡的孩子"你父亲去哪儿了？"，孩子会回答"budas akə…（我们的阿卡……）"。阿卡的父母可以称呼儿子"akə"，也可以直接叫名字。阿卡的兄弟姐妹可以称呼他"akə"，哥哥姐姐可以直呼其名，弟弟妹妹可以叫他"gɔgɔ"。其他外人，不论年龄、辈分都称呼阿卡为"ʃavu"或"akə"。"ʃavu"是裕固族人对藏传佛教神职人员的敬称，但现在已很少使用，而通用"akə"这一称谓。

二　故人之名

　　裕固族家庭中，己身对每一个人都有固定的称谓，长幼尊卑，秩序严明。除了长辈会对晚辈直呼其名，晚辈绝对不允许对长辈直呼其名，甚至

---

　　① 西勒村尹立军的父亲尹中民曾经是寺院里的阿卡，现已年逾八旬，仍旧时常为人念经。尹立军至今仍旧称呼尹中民为"baba"，而不称呼"adja"。

不能随便提及长辈的名字。很多与父母、爷爷奶奶一起生活的裕固族人，在长辈们过世后，大都不能准确地说出他们的名字。

故去之人的名字严禁提及。对于去世的人，裕固族人统称为"miextʃime kun"，也可称为"səŋdʒʌt"。这两个称谓的区别在于：前者同时可以称呼己身有记忆和没有记忆的、已经去世的人，而后者主要用于称呼己身有记忆的、最近去世的人。"miextʃime"意为："不在世的"，"kun"意为"人"，"miextʃime kun"即"不在世的人"。裕固族人用这个称呼表达对祖先的敬畏之情，是一很种严肃、正式的称谓。为了区分逝者与己身的辈分，需要加入表示大小的形容词："ʃigi"和"de"。即，"miextʃime ʃigi kun"和"miextʃime de kun"。前者指已经去世了的、己身的长辈，后者指已经去世了的、己身的晚辈。代际关系上，距离己身关系最近的、去世的人，如父母辈、子女辈，裕固族人多用"səŋdʒʌt"这一称谓。

念经时，阿卡可以念已故之人的名字。在藏传佛教盛行时期，每年腊月里，裕固族人家都要请阿卡来家里念经，以保佑来年。平时，家里发生大小事情，也会请阿卡来念经。念经之前，主人家会写下自家已故之人的名字，然后交给阿卡。有的人也会慷慨地同时写下曾经与自己家关系较好的已故之人的名字。阿卡会在念经过程中念这些名字，让这些人来享受祭品，同时也让故去的人获得慰藉。

死去人的名字只有腊月里念经和烧东西的时候可以叫，其他时候都不能叫。阳间的人不能随便叫阴间人的名字，你在上面叫的话，他在下面"急叫得很"。所以长辈去世以后很多晚辈不知道他们的名字。给死去人烧东西的时候，念名字的必须是家里年龄最大辈分最大的人，如果有爷爷，就是爷爷念，只有奶奶就是奶奶念；没有爷爷奶奶，有父母亲在就是父亲念，只有母亲就是母亲念；如果没有父亲母亲，那就是家里的大儿子念，没有儿子就是大丫头念。女人也可以念，但只要有男人就是男人念，有长辈就是长辈念。①

2008年4月5日，东青村奉古建家念经，主要目的是为路怀玉（奉

---

① 摘引自2008年11月27日田野调查笔记。

古建之妻）祈福。路怀玉常年体弱多病，近年日渐恶化，甚至无法挤牛奶了。佛事活动持续了三天。第三天，念经即将结束时，我无意间听到阿卡问："都有哪些人？"只见奉古建急忙从怀中掏出一张纸递给阿卡，说："我这里有名单，都写上面了。"阿卡接过纸，开始照着纸上的内容念。我很好奇，那张名单和念经有什么关系？名单上都有哪些人的名字？后来，路怀玉告诉我，纸上写的都是奉家、路家已经不在世的人的名字，时值清明节，由阿卡请他们来享受供品。

除了阿卡念经时可以提及死者的名字，其他人任何时候都不允许提及。否则，会被长者骂："人都不在了，还不叫人安生！"在裕固族人看来，如果叫亡者的名字，亡者在地下会心生不安，从而干扰他们在另一个世界的生活。但念经时，阿卡念他们的名字，是郑重地邀请他们来享用美食，接受后辈对他们的供奉和孝敬。逢年过节时，更不能提亡者的名字。否则，被认为是极不礼貌、不吉利的。

2009年春节期间，我在西勒村田世学家。正月初三下午田世学接到永乐村洛军老人的电话说，原永丰区老区长瓦义学老人去世了，准备于正月初五凌晨四点火化。初四晚上，田世学一家人讨论着第二天凌晨去参加葬礼。我随口问道"瓦义学爷爷多大年纪了？"众人稍稍沉默了一会儿，然后田世学说："有83了吧。"我接着又问："瓦义学 ava 和尹秀兰 angə（瓦义学之妻，已故）是不是差了一个辈分？"众人仍旧沉默，稍后田世学才说："我们也不太清楚。"这时候，我才发现众人的脸色似乎有点尴尬和勉强，于是意识到自己似乎触犯了禁忌。可能担心我会继续问下去，田世学的母亲路红梅忍不住对我说："丫头，人都已经不在了，就不要再提人家的名字了，不好。"我禁不住问道："任何时候都不能提吗？"路红梅解释道："我们一般都不会提，就算是非得提的时候也都说 səŋdʒʌt。放在过去，小辈子像你这么动不动提老人的名字，家里长辈早就巴掌上来了。"我不禁汗颜。

三　一个外人

初到永丰，最让我尴尬的是如何称呼人。也是在那时，我才发现称谓的重要性。

在永乐村洛军家做家谱时，洛军的儿媳妇抱着孩子坐在我对面。我未加思索地问她："嫂子，您的名字是？"不想，她霎时满脸通红，很小声地说："瓦明芳。"这时，坐在一旁的洛梅花（洛军的妻子）似乎看出了儿媳妇的心思，问我："你多大了？"我报上年龄后，她看似不经意地说："你比她大着呢。"言下之意即：我的称呼错了，我不应该称呼瓦明芳"嫂子"。我顿时感觉很尴尬，赶忙道歉。但我一时间也不知道该如何称呼她。洛梅花似乎看出了我的无措，提示我："她比你小，你直接叫名字也行。"

草原上，目测年龄 30 岁至 40 岁之间的人，其实际年龄可能与我相仿。我以为与我外婆年纪差不多的老人，可能与我父母的年龄相仿。最尴尬的一次经历是称呼西勒村木建国、木建业兄弟二人。木建国老人年长木建业十多岁，一直生活在草原，而木建业一直在张掖市工作、生活。两个人面貌差异很大。在还不清楚两人确切关系时，我想当然地根据自己的判断称呼木建国为"ava（爷爷）"，木建业为"aɣwa（叔叔）"。一次偶遇木建国老人，我与他说起在张掖市与木建业见面的事情。老人很耐心地听我讲完，然后笑着对我说："他（木建业）是我的弟弟。"而在我的称谓中，两人居然差了一个辈分！这种称谓带来的尴尬，导致我在某段时期内见到人都不敢称呼，而直接问好。

随着家谱工作的进展，以及对当地情况渐渐熟悉，我也逐渐掌握了裕固族称谓的要领。

对当地任何一个裕固族人而言，我都是外人。最初，我根据所住家庭的主人在村里的辈分来定位自己。即，以该家庭一员的身份去称呼他人。后来，我发现这种自我定位对我的调查带来了些许不利影响。于是，我决定改变称呼方式，以图获得一种相对中立的身份认同。首先，我是一个外人，所以没有必要将自己限定在所住家庭的亲属称谓中。其次，我身在裕固族社会中，我必须使用裕固族的称谓方式。而对于我这样一个处身裕固族社会的外人来说，我使用的称谓方式只需要遵守姓氏和辈分的基本原则。

与我年龄相仿，稍长于我、不论姓氏相同与否的男性可以称"gɔgɔ"或"aɣa"，反之则称"døge"或直呼其名。与我年龄相仿，稍长于我、不论姓氏相同与否的女性可以称"ɣətʃi"，反之则称"døgun"或直呼其名。也就是说，不论姓氏相同或不同，只要年龄比我小的男、女均可直呼其名或以弟、妹相称。但是，年龄比我稍长的人则不可直呼其名。

与我父母年龄相仿、姓氏相同的男性可以称为"aɣwa",女性可以称为"guɣei"。如对方与我父母年龄相仿但姓氏不同,男性可称为"daqa",女性可称为"guɣei"。在这里,女性称谓不作姓氏上的区分,但是男性则要做姓氏的区分。与我爷爷奶奶年龄相仿的男性,无论同姓或异性均称为"ava",女性均称为"angǝ"。

称呼明确后,事情似乎也变得简单了许多。

四 称谓特征

从上述裕固族称谓,我们可以发现一些规律和特征:

1. Ego 对 0 代的称谓

(1)对己方血亲及其姻亲的称谓与对配偶方血亲及其姻亲的称谓相同;

(2)当 Ego 为男性时,与己身妹妹的丈夫之间有一个专属的男性互称"gorda"。

2. Ego 对 -1 代的称谓

(1)以加前缀"dji"的方式区分交叉旁系亲属关系和平行旁系亲属关系,即,Ego 对平行旁系 -1 代的称谓与己身 -1 代称谓相同,对交叉旁系 -1 代的称谓都冠以前缀"dji";

(2)Ego 对己身 -1 代女性的姻亲(女婿)的称谓与对己身 -1 代男性(儿子)的称谓相同;

(3)但,Ego 对己身 -1 代男性的姻亲(儿媳妇)的称谓与对己身 -1 代女性(女儿)的称谓明显区分。

3. Ego 对 -2 代的称谓

(1)可以加前缀"dji"的方式区分交叉旁系亲属关系和平行旁系亲属关系;

(2)但,实际称呼中,不必要区分交叉旁系亲属关系和平行旁系亲属关系。

4. 裕固族语中,不存在 Ego 对 -3 代的称谓

5. Ego 对 +1 代的称谓

(1)对父方男性(父亲的兄、弟)的称谓与对己身父亲的称谓可不做区分;

（2）对父方男性的姻亲（父亲的兄、弟的妻子）的称谓与对己身母亲的称谓具有相同的词根"me"；

（3）重点区分交叉旁系中的亲属称谓；

（4）对母方平行旁系亲属的称谓与对父方平行旁系亲属的称谓相同；

（5）对父方交叉旁系姻亲（父亲的姊妹的丈夫）的称谓，与对母方平行旁系姻亲（母亲的姊妹的丈夫）的称谓相同，均为"guje"（汉译"姑爷"）。

6. Ego 对 +2 代的称谓

（1）对父方平行旁系和交叉旁系亲属的称谓不做区分；

（2）对母方平行旁系亲属的称谓亦不必要做区分；

（3）必要时，要对母方交叉旁系亲属的称谓予以区分，即区分对母亲的舅舅及舅妈的称谓；实际称呼中，可以均不做区分。

7. Ego 对 +3 代的称谓，对父方和母方的所有亲属称谓均不做区分

8. 裕固语中，Ego 对 +4 代的称谓不存在

根据默多克亲属称谓的分类原则及裕固族亲属称谓的特征，我们可以将裕固族亲属称谓划归夏威夷式，即 $\times \cos = \parallel \cos = sib$。这种归类只是一个粗略的划分，忽略了以上裕固族亲属称谓的各种细节特征。

裕固族亲属称谓中，Ego 对 0 代、-1 代、+1 代的称谓有着明显的、重要的区分。这一区分主要存在于交叉旁系和平行旁系之间。Ego 对 0 代亲属的称谓，重点区分了父母双方交叉旁系（即姑舅亲属关系）、母方平行旁系（即姨娘亲属关系）与父方平行旁系（即叔伯亲属关系）。姑舅亲属关系的两个个体可以互称"djixqa"，姨娘亲属关系的两个个体可以互称"tʃixqaŋ"，而叔伯亲属关系的两个个体则不存在类似的专用称谓。Ego 对叔伯亲属关系中个体的称谓与对己身兄、弟、姊、妹的称谓相同。在裕固族人的观念中，叔伯亲属关系的个体，姓氏相同，共享同一文化血缘，属于社会血亲之列。而姑舅亲属关系、姨娘亲属关系的个体与己身姓氏不同，拥有不同的社会血亲身份。这种社会血亲和非社会血亲的区分，正是 Ego 对 0 代称谓进行区分的根本原因。

Ego 对 -1 代的亲属称谓，重点区分了交叉旁系亲属和平行旁系亲属的称谓。Ego 为男性时，对己身姊、妹的 -1 代的称谓通过前缀"dji"与对兄、弟的 -1 代的称谓进行区分。Ego 为女性时，对己身兄、弟的 -1 代的称谓也是通过前缀"dji"与对姊、妹的 -1 代的称谓进行区分。这种

区分突出了姑舅亲属关系的特殊性。

Ego 对 +1 代的亲属称谓，重点区分了母方男性和父方男性，即对母亲的兄、弟的称谓和对父亲的兄、弟的称谓；以及母方女性和父方女性，即对母亲的姊、妹的称谓和对父亲的姊、妹的称谓。对母方男性和父方男性的称谓区分，突出了"舅舅"的特殊地位。对母方女性和父方女性的称谓区分，则突出了己身母亲的姊、妹与母亲身份的一致性。这种一致性正是通过共同的词根"me"来体现的。

Ego 对 +2 代及其以上、−2 代及其以下亲属的称谓渐次趋同，不再进行必要的、明确的区分。

勒系腰家庭和立房杆子家庭中的亲属称谓与明媒正娶家庭最大的区别在于共居关系。勒系腰女子和立房杆子的女子同时拥有名义上的夫妻关系和共居关系。名义夫妻关系虽然更多表现为一种形式，但在称谓上也必须遵循真实夫妻关系的称谓规则。而共居关系虽然没有夫妻之名，但却有夫妻之实。称谓规则与婚姻关系的一致性，导致共居关系中的男性在实际生活的家庭中没有姻亲称谓和血亲称谓。勒系腰家庭和立房杆子家庭形式上具备了明媒正娶家庭的所有亲属关系，唯一多出了一种关系：共居关系。虽然共居男性可能为共居家庭贡献极大，但却无法获得名义上的地位。对于这样一个形式上完整的家庭而言，共居男性无疑就成了家庭的外人。而对他的称谓也恰恰反映出共居男性的身份和地位：一个外人。

第四章

性 禁 忌

一 同姓不婚

奉全明是我的第一位田野调查向导。按照村里的排行，他与我可划作同辈。我在奉全明家居住期间，他的母亲华玉梅时常向我说起自己对儿子找对象的担心。华玉梅希望通过我了解奉全明在这方面的进展情况和真实想法。我问她为什么不亲自问问。她解释道，身为母亲，对于儿子这方面的事情不方便直接询问，按理应该由父亲过问，但父亲奉古言一点也不着急，不管不问。裕固族家庭里，母亲与儿子之间不能谈及与性相关的任何话题。同理，父亲和女儿、兄弟和姊妹之间也不能谈及类似话题。

奉全明有一个妹妹叫奉雪莉，年方十七。有一次，我问奉全明是否知道自己妹妹与其他男孩子的交往情况。奉全明反问："我怎么会知道呢?"然后，他又装作很神秘的样子说："不过，我知道有人给我妹妹写情书。"一天，他的父亲（奉古言）在找废纸点火时，翻开了一本奉雪莉的旧课本，意外发现里面夹着一封信。奉古言叫奉全明来看看这封信是否还有用，没想到竟是一封男孩子写给奉雪莉的情书。虽然知道是女儿的情书，奉古言也没有说什么。他把信放回了书里，然后把书放回了原处。事后，奉古言和儿子奉全明都没有再提起。他们也没有询问奉雪莉关于那封情书的任何事。作为父亲，奉古言不应该与女儿谈这样的事情。作为哥哥，奉全明也不应该与妹妹谈这样的事情。虽然，奉古言可以把此事告知妻子华玉梅，然后由华玉梅出面询问奉雪莉，但奉古言并没有告诉华玉梅。于是，情书之事也就不了了之。

这两件很小的事情，却让我们看到裕固族社会血亲性禁忌的力量。访谈中，裕固族老人不断向我强调同姓之间的各种性禁忌，以及"同姓不婚"这一最基本的婚配规则。

裕固族社会，姓氏相同的人禁止婚配。永乐村尹花英和尹华福姓氏相同，尹华福的奶奶巴特玛什吉特的系腰勒给了尹花英的爷爷，两个人的父亲的姓氏来自同一位男人。虽然遭到老人的反对，但尹花英和尹华福仍旧登记结婚了。人们认为，如果同姓结婚，所生的孩子必定会身体残疾，或者是聋哑，或者是疯子、傻子，或者是肢体残缺，如永乐村洛军和洛梅花。洛军的母亲瓦多荣，系腰勒给了洛同新，生儿子洛军。而洛同新接受腰带时已经与尹春珠结婚，后生女儿洛梅花。洛军和洛梅花结婚时，老人们都不同意。虽然两人不是同母所生，甚至也不是同父，但两人姓氏相同。洛军的母亲勒系腰给洛同新，在当地人看来就是嫁给了洛同新。按理，洛军和洛梅花应该算是兄妹关系。两人于 20 世纪 70 年代末登记结婚。虽然政府部门批准了两人的结婚登记，但当地人始终认为两人姓氏相同，不应该结婚。洛军和洛梅花的长子出生后，先天残疾，缺少左耳朵。人们一致认为：这就是同姓结婚的惩罚。

同姓之间，不仅不能婚配，而且不能一起谈论与性相关的话题，即使开类似的玩笑也是不允许的。比如，谁和谁相好，谁对谁有意思之类的话题和玩笑，在同姓之间都是禁止的。

东青村路秀玉与继父路山吉曾发生性关系，并生有一女。路秀玉的母亲尹琳娜，原白塔人，系腰勒给了其所在部落、人称扎吉尔圈头的路山峰，生有路明雄（早逝）、路明国、路秀玉、路梅花、路梅英五人。后来，尹琳娜带着五个子女嫁给了东青的路山吉，两人生有一女路梅香。20世纪 70 年代初，路山吉与继女路秀玉发生性关系。当人们发现时，路秀玉已经怀有身孕。路秀玉的哥哥路明国原本与继父路山吉的关系就不好，因为此事，路明国与路山吉彻底断绝了关系。村里老人们也对此极为不满，认为路山吉"干下了荒唐事"。但木已成舟，也没有办法挽回。夏天时，路秀玉生下了一个女儿。冬天时，路山吉就被判刑八年，进了监狱。随后，路秀玉带着几个月大的女儿嫁给了白塔村的华为智，并给女儿取名华安玉。华安玉长大后，远嫁农区。村里人认为，华安玉没有在牧区找对象的主要原因就是她的身份问题。

虽然路山吉和路山峰属于不同部落、不同的路家，但作为继父—继女关系，路山吉和路秀玉拥有相同的社会血亲身份。两人发生性关系，违反了"同姓不婚"的规则。在路秀玉的兄、妹看来，这是家庭的耻辱。而在当地人看来，两人所为就是"荒唐事"。这件事带来的后果是极为严重的：路山吉入狱，路秀玉远嫁，甚至路秀玉的女儿也选择远嫁农区。

同时，裕固族"同姓不婚"的禁忌暗指另一层意义，即"异姓可婚"。也就是说，只要姓氏不同就可以建立性关系。

东青村有一个更改姓氏的案例。现家在白塔村的奉云建原名叫路山成，是东青人。兄弟五人，他排行老大。当地人说，奉云建和他其他四个兄弟为同母异父。奉云建的母亲戴头面后系腰勒给了一位奉家男人，生下奉云建。后来，奉云建的母亲改嫁给了路·索索龙，生下其他四子：路山吉、路山朗、路山雄、路山英。奉云建母亲嫁给路·索索龙时，奉云建还小，便改姓路，名路山成。后来路山成与现白塔村的路晓玉找了对象，路山成上门到路晓玉家。但是，根据老习惯两个人姓氏相同是不能结婚的。虽然路山成的母亲嫁给了路·索索龙，但路山成之前为奉姓。所以，为了能够与路晓玉结婚，路山成便改回了原来的奉姓，这样两个人的姓氏不同就可以结婚了。当地人对此都表示可以理解，因为奉云建本不姓路，他只是改回了自己原来的姓氏而已。

"异姓可婚"更为宽泛的一个内涵则包括了母与子、交叉旁系亲属（姑舅亲）、母方平行旁系亲属（姨娘亲）、叔与嫂、兄与媳、婶与侄等所有与己身姓氏不同的异姓。

在任何一个社会，生物母子①之间的性关系都是被绝对禁止的。但是，名义母子之间的两性关系却不是完全禁止的，至少这一点有史料佐证：唐肃宗把宁国公主嫁给回纥葛勒可汗时，随嫁的小宁国公主先嫁给了英武可汗，英武可汗亡后，英武可汗之子英义可汗续娶其父的妻子即小宁国公主；唐德宗与回纥联姻时将女儿咸安公主嫁给了天亲可汗，天亲可汗死后，其子忠贞可汗继娶咸安公主，忠贞可汗死后，其子奉诚可汗又继娶咸安公主，"奉诚可汗卒，国人立其相，是为怀信可汗，皆从胡法，继尚公主"②，也就是说咸安公主先后嫁给了父、子、孙三代，最后嫁给了怀信可汗；唐太和公主最先嫁给了崇德可汗，后来她又先后嫁给了崇德可汗

---

① "生物母子"是相对于"名义母子"而言，前者指具有生物学意义亲子关系的母子，后者指没有生物学联系的名义母子。

② 《唐会要》卷九八。

的兄弟、侄子等四位可汗。在回纥继娶制度中，子娶母（非亲生母亲）、弟及兄嫂都是社会血亲性禁忌范畴之外不同姓氏之间的结合。除却保护家庭财产不外流的考虑，这种婚姻也符合"同姓不婚"的规则。

异姓的交叉旁系亲属和母方平行旁系亲属也不必遵守"同姓不婚"规则。从大约500人的家谱中我们就能找到三例姑舅亲结婚和两例姨娘亲结婚：

> 永乐村尹必福和路月秀夫妇，尹必福的父亲尹怀亭和路月秀的母亲华梅花是同母异父的兄妹。妹妹的女儿嫁给了哥哥的儿子。
>
> 永乐村君玉花和瓦仁福夫妇，君玉花的父亲君宏和瓦仁福的母亲君晓梅为同父同母的兄妹，哥哥的女儿嫁给了妹妹的儿子。
>
> 东青村奉贤静和尹新山夫妇，奉贤静的父亲奉多贵和尹新山的母亲奉美莲为同母同父的兄妹，哥哥的女儿嫁给了妹妹的儿子。
>
> 永乐村华东方和尹丽兰夫妇，华东方的母亲洛明花和尹丽兰的母亲洛明为同父同母的姊妹，姐姐的儿子娶了妹妹的女儿。
>
> 东青村尹华强和路芬芳夫妇，尹华强的母亲尹秀兰和路芬芳的母亲尹兰慧为同母异父的姊妹，妹妹的女儿嫁给了姐姐的儿子。

异姓的叔—嫂、兄—媳、姨—姐夫、婶—侄等关系也不必要遵守性排斥原则。虽然这些亲属都受到婚姻道德、家庭伦理、社会道德等约束，但这种约束远没有"同姓不婚"的约束严厉。如：

> 东青村尹春兰，先嫁给路建明，路建明自杀身亡后，又嫁给了路建明的弟弟路建金。
>
> 东青村路士元，一直与哥哥路春建及兄嫂奉文秀住在一起。后来路士元鸠占鹊巢，与奉文秀关系暧昧、出双入对。
>
> 东青村奉文兵，其妻尹花琴有一个姐姐叫尹花香，尹花香的女儿华艳兰，是奉文兵的侄女。但是，奉文兵和华艳兰某次在夏场上拉铁丝网时发生了性关系。之后，两人一直保持暧昧关系。华艳兰甚至曾为此堕胎。
>
> 东青村路梅花，其丈夫欧贵学有一个弟弟叫欧贵友，欧贵友的儿子欧鸣，是路梅花的侄子。但是，路梅花和欧鸣长期保持暧昧关系。

"同姓不婚"之外，裕固族社会还有另一条重要规则：差辈不婚。只是，这一原则在实际操作中远不如"同姓不婚"严厉。家谱中，最早的差辈婚姻当属永乐村瓦义学①和尹秀兰。尹秀兰有一个哥哥叫尹怀中，尹怀中的妻子华梅兰，瓦义学是华梅兰的舅舅。这样，瓦义学也就是尹秀兰的舅舅辈。永乐村的瓦金前和尹梅枝也类似。瓦金前的姑姑为瓦多荣，而瓦多荣则是尹梅枝母亲的母亲。按理，尹梅枝应该称呼瓦金前为舅舅。东青村尹芬秀和尹芬兰为姊妹，尹芬秀嫁给了奉古军，尹芬兰嫁给了尹新力，尹新力的母亲是奉妮兰，而奉妮兰又是奉古军的姐姐。也就是说，尹芬秀、尹芬兰分别嫁给了舅、甥二人。这样的差辈婚姻，当地人予以理解的主要原因为：姓氏不同。

对于差辈婚姻带来的礼序混乱，东青村奉全明深有体会：

> 我舅舅（华强，东青村人，其姐姐华玉梅是奉全明之母）和我舅母（尹秋兰，东青村人，其母是奉全明父亲奉古言的姐姐）两个人就差着一个辈分。我和我舅母以前都是一起喊我舅舅，我喊她姐姐。现在可好，我得改口喊她舅母。刚开始的时候才麻烦呢，不知道该喊啥。是喊姐姐、姐夫呢还是喊舅母、舅舅，我也搞不清楚，所以干脆就躲，躲开了就不用喊人了。后来我娘母子说，称呼要跟着男方走，不管女方的辈分是啥，结了婚，女方的辈分就得跟着男方的辈分走。所以我就得喊我姐姐舅母，你想想，喊了一二十年的姐姐，突然一下子让我改口喊舅母，根本喊不出来，害事得很。现在好多了，不过我还是能不喊就不喊。

二 一些细节

在调查裕固族身体表征时，我很想从裕固族男性那里获得关于性行为在孩子形成过程中有何作用的解释。以我的性别、年龄、未婚等身份特征，向一位裕固族男性长辈问这个问题是极大的不敬，也极为尴尬，所以我决定向我的向导奉全明寻求帮助。但是，由于性别障碍，如果当面向他解释这个问题也会非常尴尬，于是我选择在电话里说。由于他比较熟悉我

---

① 2009年农历正月初三，瓦义学去世，享年83岁；尹秀兰在瓦义学之前早已去世。

的调查方式，很快就理解了我的目的。

要挂上电话时，我顺便加了一句话："你也可以帮我顺便问问你的奶奶。"

奉全明一听这话，立即答道："我才不去问我奶奶呢，害事（害羞）得很！"

我又建议："要不你可以告诉你的母亲，然后让你母亲去问你的奶奶。"

他大笑："我怎么去跟我妈说这个事？这样的事我跟我妈妈不好说得。"

我说："你可以告诉你的父亲，让你父亲告诉你母亲，然后让你母亲去问你奶奶。"

他犹豫片刻，说道："你可以让姐姐（指华米兰）帮你去问其他老奶奶，我可以问问老爷爷们。"

我的问题涉及性话题，奉全明不愿意去问女性长辈，包括自己的母亲，其根本原因就是性禁忌。这作为一个很微妙的话题，更多是体现在日常生活中的各种细节上，某些不起眼的行为所体现的正是处于血亲性禁忌中各种人之间的微妙关系。永乐村尹怀谷老人这样说日常生活中的各种性禁忌细节：

> 如果老子（父亲）在场，其他人不能说他丫头的事情；如果丫头也在场，那就更不能说这样的事情。在家里，老子也不能和丫头说这类的事情；老子和儿子就可以说，没关系。如果娘母子（母亲）在场，其他人不能和她说儿子的事情；如果儿子也在场，那就更不能说这样的事情；在家里，娘母子也不能和儿子说这类的事情；娘母子和丫头可以说，没有关系。
>
> 如果是个丫头，她的叔叔、舅舅、爷爷这些（男性）长辈就不能和她说这类事情，但她的姑姑、舅母、奶奶这些长辈们就可以和她说。除了自己的兄、弟，她可以和其他同辈的丫头和娃子（男孩）说，当然也可以和自己的姊、妹们说。如果是个儿子，他的长辈比如叔叔、舅舅、爷爷这些男人可以和他说这类事情，但他姑姑、舅母、奶奶这些（女性）长辈就不能和他说这类的事情。除了自己姊、妹们，他可以和其他同辈的丫头说这类的事情，也可以和其他同辈的娃

子（男孩）包括自己的兄、弟都可以说这类的事情，同辈人之间说话还是随便一点。

那时候，家里来了客人，男人们在帐篷里说话，女人就都出去了。要不就是，女人们在帐篷里做饭，男人们都在外面。大人们说话的时候，一般都不会让丫头、娃子听。如果大人们说话的时候，有丫头、娃子在，大人们就会说"大人的事情，小孩子出去玩去"。没结婚的丫头一般都不会让去给客人端饭递茶，尤其客人都是男人的时候，丫头早就躲得远远的了，害事（害羞）得很。就算是同一个性别的晚辈和长辈坐在一起，都是男人或者都是女人，一般也没有晚辈说话的份儿，听着就行了。

没结婚的年轻娃子和年轻丫头之间，只要不是自己的兄弟姊妹就要好点。如果是兄妹或者姐弟在场，就不能谈论这类的事情，否则听到的人百分之百急叫掉了（发脾气、生气）。但如果是兄弟或者姊妹在场，就没有太大关系。一般情况下，一个辈分的男、女，只要不是一个娘母子的，不是一个姓的，开点这样的玩笑也没啥。

这些事情看起来小，在老人们看来就是了不得的事情。娃子如果犯这样的错误，说是父母没教好，还可以再改再教；如果大人犯了这样的错误就是脸面的问题了。

通过奉全明，我时常能听得一些小道消息和村里的一些流言蜚语，一般是他平时与村里男人们一起喝酒时听来的。我曾好奇地问他："跟你喝酒的那些男人大多是你父亲辈的，他们为什么跟你说这些？"他回答："我也是男的呀，男人之间说话比较随便，不过他们说的时候，我都只是听听，他们是老辈子，我一个小辈子是插不上话的。"

草原上，除了最基本的社会血亲之间性禁忌，性别和婚姻状态也是性禁忌考量的重要因素。同性别的男或同性别的女与同辈异姓已婚男女一样，都是性相关八卦的源头，因为这三类人之间的基本情况是：性话题自由。虽然未婚异姓男女也可能会有暧昧的言行举止，但社会对这类人仍旧存在很多约束。如果两个未婚异性一起谈论性相关话题，那么就意味着两人之间的关系已经很亲密了。而我之所以能够从奉全明处获得很多相关信息，更多是因为我作为调查者的身份。当然，我无法再通过其他男性去证实奉全明告诉我的事情，但能够通过不同的女人对这些传言进行证实、证伪和补充。因为性别原因，我能更容易地融入女人们的谈话并与她们谈起此类事情。前提必须是女人之间的谈话，如果有男人介入，那么话题将立即改变。

我住在西勒村田世学家的时候，尹梅月（田世学的岳母）、路红梅（田世学的母亲）常常在我和华米兰（田世学的妻子）面前互相开玩笑。比如说，谁是谁的老情人，或谁和谁有一腿之类。这样的说笑在听到田世学进门的声音后会戛然而止。虽然都是女性，两位长辈开这样的玩笑时，华米兰不会插话，大多是低头笑笑，显得很含蓄。我起先以为可能是因为她性格如此。但后来才发现，当与同辈中的已婚女性在一起时她也会肆无忌惮地开此类玩笑。不同辈分的同性虽然能一起谈论一些私密的话题，但出于对长辈的敬畏，晚辈总会显得拘谨。

不过也有违反规则乱开玩笑的人。过年时，田世学在家请亲朋好友一聚。吃喝玩乐到深夜后，客人们被陆续安排睡觉。人多炕窄，大部分人都睡下后，只剩下田世学妻子华米兰的叔叔华强，一时还没有找到地方睡。他来到大房间，看看有没有空位置。大房间的炕上早已躺满了老少女人。见华强进门来，躺在炕上的女人大多关切地问是不是没有睡的地方了。这时，瓦欣梅（从辈分上来讲华强应该称呼其阿姨）大声地朝田世学和华强喊道："田世学，田世学，让你的baba（叔叔）到我怀里来睡，我跟前有地方呢。"她嚷了几遍，屋里的男女老少都听见了，但没有人回应和理睬。很快田世学安排华强到另一间屋子睡下了。第二天，客人们陆续走后，几个女人坐下来，说起昨晚瓦欣梅喊的那几句话。尹梅月说："她（指瓦欣梅）在惹田世学呢，成心欺负田世学。那么多人都听到了，这个玩笑开得太害事（让人觉得难堪、尴尬）。现在的人厉害得很（意思是：不懂礼数，毫无顾忌，什么话都敢说）。"

也是在过年期间，我跟着田世学一家人去给村里德高望重的木建国老人拜年。席间，田世学突然收到一条彩信。他打开看后，笑得直跺脚。他随即拿给自己的妻子华米兰看，华米兰看完也笑得前俯后仰。昌玉花（华米兰母亲辈）坐在华米兰旁边，她顺势凑过去看，看完之后她大声说道："这是谁干下的?!"这时候，在座的人包括木建国老人（田世学的爷爷辈）和路国福（田世学的舅舅）、奉古明（昌玉花之夫）等人都很好奇，但没有人说话。我问："是什么东西？给我也看看吧。"田世学听到我的话，赶忙从华米兰手里把手机拿过来，说："不要看了，这东西不好。"我坚持要看，他看看华米兰，看看昌玉花，然后说："好吧，就给你看一眼，但你不能说出去。"于是华米兰拿着手机跑到我的身边，用一只手捂住手机屏幕以挡住其他人的视线，只让我看。原来，是一张瓦欣梅和奉如山脸贴脸的大头照，① 两人醉眼蒙眬，面部表情显得很亲昵。我只看扫了一眼，田世学便催促说："好了，好了。"他拿回手机后与华米兰商量："删了吧，这东西不能传。"删除后，他又说："那帮人肯定一搭里（一起）喝酒呢，喝醉以后不知道谁开玩笑拍下来的。不过这个玩笑开得有点过火了。这要是传出了，他们（指瓦欣梅和奉如山）脸都丢尽了。"这期间，其他长辈们都没有说话，也没有像我一样询问是什么内容，更没有要求看看。

在上述的那个场合下，我和田世学、华米兰应该算是同辈，所以华米兰把彩信拿给我看。昌玉花毕竟是长辈，看完之后，她并没有像田世学、华米兰那样大笑，而是笑得很勉强，也没有再说任何话。因为她知道，在场的还有其他异性晚辈和长辈。木建国老人、路国福、奉古明等人，只是看着眼前发生的事情，而什么都没有问。他们不是不好奇，而是因为场合不适宜。田世学在犹豫是否给我看时，实际在考虑，传播长辈甚至还有异性长辈的暧昧照片是不是合适。由于我与他算是同辈，所以他认为我看了也不为过。最后他迅速地删除了那条彩信，用华米兰的话说是因为"瓦欣梅和我们的关系很好，算是帮她个忙"。与其说是出于担心暧昧照片进一步流传，不如说是性禁忌因素的各种考量。

三　一个家庭的关系

家谱上记录的关系，看起来都是很单纯的一夫一妻构成的家庭关系。但这只是一个"幌子"，很多裕固族家庭，其1960年以前的家庭关系甚至可以用"错综复杂"来形容。形成这一局面最主要的一个原因就是，在实行《婚姻法》之前，裕固族地区普遍存在勒系腰这一性生活模式，以及作为其补充形式的立房杆子。我们将在下面的章节详细探讨这两种性生活方式。在这里只是借用一两个例子，来帮助我们进一步了解裕固族人的性禁忌观念。

以东青村路建金家为例。在家谱中，尹春兰的丈夫是路建金。其实，

① 瓦欣梅是永乐村武明军的妻子，虽然两人年龄上仅仅是田世学的叔叔辈，但由于武明军在村里的辈分很高，田世学称呼其爷爷、奶奶；奉如山是东青村人，是田世学叔叔辈。

尹春兰还有一位前任丈夫，即路建金的哥哥路建明。尹春兰与路建明结婚后，路建金一直与兄、嫂住在一起，日久天长便与嫂子尹春兰发生了性关系。路建金一直未婚，这期间与另一个勒系腰女人尹秀花也保持着关系，并共生一女。1958 年反封建斗争开始后，路建明上吊自杀。路建金离开了尹秀花，回到嫂子家中，后来便与兄嫂尹春兰登记结婚了。尹春兰与路建明、路建金兄弟两人共生育子女十人。其中，最小的儿子路春山在一次酒后上吊自杀身亡；除路士元之外，其他八个子女相继成家。路士元一直与兄、嫂路春建和奉文秀住在一起。与其父辈一样，路士元与嫂子奉文秀发生了性关系。路春建一气之下，独自一人到后山放羊。一双子女路越、路凤在山下上学，每逢节假日也不愿回家，认为自己母亲和叔叔的行为让他们感觉很丢人。这样一来，家里长时间只有路士元和兄嫂奉文秀，两人渐渐开始毫不避讳地经常出双入对。另一边，路春建又和尔文玉保持着地下关系。尔文玉是路春建弟弟路春明的妻子。

这一家人之间的明、暗关系虽然看似复杂，但无论从裕固族的传统性禁忌还是现代明文法的角度来看，虽然"不合法"，但也"不违法"。明的关系上，路建金是在哥哥路建明去世之后才真正入主兄长的家庭。他与尹秀兰共同生活，并生有一个女儿，但他并不需要承担相关责任和义务。因为尹秀兰是勒系腰，她与路建金共生的女儿并不姓路，而是跟随她勒给系腰的男人的姓。对于尹秀兰的家庭来说，路建金仅仅是一个外人。而路士元虽然与嫂子奉文秀暧昧不清，但他的哥哥路春建仍旧是一家之主，在身份和地位上他并没有也不可能取而代之。不论是明的性关系，还是暗的性关系，都是为当地人接受的，只是接受的程度不同而已。

当地人对尹春兰与路建明、路建金兄弟二人的关系，以及奉文秀与路春建、路士元二人的关系，有一个结论性的评价：小的跟老的学成了一个样，与汉语中"上梁不正下梁歪"同义。说起路建明的自杀，村里有人认为，路建明因奉文秀和路建金所为而气急败坏，被逼自杀。也有人认为，家事只是其中一个因素，斗争形势和工作问题也是路建明选择自杀的重要原因。路建金和尹春兰登记结婚后，人们的各种猜测和非议也渐渐淡去。直到后来，路士元和奉文秀重蹈覆辙。当地人对路士元鸠占鹊巢表示很不屑，甚至会把两人的事情当作笑话来骂人。大家认为，路士元和奉文秀的所作所为"太欺负人了"，他们的行为实际是在羞辱路春建。而路春建和他的两个孩子，也因此感到很丢人。人们虽然对路春建充满同情，但没有人站出来打抱不平。因为大家认为，这是路家的家务事，外人不便插手。只是，如果路上遇见两人，没有人会主动打招呼，更不会上前寒暄。以当地标准来衡量，路士元也算是要长相有长相的能干人，但却迟迟找不上对象。人们将主要原因归结为他与其兄嫂的关系，认为他的所作所为使自己找不上对象是理所当然的。华玉梅说："如果他（路士元）还想找媳妇，就只能到农区，或是其他更远的地方去找了。我们这儿的丫头，没人愿意跟他。"同时，人们对路春建和尔文玉的地下关系则极少提及，就好像那是一件很自然的或微不足道的事情。

路士元和奉文秀、路春建和尔文玉这两对同样的性关系，为什么前者带来更大的社会反应，而后者几乎风平浪静呢？

路士元与奉文秀的性关系和路春建与尔文玉的性关系，两者之间最大的区别在于，前者的关系已经通过当事人的行为公之于众了，而后者则仍旧是一个秘密。虽然这是村里一个几乎公开的秘密，但由于当事人行为隐秘，并未对社会道德构成公然挑衅。这种关系只要还没有公然伤及夫妻关系中的另一方，只要它还继续保持一种秘密的状态，那么当地人就可以容忍其存在。而路士元与奉文秀的关系，从隐秘发展为公开，已经构成了对社会道德的公然挑衅，构成了对婚姻的威胁和破坏。如果对于一个秘密，人们可以忽略的话，那么，对于婚姻道德、社会道德的公然挑衅，则触及了人们能够容忍和接受的底线。

从路家的家庭关系，我们不难发现：第一，只要姓氏不同就可以发生性关系；第二，裕固族社会对正式的婚姻关系赋予了最高程度的承认和尊重；第三，裕固族社会对异姓已婚者的婚外性生活抱有极大的宽容度，也就是说，已婚的异姓之间存在极大的性自由。

四　那些公开的秘密

我的调查区域包括西勒村、永乐村、东青村三个行政村。其中，东青村是我的主要调查点。在村里的时间越长，我对家谱背后的人际关系也了解得越多。今天的裕固族社会，虽然严格执行《婚姻法》一夫一妻制，但看似单纯的家谱背后却隐藏着许多纠结缠绕的性关系，我们称之为地下关系，而这些地下关系已然成为村里公开的秘密。我掌握村里这些所谓"八卦"的目的，绝非为了传播绯闻，而是有助于我们进一步了解裕固族的性禁忌。

　　某天临睡前躺在炕上，我第一次向尹梅月问起东青村那些地下关系时，她条件反射式地拍了一下炕，很吃惊地问我从哪里得知的。我说是村里公开的秘密，时间长了自然知道了。她似笑非笑地看了我一会儿，说："这鬼丫头什么都知道了。"接着便与我聊了起来。与她的聊天再次证实并刷新了我掌握的东青村地下关系的纪录，我们在这里暂且做一罗列。

　　　　奉古建、奉古军、奉古言、奉古明、奉古荣兄弟五人分别与亚士贞的妻子成立花保持着关系，其中，奉古军因为妻子尹芬秀管得严，只去过成立花家两三次。2008 年 7 月奉古言家中剪羊毛时，附近邻居都来帮忙。其间，奉古言的妻子华玉梅和奉古明的妻子昌玉花离开去做晚饭。男人们开起奉家兄弟的玩笑，嘴里意有所指地叫着"shuo - shuo"（此处为汉语拼音），在场的男男女女（除个别未婚者）听到这个称呼大笑。原来，永丰汉语方言中，人们都把打茶做饭用的勺子叫"shao - zi"（此处为汉语拼音），而有一次成立花叫为"shuo - zi"（此处为汉语拼音）。大家认为她是故作文绉绉，便给她取绰号为"shuo - shuo"（此处为汉语拼音）。在场的奉古言和奉古明兄弟俩听到这个称呼，面露些许窘色，继续埋头剪羊毛，不作任何回应，一任大家玩笑。这虽然是一个公开的秘密，但对华玉梅、昌玉花的回避，也是表达对合法婚姻关系的尊重。

　　　　成立花不仅与奉家兄弟保持关系，而且与金建也保持着关系。据说成立花婚前即与金建有暧昧关系，后嫁给亚士贞，生下儿子亚晓荣长相与金建酷似。虽然村里人都知道这是怎么一回事儿，但没有人挑破这层关系。亚士贞待亚晓荣如己出，亚晓荣入赘到苍城时，亚士贞陪了四十只羊，十几头牛，这在当时当地都是最隆重的陪嫁了。但当地也有人说"（亚士贞对待亚晓荣）好是好，但如果是亲生的，就不会让他（亚晓荣）到苍城那么远的地方去上门"。金建之于亚晓荣，不具备父亲的身份，也就不需要尽任何义务，同样也就没有任何权利。

　　　　金建的妻子尹梅慧与欧鸣关系暧昧，欧鸣未婚，他同时又与其叔叔欧贵学的妻子路梅花有暧昧关系。奉文兵与华艳兰在一次外出拉围栏时有了关系，据说华艳兰曾为其堕胎。奉文兵实为华艳兰的姨夫，华艳兰的母亲尹花香与奉文兵的妻子尹花琴为亲姊妹。叔和华是村里的铁匠，他的妻子瓦同慧与同村的尹中宏有地下关系。叔和华常常酗酒，有人说就是因为他的妻子与尹中宏的关系。尚军的妻子尔文玲与区信用社的尚福贤关系暧昧，有一次尔文玲发短信对尚福贤说"想你想得不行了"。不想，短信被旁人看到，后成为村里的笑话。但是，即使是这样的笑话，也只是在同辈人中流传而已。

已婚男女的这些地下关系时常成为男人们喝酒时的谈资或是平日里的笑料。大多数情况下，笑话就是裕固族社会的流言蜚语和舆论谴责。虽然村里存在各种各样的性关系，但人们对不同的性关系却持有不同程度的包容。人们对于未婚男人与已婚女人的性关系的非议远不及对未婚女子性关系的非议。东青村欧丽燕，未婚之前与村支书奉如山暧昧不清。与同村路丰海结婚后，她与奉如山仍旧藕断丝连。路丰海无法忍受，选择离婚。离婚后的欧丽燕，如脱笼之鸟，先后与不同的男人发生暧昧关系。村里的女人们说起她，都认为这个女孩太疯癫了，应该好好找个男人嫁了。但说到欧丽燕可能会再嫁给一个什么样的人时，人们列举的男人都是村里名声不好或脾性不好的人，或者是永丰地区之外的人。除欧丽燕之外，东青村其他几个未婚女孩的名声都不太好。比如，尹新山的女儿尹兰燕、金建的女儿金玉梅、亚士国的女儿亚明玉。用当地人的话说"她们太疯了，跟着男人到处跑"。人们可以容忍已婚男女的婚外性关系，但似乎对欧丽燕等未婚女子的性关系却极为鄙夷。现代裕固族年轻人对待男女关系的开放态度直接挑战着传统裕固族社会的各种性禁忌。这种观念的断层直接造成了差辈之间的关系紧张。

五　挑　战

老人对现代年轻人"毫无顾忌"的暧昧行为感到愤慨，我们可以理解。毕竟老辈裕固族人成长的环境与今天在学校教育和开放社会环境中成长起来的年青一代，在观念上相差甚远。旧时的裕固族女人，"见了客人别端碗，见了生人绕个弯"；身为媳妇，"见了公公别开言，见了婆婆听使唤，见了哥哥别抬头，见了嫂子别翻脸"[1]。时至今日，昔日的这些条

---

[1]　肃南县纪念册编辑室：《裕固之歌（1954—1984）》（庆祝甘肃省肃南裕固族自治县成立三十周年纪念），1984年，第239页。

条框框正在受到挑战。这种挑战，恰恰造成了老一辈裕固族人和年轻一辈裕固族人之间的紧张感。

　　牧区的男人们喜欢喝酒，即使没有下酒的食物也能喝几轮。喝酒是裕固族人的消遣方式，同时也是待客之道。牧区的 9 月，是牧民们卖羊羔、数钞票的时节，也是喝酒最频繁的时候。2008 年 9 月，我随东青村奉古言、华玉梅夫妇，从夏季牧场转到后山的秋冬牧场。与我们比邻而居的是奉古言的弟弟奉古明、昌玉花夫妻俩，整条山沟里只有我们五个人。某天，同村欧丽燕和华方平领着丰明村的尹多福、华尹雄来买羊羔。商谈一番后生意成交，钱货两清。尹多福四人赶着羊羔往华方平家的秋场而去。华方平家的秋场，在有一山之隔的多吉沟，距离下山的路最近，尹多福打算在华方平家借宿一晚后，第二天赶羊羔下山。

　　当晚，山里下起了雨。奉古言夫妇因为收到两万多元卖羊羔的钱而心情舒畅。羊羔终于以较好的价格卖了出去，晚上可以好好睡一觉了。不想，深夜时，我突然被回荡在山谷中的男人的呼号声惊醒。紧接着，纷乱的脚步声越来越近，有人陆续推门而入，手电的光亮在黑夜里显得格外刺眼。奉古言翻身下炕，招呼来人。原来是华方平、欧丽燕、尹多福、华尹雄，以及路春业、路春明兄弟两人。几人已被雨水淋得浑身湿透，泥泞不堪，显然是经过了很长的山路跋涉。华玉梅下炕开始生炉火，准备打茶。邻居奉古明夫妇俩也闻声而来。尹多福等人之前在华方平家喝酒。酒喝光了，但没有尽兴，于是几人摸黑冒雨跟跄到这里来找酒。奉古言拿出家中的白酒，没有任何下酒的食物，大家围坐在一起便喝了起来。这些人中，欧丽燕、尹多福、华尹雄、华方平算是同辈，从年龄上来说我也应该与他们是同辈，欧丽燕则是华方平妻子欧丽华的妹妹；奉古言、华玉梅、奉古明、昌玉花、路春业、路春明应是同辈，而华玉梅是华方平的姑姑，故相对于前四人来说，后六人是长辈。

　　两三个小时后，男人们似乎喝得很尽兴。尹多福借着酒劲儿与欧丽燕又搂又抱。华玉梅和昌玉花坐在我的身边，手里捧着茶碗。看到尹多福和欧丽燕的动作，两人有意转过头去，但仍旧不时用眼角斜瞟，流露出很鄙夷的神情。整个喝酒过程中，除了打茶端茶，华玉梅和昌玉花一直坐在炉子旁边，或者低声交谈，或者不言不语自顾自地喝茶水。除了礼节性地给客人敬酒，两人并未参与男人们的喝酒。其实论酒量，两人丝毫不逊色。而欧丽燕则显得很豪爽，与男人们过拳、喝酒，或是与华尹雄、尹多福你推我搡。这些在华玉梅和昌玉花看来，实在不成体统。昌玉花悄悄对我说："如果是我丫头，我早把她撵出去了！"

我实在撑不住，便去昌玉花家睡觉了。第二天早晨我还在炕上时，华尹雄推门进来了，说向我道别。昌玉花见状把华尹雄往外推，说等我下炕后再进来。正推着，尹多福又推门进来了，也是说与我道别。他一边说着话一边在炕沿上坐下来，让我很是尴尬。昌玉花实在看不过，突然大声说"人家（指我）还在炕上呢，你们把她堵在炕上是什么意思？要道别也要让人家下炕呀！"华尹雄和尹多福一听这话，显得很不好意思，迅速起身出门。

送走客人后，奉古言上山去找牛，华玉梅与我说起前一晚的事情。由于我在昌玉花家睡觉，不知道后来这边发生的事情。华玉梅说："昨天晚上欧丽燕和那两个人（指华尹雄、尹多福）怪得很。我们都睡下了，那小伙子（华尹雄）跑出去在外面吐得厉害得不行，孽障得很（可怜得很）。路春业兄弟两个睡最上头，那两个人挨着路家兄弟，再过来就是你叔叔（奉古言），我又挨着你叔叔，我过来就是欧丽燕。那小伙子出去了一会儿，欧丽燕出去看他，两个人好久没见进来，细一听两个人在门口说话呢。我没有关灯，想着他们还没有进来。但路春业又喊着关灯，说不关灯睡不着觉，是介（于是）我就关了灯。过了好久，欧丽燕进来在我旁边躺下了，一会儿那小伙子也进来了，就躺在欧丽燕旁边。欧丽燕起来调了个头躺下，那小伙子也起来调头躺过去，欧丽燕又起来在这头躺下，那小伙子也跟了过来。我没办法，就往你叔叔这边靠，他俩就那样躺在一起睡了。你叔叔气得差点起来，骂得不行'像什么样子！没有一点家教，有这么多老辈子（长辈）在这里睡着呢，非要打个电话到他家去问问'。幸亏被我拉住了，不然一个晚上就没完了。今天一早起来的时候，我听见他两个（尹多福、华尹雄）在外面，尹多福骂华尹雄'当着那么多老辈子的面，想干啥就干啥，想咋样就咋样，不想干就给我滚！'，估计那尹多福有点吃醋。那小伙子（华尹雄）也没说啥，进来穿了衣服要走，没多久又笑嘻嘻地进来了，估计两人也没啥事儿了吧。欧丽燕离婚一年多也没找对象，她是不是要跟这个小伙子（华尹雄）呢，丰明人大多都有钱，他们草场大，牲口也多。"接着华玉梅很感慨地说："现在有些女孩子太随便了，我们那时候绝不可能这样，一跟小伙子说话或是走近点，爹妈都骂得不行。平时家里来个男人都不让进屋，即便进了屋也不叫多说话，不让坐得太近，连看都不敢多看，不像现在这样。"

现代裕固族人代际的关系紧张多源于观念差异而导致的行为差异。老一辈人看不惯年轻一辈的行为。在他们眼中，年轻人的行为没有家教、不知礼节，并自然而然地将他们与自己生长的年代比较。但同时每一个人又都很清楚，这种差异是无可奈何的事情。

六 性禁忌特征

综上所述，我们可以归纳出裕固族人性禁忌的几个要点：

第一，姓氏是最重要的性禁忌。同姓不婚的内涵还包括同姓之间的各种性回避，这种性回避的核心就是社会血亲性禁忌。比如以上老人叙述中提到的有社会血亲如父女、母子以及同姓兄弟姊妹如兄妹、姐弟在场时的性话题回避。奉全明的母亲之所以时常催促我帮忙打听她儿子找对象的情况，以及奉全明和父亲奉古言无意中翻看到奉雪莉的情书后，并未去与之当面对质，原因就在于这样的话题在母子、父女、兄妹之间是需要刻意回避的。

第二，交叉旁系婚姻、母方平行旁系婚姻是被允许的，而父方平行旁系婚姻则是被禁止的。在裕固族人看来，交叉旁系和母方平行旁系的两个男女，从血缘上来说"不太亲"。而父方平行旁系的两个异性，从血缘上来说"太亲了"。所以前者可以结婚，而后者则被禁止。他们无法解释为什么交叉旁系和母方平行旁系关系"不算太亲"，但在解释父方平行旁系关系时他们往往会补充道："（因为）都是一个姓的。"于是，我们可知：交叉旁系婚姻、母方平行旁系婚姻被允许，而父方平行旁系婚姻被禁止的根本原因在于"同姓不婚"禁忌。

第三，差辈不婚的规则并不被绝对执行。在一些关于裕固族婚俗的论述资料中，"差辈不婚"这一禁忌往往是与"同姓不婚"相提并论。但是，从以上我们的论述中可以发现，这一禁忌远远没有"同姓不婚"严厉。如果以禁忌程度而论，同姓不婚算得上是绝对禁止，而"差辈不婚"只能是相对禁止。也就是说，这种禁忌存在很大的通融余地，所以才会有我们以上看到的那些差辈婚姻的案例。

第四，得到社会正式承认的两性关系，不论是名义上的婚姻关系

（如系腰带、立房杆子）还是名副其实的婚姻关系（如明媒正娶）都是受到社会保护的。已婚异姓男女之间的地下关系在不威胁到婚姻关系的前提下是被容忍的。路春建与奉文秀的婚姻关系是社会正式承认的，而路士元与奉文秀的关系则构成了对社会道德的公然挑衅，故而也受到社会舆论的谴责。那些隐藏在婚姻关系之下的各种地下关系，只要保持其"隐形"即可为社会沉默地接受。

第五，未婚男性比未婚女性拥有更大的性自由度。在男女关系上，裕固族社会对未婚男性和未婚女性的态度存在明显的差别。比如路士元、欧鸣、尹中宏，他们未婚但却与其他一名或多名已婚女性之间存在隐性性关系。当地社会舆论对他们的性关系本身并没有太多苛责。而对欧丽燕、尹兰燕、金玉梅、华艳兰等未婚女子却有一句意含苛责的评语"这些丫头太疯了，跟着男人到处跑"。裕固族人认为：男人可以到处跑，而女人如果到处跑则是很丢人的事情；不论已婚与否，男人都可以在性关系上"随便"一点，而女人则不应该"随便"，尤其是未婚女子。

第二部分　性生活实践模式

　　亲属关系将不同的个体都嵌入社会网络，其最直接的表达是亲属称谓，而个体之间各类关系最直接的表达则是性禁忌。谁和谁可以建立性关系，谁和谁不可以建立性关系，有些事情可以做而有些事情不能做，有些话可以说而有些话不能说，对一个人可以说这样的话而同样的话却不能对另一个人说，可以对某个人做出的行为却不可能对另一个人做同样的行为。这些"可"与"不可"之间，看似微妙复杂，但都具体地实践着文化血缘和社会血亲赋予个体的文化身份和社会身份，验证了社会血亲性排斥定律。

　　裕固语"hɔrɔŋ be"中，"hɔrɔŋ"即"宴席"，"be"为动词"有"，可汉译为"摆席"。裕固族用这个词指称包括剃头礼宴席、婚礼宴席、丧葬宴席等重大人生礼仪的宴请，也只有这几种宴请方能称为"摆席"。"摆席"，在裕固族人的观念里，意味着正式向公众宣告某件事情，是获得公众认可的重要方式。1956年之前，这也是裕固族两性性关系获得社会正式承认的唯一方式。而随着《婚姻法》的实施，领取结婚证渐渐成为获得法律承认的唯一方式，而"摆席"则演变为一个充分条件。其功能重心已从获得社会承认逐渐转向了"收礼钱"。现代法律的效力早已取代了传统社会习惯法的效力。

　　我们调查中，找不到专门的裕固语词汇来表述"婚礼"这一概念。无论是"女人出嫁""招赘""男人娶媳"还是"结婚""婚礼"，他们都用一个词表达："hɔrɔŋ be"。这个词所指行为"摆席"，在当今执行婚姻登记制度的裕固族社会，虽然已经成为缔结正式性关系的辅助行为，但它曾经被赋予的丰富内涵却是无法被抹杀的，它代表着裕固族曾经实践的一种生活方式。就让我们从"摆席"这一词汇最本源的内涵去追溯裕固族人那段记忆中的历史吧，也许历史并不仅仅存在于记忆中。

第五章

明媒正娶

《沙特》① 中唱道，如果要让满头黑发的子孙在大地上繁衍，就需要准备宴席，需要像子孙黑色头发那么多的彩礼。作为一部传承裕固族社会生活方式的史诗，《沙特》明确指出"宴席"和"彩礼"是裕固族正式缔结性关系的必要条件。这种缔结正式性关系的方式我们称为"明媒正娶"。

"明媒正娶"并非裕固语词汇。我们找不到合适的裕固语词汇来正确表述，故而借用汉语的词汇来表述《沙特》中描述的性生活方式。它具有汉族男婚女嫁的基本特点，同时又承袭了《沙特》所赋予的民族特征。按照这种方式缔结性关系，从提亲到定亲，再到摆席，是一个漫长而复杂的过程。这一过程中的每一个细节都充分体现了裕固族文化的特质。

一　有多少头发要多少彩礼

《北史·高车传》记有裕固族先祖的婚俗："婚姻用牛马纳聘为荣，结言既定，男党（男方亲友）营车阗马，女党（女方亲友）恣取上马（好马）……明日，将妇归。"我们从这段记载可知，裕固族先祖缔结婚姻时，男方家庭要向女方家庭赠送上等牛、马为聘礼，之后方能娶得媳妇归。

在历史的延续中，裕固族缔结婚姻的方式并没有改变。男方家庭向女

---

① 肃南裕固族自治县裕固族文化研究室收集整理：《裕固语话语材料（一）（二）（三）》（内部资料），2008 年，第 8 页。

方家庭提供的聘礼，也就是彩礼，在定亲的过程中，仍旧是关键环节。裕固族有句俗语云："有多少头发要多少彩礼。"将彩礼的数量与人的头发作比，可想而知彩礼之重。关于彩礼的种类和数量，有一首歌唱道：

珍珠、玛瑙不能少，海贝、玉石不能少，三圈项链不能少；

头面、耳环不能少，镯子、佩刀不能少；

彩色手绢不能少，宝石戒指不能少；

绸袍、棉衣不能少，缎袄、袜子不能少；

缃牛皮靴子不能少，被子、褥子不能少；

白毡、沙毡不能少，枕头、毛巾不能少；

腰带、衣料不能少，绣花针、线不能少，

羊毛、驼绒不能少，牛毛绳子不能少；

牛皮、羊皮不能少，狐皮、猞猁皮不能少；

箱子、佛匣不能少，茶镜、水镜不能少；

白面、大米不能少，黄米、小米不能少；

青稞炒面不能少，酥油、清油不能少；

曲拉、奶皮子不能少，茶叶、盐巴不能少；

黑醋、调料不能少，美酒、鼻烟不能少；

白糖、黑糖不能少，冰糖、葡萄干不能少，锁阳、蘑菇不能少；

红枣、沙米不能少，沙枣、鸡蛋不能少；

农人的瓜果不能少，农人的蔬菜不能少；

锅、碗、筷子不能少，盘、碟、勺子不能少；

酒壶、茶壶不能少，酒杯、酒盏不能少；

水桶、奶桶不能少，菜刀、擀杖不能少；

褡裢、鹿缯不能少，肚带、马铃不能少；

马镫、红穗不能少，马绨、马掌不能少；

铁锨、弓箭不能少，烧馍、油果子不能少。①

　　对于以上一百二十种彩礼，永乐村尹怀谷老人又补充道："送给舅舅

----

① 肃南县纪念册编辑室：《裕固之歌（1954—1984）》（庆祝甘肃省肃南裕固族自治县成立三十周年纪念），1984年，第291页。

的左披鬃的褐色骏马，备着马鞍马镫；回报母亲养育之恩的白犏牛，带着白犊；送给父亲左披鬃的褐色骏马，备着马鞍马镫；送给哥哥长着棕色角的棕色驮牛，驮着鞍具带着镫。"也就是说，除了一百二十种彩礼，男方家还要分别给女方的舅舅、母亲、父亲和哥哥赠送不同的牲畜。

正因为彩礼之重，使其成为能否成功定亲的关键。

如果男方家庭属意某家姑娘，首先要算生相。请擅长卜算姻缘的阿卡看两人生相是否相合。如果完全不合，且没有任何方法挽救，那只好作罢。如果仅仅是一点小问题，那么阿卡会指点请卜之人挽救之法，如戴护身符。寺院有专职做护身符的阿卡。护身符贵贱有别。有的要用一头牛才能换得，有的只需花费七八元钱（民国时期，七八元的纸币只能买两斤麦面粉）。护身符是用经文、布料、皮革制成。在红色或者紫色的小布袋子外面包一层鞣皮，袋内填塞经文。护身符请回后不能擅自做任何改动。比如，自己动手加工，再裹一层皮，或者用针线缝补，或者加一条链子。只要稍作改动，必须请阿卡念经后才能有效。

一对男女，如果生相相合，接下来就是请媒人。裕固族有歌唱道"天上如果没有云彩，就不会下雨；如果没有雨水，就不会有海子湖水；地上如果没有媒人，就不会有男女成双配对"，由此可知媒人在缔结两性婚姻过程中的重要性。[①] 男方家庭的当家人会带着茶、酒和一方卡德克[②]（为裕固语"kadəq"的音译）到媒人家，请媒人到女方家提亲。媒人，一般是男方家庭的男性亲属，比如舅舅、叔叔，也可以是和男、女双方家庭关系都不错的外姓男性长辈。东青村奉古建为儿子奉全军张罗婚事时，就是请自己的弟弟奉古言为媒人，前往女方家询问意愿。

媒人收下男方家送来的礼物，就表示愿意帮忙。随后，媒人会带着烟、酒、茶和一方卡德克去女方家提亲。如果女方的当家人收下了礼物，则表示愿意继续商量。反之，则表示拒绝把女儿嫁给该男方家庭。无论是1956年以前还是以后，甚至今天，裕固族家庭中，父母对儿、女的婚事都享有绝对的话语权。尤其是1956年之前，老人们回忆："丫头、娃子

---

① 裕固族社会中，媒人的重要性是建立在性禁忌之上的。晚辈的婚事多由长辈牵线或由长辈去提亲，父母反而不便直接过问子女的爱情、婚姻，而要专门请同族长辈（与父母同辈之人）去打探，即媒人。

② 作用同于现在裕固族通用的哈达，是一方布料，献给老人及尊者的约为五十厘米长、三十厘米宽的白口布，赠给同辈及晚辈的是约三十厘米长、三十厘米宽的白口布或是蓝色的布料。

（儿子）的婚事，都是娘、老子说了算，让你嫁给谁就嫁给谁，让你娶谁就娶谁。"

裕固族有一首流传甚广的民间叙事诗歌《黄黛琛》，① 歌中所唱女主人公的婚恋遭遇是对1956年以前裕固族婚姻话语权的生动写照。

很久很久以前，裕固族有一个聪明、美丽、善良的姑娘，名叫黄黛琛。她出生在一个贫苦的奴隶家庭里，祖辈都给部落长当奴隶。那时候，戈壁滩还靠着海。清清的海子水平如镜，雪白的天鹅在蓝天歌唱，黄黛琛吃着香甜的沙米儿，从小就向往着自由自在的生活。黄黛琛十七岁了，按照裕固族的习惯，该戴头面了。她那灵巧的双手能替母亲捻出匀细的羊毛线；她那健美的身姿出没在草原，为父亲驯服大群的牛羊；她那美丽的面容和朗朗的笑声，更引来百鸟的欢唱。

女儿已经长大了。母亲发现黄黛琛早已有了知心人，小伙子名叫苏尔旦。父亲却盘算着如何能用黄黛琛的身价改变一下困苦的生活。每当老两口商量女儿的婚事，父亲就执意要把她远嫁，换取丰厚的彩礼。母亲出自对女儿的疼爱，央求丈夫将女儿就近择配，选一个称心的儿郎。贫困，并没有使黄黛琛对未来的自由生活失去信心。相反，随着年事的增长，少女的心中却荡起了爱情的波浪。但是，纯洁的爱情却最终变成了鲜血和死亡。

黄黛琛和苏尔旦每隔九天相会一次。一天傍晚，黄黛琛和往常一样，背着父母、兄嫂和弟妹，来到她和苏尔旦相会的海子泉边。在无限幸福的遐想中，黄黛琛借着明亮的月光，穿戴起和苏尔旦共同精心制作的准备结婚时用的头面。圆月下，响起了牧人之子苏尔旦豪放的歌声。随着歌声，苏尔旦那健壮的身影映落在黄黛琛身旁。

在黄黛琛和苏尔旦相互倾吐爱情时，部落长保尔威却派他的总圈

① 甘肃文史资料选辑第46辑：《中国裕固族》，甘肃人民出版社1997年版，第339—376页；肃南县纪念册编辑室：《裕固之歌（1954—1984）》（庆祝甘肃省肃南裕固族自治县成立三十周年纪念），第223—255页。作者注：这两个版本的裕固族民间叙事诗歌《黄黛琛》内容基本一致，均由才让丹珍搜集整理，是目前我们能够找到的内容较为完整的版本。根据整理者的解释，这一版本整理稿的原始材料是1964年开始搜集的，1968年又采取了广泛征询、重点走访的办法，将老歌手们提供的资料，在尊重、保持故事情节、语言的前提下，进行了适当的整理，使词句尽量押韵，并纠正了翻译中的错误，形成初稿，再经过反复的查对之后完成定稿。我们在此仅从这一版本的长篇叙事诗歌中摘选了故事的内容梗概。

头（注：大管家）到黄黛琛家求亲，黄黛琛的父母见财心迷，答应了婚事。黄黛琛从海子边与苏尔旦相会后，在回家的路上遇到了总圈头，得知定亲之事，无限悲愤地返回去找苏尔旦，但苏尔旦早已走远。可怜的黄黛琛没有追上苏尔旦，只好哭泣着回到家里。几天后，苏尔旦听说黄黛琛将被逼嫁的消息，悲愤恸哭，几个朋友来劝他，大家商定，利用新娘"打尖"（注：女方送亲和男方迎亲在路上相遇后，途中短暂停留歇息）的机会，救出黄黛琛。

到了娶亲的日子，黄黛琛坚决不从。部落长保尔威无法，就派出圈头去抢亲。于是，圈头率领十几个家奴，将黄黛琛绑押在骆驼上，抢了回来。圈头的人马快到海子边了，藏在芦苇里的苏尔旦和朋友们，手持抛石器，跳出来挡住了圈头的去路。黄黛琛听见苏尔旦的声音，就如出笼的小鸟，挣扎着跳下骆驼。苏尔旦忙上前扶起并护住黄黛琛，其他人和圈头及家奴厮打起来。突然几个家奴打倒了苏尔旦一个朋友，苏尔旦忙去抢救。家奴又扑向黄黛琛，黄黛琛逃向海子，苏尔旦连忙向黄黛琛奔去。黄黛琛见苏尔旦来了，俩人跳进了水中。圈头见黄黛琛和苏尔旦跳水，顿时吓软了腿。忙喝令家奴下水打捞黄黛琛。最后，苏尔旦在海子水底安息了。苦命的黄黛琛被家奴打救上岸后，又被抢进了保尔威的魔窟。

走了三天三夜又三个时辰，黄黛琛被保尔威关进了阴湿的牛棚。脖子上套上了拴狗的铁绳，双脚又牢牢地绑在桩根。狡猾的保尔威并没有立刻逼黄黛琛成亲，而是让黄黛琛去三百里外放牧羊群。黄黛琛想起苏尔旦的惨死，无比悲痛，一心想报仇。她将一把小刀磨了又磨，日夜带在身边。如有机会，她定要杀死保尔威。就这样过了一年多，还不见保尔威的影子。黄黛琛忍受着寒冷、劳累、饥饿，一边干活，一边耐心地等待着。

一天傍晚，黄黛琛跪在沙丘上正在伤心地哭泣时，保尔威却突然来到她的身后，想要劝说黄黛琛改变心意。仇人相见，分外眼红。黄黛琛悄悄抽出小刀，等保尔威靠近后，猛扑上去，使尽平生力气，将小刀插向保尔威的胸膛。保尔威一闪，刀子刺进了他的胳膊。保尔威像受伤的恶狼嚎叫起来，家奴们闻声赶来，黄黛琛已逃走了。保尔威命令家奴速去追捕，可怜的黄黛琛因受尽折磨，身体十分虚弱，没跑多远，就又被抓了回来。保尔威将她绑住，拴在马尾上，拖进了魔窟。

在阴湿的牛圈里，和一年前一样，黄黛琛又被用一根黑牛毛绳绑缚着，她满脸是鲜血，衣服已经被柴禾刮成像沙漠中的蓬棵。她精疲力竭，一躺倒就合上了双眼。梦中，她看到白天鹅在海子水中自由地游荡，她站在水边，眺望着家乡，听见了月亮在为她哭泣；她看见一朵莲花正在井口盛开，她忙走了过去，突然苏尔旦从莲花中站起来走向她，悲喜之中，两人紧紧地拥抱在一起。可是，一转眼，苏尔旦又不见了。黄黛琛大声呼唤，从梦中惊醒，她异常悲伤，挣扎着站起来，磨断了身上的牛毛绳，奔向一眼水井。

从此，黄黛琛的名字永远留在了尧熬尔人民心中。

在这首长篇幅的叙事民歌中，因为部落长能够提供丰厚的彩礼，而牧人之子苏尔旦一贫如洗，没有能力拿出丰厚的彩礼，于是黄黛琛的父母见财起意，把女儿嫁给了部落长，而拆散了一对有情人，最终导致一对恋人以死抗争。当然，部落长的社会身份是无法忽视的一种权威压力，而这一悲剧故事中的彩礼却是裕固族社会缔结婚约的通行证。歌中，总圈头代表部落长前去黄黛琛家提亲时送上的彩礼是，"十二两银子你父亲已经端上；十二包茶叶你母亲已经品尝；十二岁走马你哥哥已经骑上；十二桶奶子在你嫂子锅里飘香；十二颗宝珠你妹妹已经戴上；十二斤牛背子你弟弟已经供上；十二只羊羔定为娶你的聘礼，十二瓶美酒将要摆在喜宴上"。虽然《黄黛琛》的故事只是一则民间传说，裕固族人借此表达对婚恋自由的向往。但它也让我们得以一窥传统裕固族社会中，父母在子女婚事上拥有的话语权，以及彩礼举足轻重的作用。

女方家收下媒人的礼物后，接下来男、女双方两个家庭就要开始商谈彩礼。男方家长辈跟随媒人第一次到女方家登门提亲的时候，女方家提出的任何彩礼要求，男方都不能说"不"字，要一一答应下来，这被视为最基本的礼节。此后，男方的家庭成员可以不断地前往女方家，商量减少彩礼。这一过程中，媒人可以从中撮合，进行协调和调解。男方家庭的社会血亲、姻亲也可以前往女方家为男方说话、求情，从而把彩礼减少到男方家庭能够承受或愿意接受的范围。双方一旦商定了彩礼，也就意味着婚事定下来了。如果双方在彩礼问题上无法最终达成一致，那么婚事就不可能继续推进。也就是说，男、女双方家庭只有确定了彩礼，才可能有后续乃至婚礼。

虽然传统裕固族婚礼习俗中要求一百二十种之多的彩礼，同时，男方家庭还要给女方家庭不同成员送不同种类的牲畜，但现实实践中却存在很大偏差。人们对传统的遵从往往取决于现实条件。

东青村奉多寿老人有一位姐姐，1948 年结婚时，男方家送来了一头牛作彩礼，而女方家里没有任何陪嫁。两边摆席的时候，男、女两家各自承担费用。老人说："在过去，陪嫁是想陪就陪，一般只要家里有就会给丫头陪点；彩礼是能要就要，有的人家实在穷得厉害，要也要不到；一般富人家的丫头都不让嫁出去，怕丫头受罪，要么招女婿，要么勒系腰。"

调查中我们发现，1956 年至 1990 年（大约）这段时期内结婚的裕固族人对"彩礼"都没有具体的概念，但对女方的陪嫁却很清楚。从 20 世纪 90 年代开始，裕固族人谈婚论嫁时才开始讨论彩礼，上了年纪的人很肯定地告诉我："这都是跟山下的汉族学来的。"

> 早晨在炕上，华玉安和梅兰花聊起了村里一个小伙子吉安军的婚事。吉安军重新找了一个武丰镇的丫头，昨天在武丰镇摆席，今天在金山乡摆席。去年夏天时我还在夏场时，吉安军便带着外甥女去张掖给女方家买衣服，摆席；当时说找下的是一个雪乡的女孩子，夏天时在张掖定亲，女方家去了三十多个人，男方家里去了二十来人。五十几个人的来往车费、宾馆住宿、摆席，加上给女方及其亲戚买衣服、端礼物等相关费用都是由男方出钱，那次订婚估计花销近四万块。但后来女方又要求退婚。华玉安说，退婚的时候，之前的那些花销都折成现钱，女方花了多少都要给男方退回来；不过一般退婚，男方都要吃亏的，吉安军订婚的时候花了有四万块钱，女方最多也只能退回来三万元。村里另一位小伙子尚全明，以前找了一个丰明的丫头，两个人谈了有三年时间，后来不行了。谈恋爱的三年间，尚全明一直帮着女方家里干活，不过他把自己家五六十头牛赶到了女方家的草场吃草；后来退婚的时候，这些都折成了现钱，尚全明家给了女方家里多少钱的东西都折成现钱，尚全明给女方家干活估计也是按照工钱折算，而尚全明家的牛在女方家草场吃草也按照租草场来折算现钱，最后女方家给尚全明家退了一万八千块。退婚的时候，两家人就坐在一起算，算好以后，该退多少，男方家和介绍人去拿了钱就回来了，没

什么手续，很简单。①

那么，为什么 1956 年以前裕固族婚嫁要求彩礼，而 1956 年之后却没有了？为什么 1990 年后彩礼之风又兴起了呢？让我们先来看看不同时期结婚的裕固族家庭彩礼和陪嫁清单：②

人物（东青、西勒村）	时间	彩礼	陪嫁
尹春秀 = 奉胜进	1962	无	无
尹年吉 = 尹梅花	1967	无	无
华为民 = 路晓梅	1970	无	无
瓦明月 = 回新强（招婿）	1979	无	男方给女方做了几套衣服
奉贤静 = 尹新山	1983	无	两只羊、一匹马、一套被褥
路寿山 = 奉静花	1985	无	十五只羊、三头牛、两套被褥、毛毯、一对红箱子
华玉梅 = 奉古言	1985	无	十二只羊、两头牛、衣服、一床被褥、一对红箱子
金建 = 尹梅慧	1986	无	十只羊、两头牛、一床被褥、一对红皮箱
华雷 = 尹花香	1986	无	十多只羊、三头牛、两床被褥、一对红箱子
路国福 = 路春晓	1986	无	五头牛、一匹马、十只羊、一床被褥、一对红皮箱、毛毯
尹方平 = 奉慧云	1987	无	十只羊、三头牛、一匹马
奉文虎 = 瓦丽娟	1990	200 元	一对红皮箱、被褥
瓦同慧 = 叔和华	1992	无	一匹马、电视机、两床被褥、一个红皮箱
瓦向南 = 齐兰心	1993	3000 元	十只羊、一头牛、两床被褥
华安东 = 路云秀	1993	1000 元	十五只羊、一头牛、一匹马、两只红箱子、缝纫机、被褥

---

① 摘引自 2009 年 2 月 8 日田野调查笔记。
② 此清单并不包括全村人口，是随机在西勒村、东青村抽取的。

续表

人物（东青、西勒村）	时间	彩礼	陪嫁
华强＝尹秋兰	1993	无	十五只羊、两头牛、一套被褥、一对红皮箱、褡裢
尹华强＝路芬芳	1995	1000 元	十五只羊、三头牛、两套被褥、毛毯、一对红皮箱
华林海＝尔晓珍	1997	3000 元	二十只羊、一千元
华米兰＝田世学	1998	3000 元	二十只羊、三头牛、卫星接收锅
尹雄＝马晓春（土族）	1998	8000 元	电视机、收音机
尹米兰＝奉文峰（招婿）	1998	2000 元	十五只羊、三头牛、一匹马
尹必福＝路月秀	2000	无	二十只羊、三头牛、被褥、冰箱、洗衣机、缝纫机
尔文玲＝尚军	2000	无	五只羊、三头牛、被褥、褡裢
瓦同军＝路兰花	2001	无	二十六只羊、六头牛、一匹马、皮箱、被褥等、一千元
奉文成＝路红梅	2001	无	十二只羊、三头牛、两床被褥、一对红皮箱
章雄＝成玉珍（汉族）	2001	16000 元	四千元
瓦定南＝尹环玉	2002	10000 元	四头牛、六只羊、被褥、皮箱、电视机、洗衣机
华安武＝路月玉	2002	4000 元	二十只羊、三头牛、一头驴、被褥、毛毯、液化气等
路磊＝梅红艳（汉族）	2005	22000 元	一万元
章雷＝君英（汉族）	2005	16000 元	六千元
君世磊＝章立云	2006	7000 元	十五只羊、一匹马、家具、DVD、洗衣机、液化气等

　　从这份彩礼和陪嫁清单中我们可以总结出如下几个特点：

　　第一，1956—1990 年的裕固族婚礼，彩礼并不是必要条件。这期间，虽然陪嫁仍旧实行自愿原则，但在娘家经济条件允许的情况下均会有或多或少的陪嫁物资，甚至形成了陪嫁是必然的风头。西勒村奉文虎和永乐村瓦丽娟于 1989 年左右结婚，谈到妻子娘家没有陪嫁时奉文虎似乎有点不满地说：“永乐就他姐妹几个没有陪嫁！”

第二，自1990年后，彩礼开始出现，并呈渐长趋势。随着彩礼渐长，陪嫁物资也随彩礼成正比增长，彩礼越多，陪嫁也就越多；即便没有彩礼，陪嫁依旧。

第三，1956年后，裕固族婚礼中，陪嫁物资值高于彩礼物资值。一般情况下，一场裕固族婚礼的花销主要包括男女双方各自出资摆席、男女双方相互出资购买衣物、给长辈送礼、彩礼钱、陪嫁这几样大宗开销，其中最大笔的开销应该是彩礼和嫁妆了；如将陪嫁的牲畜按时价折合，那么陪嫁值远高于彩礼钱。用现代裕固族人自己的话来说：“我们嫁姑娘其实是往里赔钱。”

第四，20世纪90年代后，裕固族与其他民族，尤其是与汉族通婚开始渐增，并直接影响到现行婚俗。从以上清单中我们不难发现这样一个鲜明的对比：裕固族与其他民族族际通婚的彩礼钱远远高于族内通婚的彩礼钱，同时陪嫁的物值，前者却远远低于后者。

1956年以前，裕固族地区盛行女子勒系腰。这种性生活方式，不需要经历“提亲—定亲—摆席”这一复杂的过程，自然也省去了这一过程中的重要环节：彩礼。虽然裕固族各类传说、俗语对彩礼进行了细致的描述和要求，但在勒系腰的实际操作中，彩礼这一环节是被跳过的。也就是说，1956年以前，裕固族缔结婚姻虽要求彩礼，但实际上这一要求并未被执行。这也是很多裕固族老人一方面强调彩礼，而另一方面又否认彩礼的原因。

1958—1983年，裕固族处于大集体时代。两性缔结婚姻的方式从简：登记、背诵毛主席语录。这时期结婚的人，被问及彩礼时，总是会用同样的语调说：“什么彩礼呀！那时候能吃饱肚子就不错了。”永乐村洛梅花回忆说：“（20世纪）七几年结婚的时候，生产队给分了一只羊，宰了以后，亲戚朋友来吃点肉、喝个茶，这样就算结婚了。他们家（指男方家）什么也没给，就拿出了五毛钱，买了些糖果，分给大家吃了一下。”

1983年裕固族地区开始推行家庭联产承包责任制，草场、牲畜分包到户。在这之后，裕固族女子出嫁，女方陪嫁逐渐成风。东青村尹梅月说：“丫头嫁出去以后，原本属于她的草场也不能带走，所以家里就给多陪些东西。再说，丫头这么多年在家里被使唤（辛苦劳动），嫁出去了，陪些东西是应该的。丫头嫁到别人家，不能让她受了制（受委屈）。”

1990年后，陪嫁之风依旧，彩礼之风逐渐兴起。对此，裕固族人一致认为是跟汉族学来的。西勒村尹怀贞老人（63岁）说："我们裕固族从来没有说嫁丫头还要收彩礼，我自己两个丫头出嫁的时候，一分钱彩礼都没有要，倒还有陪嫁。现在收彩礼的做法，都是跟着农区汉族学来的。"但是，当问及传说中那些关于彩礼的说法时，老人们又会予以证实。所以在我看来，今天裕固族兴起彩礼之风，并非是从汉族或其他民族学得，而是对其固有的彩礼观念的实践。

二 摆席

如果裕固族人这样说"某某和某某已经摆过席了"，即意味着这对男女不论是否进行了婚姻登记，都已经在裕固族社会获得了一种夫妻身份的合法性。摆席，是男婚女嫁的重要仪式过程，只有经历了这一仪式过程，才能以身份过渡的方式获得两性关系的社会合法性。

首先要确定摆席的良辰吉日。男女双方家庭商定彩礼后，就要请部落里的阿卡或是老人卜算合适的日子，以及每一个仪式过程中每一个重要环节的具体时辰，包括女子戴头面、送亲队伍出门、新娘首次踏入男方家门、举行婚礼仪式、新人进新房、新媳妇第一次打茶、第一次出门放羊、回门等。摆席的日子和仪式各重要环节的时辰算定以后，就开始准备婚礼。

传统裕固族婚礼持续三天。第一天在女方家，第二天和第三天在男方家。男方和女方各自邀请东家，[①]负责婚礼上的各种事情，比如提水、宰羊、煮肉、煮饭、打茶、倒茶、收礼、牵马等。所请东家，少则两三人，多则十几人。具体人数要根据婚礼场面大小确定。东家请好以后，还要请婚礼歌手（同时兼任仪式主持人）。婚礼歌手必须会唱《沙特》，懂各种仪礼，能够在整个婚礼过程中应景而歌、应情而歌。

请好各种婚礼的帮手之后，接着就要邀请参加婚礼之人。一般情况下，男方和女方各自邀请自己一方的客人。但是，在女方家摆席时，女方必须邀请男方的直系长辈和重要的旁系血亲和姻亲，如叔叔、舅舅。而在男方家摆席时，男方也必须邀请女方的直系长辈和重要的旁系血亲和姻亲。除了男、女双方的重要亲属两方都必须邀请外，其他客人都是双方各自决定，礼金归各自所有。部落建制时期，凡是婚礼，一般要邀请整个部

① 裕固族家庭出于不同原因摆席时，会请很多帮忙的人，这些前来帮忙的人被称为"东家"。

落的人。从阿卡、头目、圈头、辅帮到部落里的其他人，如果有遗漏，日后必遭数落。被遗漏之人会苛责摆席方不懂礼数、不会办事，或是看不起他。婚礼上来的人越多，主人家会越有面子。

　　准备邀请的客人名单定下来后，主人家要至少提前一个月派人分别去邀请。如果自己家人多，就要专门分派两三个人去邀请客人。如果自己家人手不够，就要找人帮忙去邀请。挨家挨户地请，告诉对方婚礼的日子和时辰。如果被邀请的人是部落里的头目、喇嘛和德高望重的老人，还要递上蓝色或者白色的卡德克，如果是一般的亲属、朋友，就不需要了。男方和女方的重要亲属一般会在摆席前三天赶来帮忙。而其他人，如果不是去帮忙，一般会在摆席前一天下午或者当天赶到。

　　婚礼第一天在女方家举行。当天下午，女方家的客人和男方的重要亲属，以及男方请来的歌手都会到达。天黑之后，主人家邀请所有客人到羊圈里入席。① 这时候，羊圈早已经收拾得干干净净，地上铺着毡子，圈壁四周挂着毯子或毡子，中间摆着一排矮桌，桌子上点着很多灯，把整个羊圈照得灯火通明，到了晚上也不感觉冷。客人的席位是分级别的，从羊圈最里位置到羊圈门口，分为头等席、二等席、三等席、四等席，以此类推，以区别长幼尊卑。阿卡、头目、圈头和部落里有名望的老人进入羊圈后就被请入头等席。头等席的客人坐下后，男方和女方的男性长辈，如爷爷、舅舅、叔叔坐二等席。待这些男性长辈入座后，其他男性客人靠着二等席入座。而男、女双方的女性长辈，如姑妈、姨娘、舅妈则坐三等席，其他女性客人靠着三等席入座。辈分小的年轻女子和幼童坐在四等席。

　　按照等级顺序依次坐好后，主人要为在座客人"抬背子"②。为头等

---

　　① 裕固族每家每户的羊圈，一般都会用石头或木材围起来（现在，大多数裕固族人家已修建起钢架、玻璃的羊圈或围墙、塑料棚的羊圈），用于圈羊。20世纪90年代之前，裕固族人在四季牧场上均使用帐篷。帐篷的内部空间狭窄，不适合举行大型活动。除帐篷之外，再没有其他封闭的空间，所以羊圈就成为最好的场所。同时，对于裕固族人而言，自己家的羊圈也是一个相对私密的空间。

　　② 即裕固族俗称的"十二背子"肉份：羊后墩子部分（即羊屁股部分）为"头背子"，是送给达官贵人的；羊头为"二背子"，送给有威望的老人；羊胸岔为"三背子"；前胸的四根肋条为"四背子"；中间的六根肋条为"五背子"；软腰的三根肋条为"六背子"；左胯骨为"七背子"；右胯骨为"八背子"；左大腿为"九背子"；右大腿为"十背子"；左上前腿为"十一背子"；右上前腿为"十二背子"；牛背子同理。按照长幼尊卑的顺序分别赠给客人。

席的客人端上牛背子、油果子、奶茶和酒；为二等席的客人端上羊背子、油果子、奶茶和酒；为三等席、四等席端上切成块的牛羊肉、烧壳子和奶茶。

在靠近四等席的羊圈一角，挂着一块布帘子，里面蹲坐着女方请来为己方说话、唱歌的歌手，旁边的围墙上挂着姑娘的头面。男方歌手坐在羊圈的另一角。女方歌手必须一直蹲坐在帘子后面不能露面，代表即将出嫁的姑娘，并要代表姑娘以及女方家庭与男方所请歌手对唱。主人专门为歌手在角落里摆一张小桌，端上好肉、好酒、奶茶。客人都入席后，女方父母首先向男方歌手敬酒。之后，女方歌手和男方歌手各站在自己代表方的立场上开始对唱。歌手就如男、女双方的代理人一般，畅所欲言，相互表达祝愿或者互提要求。

男方歌手先唱：

> 月亮就要圆了，太阳就要升起来了；
> 在这大喜日子的前夜，我先唱上几句：
> 我虽然笨嘴拙舌，婆家人却非常细致入微；
> 我虽然不会唱歌，婆家人的心却非常甜美。
> 新郎家为办这次喜事，确实是花了本钱；
> 让我从四面八方请客，我的马腿都差一点跑断；
> 该请的客人都早已请到，该来的客人今晚都欢聚一堂；
> 有日月一样的佛爷，有父母一样的头目；
> 有清泉一般的喇嘛，有明智的大圈头；
> 有慈祥的长辈，也有善良的亲属；
> 还有各位尊贵的客人，大家都来庆贺这个大喜事的来临。①

接着，女方歌手唱：

> 不到十五月亮不圆，不到早晨太阳不升；
> 今天还不到十五，现在还不是早晨；

---

① 肃南县纪念册编辑室：《裕固之歌（1954—1984）》（庆祝甘肃省肃南裕固族自治县成立三十周年纪念），1984年，第296页。

尊贵的婆家人（指为男方家唱歌的人），请你多原谅；

客人来的很多，但不是你一个人的功劳；

要不是娘家人心好，哪有这么多客人来庆贺？

要不是娘家人威望高，哪会有各位父老来参加？

我家的姑娘自然年幼，从小就没有离开过父母；

不会做饭，也不会针线；

不会说话，更不会当家；

她只能出力，她只能放羊；

是否合你们的心意，还要请日月来作证；

我们不愿意把这个小小的丫头，扔在外边；

她是父母心上的一疙瘩肉，我们怎么能忍心像刀一样地割掉？

望你们多多帮助，望你们多多指教；

每个人都有长有短，每个人都有苦有难；

风刮在雨前是常事，难听的话说在当面好些；

亲戚们也要多多照应，这样才能使我们老人放心。①

双方歌手这样往来对唱，各自据理力争，可能导致宴席氛围变得紧张。这时候，在座的客人们会起身相劝，防止双方大动干戈。

宴席在歌手对唱、客人畅饮中继续。直到为姑娘戴头面的时辰到来，女子在自己女性亲属的陪同下来到羊圈，走到挂头面的位置。然后，由女子的母亲、舅妈、姑姑等已婚的女性长辈为待嫁姑娘戴头面。头面戴好之后，女方的女性亲属已然泣不成声。然后，姑娘在女性亲属的陪伴下回到临时搭起的新帐篷里。羊圈里的宴席继续。

待到姑娘出门、娘家送亲的时辰到了（一般都是天亮之后），男方接亲的人就到达了。接亲队伍人不多，一般包括新郎、一个伴新郎、新郎的舅舅和一个已婚的女性同辈（一般是新郎的姐姐）。这几个人牵着一匹白马来到女方家，准备迎接新娘。为了顺利将新娘带走，迎亲的人必须接受女方的所有敬酒，绝不能推酒。敬酒之后，女方家庭就要送姑娘出门了。

---

①　肃南县纪念册编辑室：《裕固之歌（1954—1984）》（庆祝甘肃省肃南裕固族自治县成立三十周年纪念），1984年，第297页。

这时候，歌手要代表新娘唱《哭嫁歌》：①

今天的日子是吉祥的，远方的亲戚们都来了；
昨天的圈滩里什么也没有，今天不知从哪里来了这么多马；
我怎么也不明白，昨天的帐房里没有外人；
今天的帐房里坐满了客人；
我怎么也不明白，昨天的佛龛只有佛像；
今天的佛龛上挂满了哈达；
我怎么也不明白，昨天的炕桌上什么也没有；
今天的炕桌上摆满了礼物；
我怎么也不明白，母亲说要把我嫁到附近；
父亲却说要把我嫁到远方；
我怎么也不明白，哥哥说是为了八音，妹妹说是为了戴珍珠玛瑙；
我怎么也不明白，我怎能舍得离开母亲温暖的怀抱；
我怎么也不明白，我怎能舍得离开父亲温暖的怀抱；
我怎么去见我陌生的婆婆，我怎么去见没有见过的丈夫；
我在婆婆家怎么向佛龛磕头，我怎么在婆婆家掌勺；
我怎么也不明白。

　　歌手以新娘身份唱毕，再以新娘父母身份唱，以表达父母送女儿出嫁的心情。互诉衷情后，母亲为姑娘盖上盖头，② 由伴娘抱到白马上。然后，新娘的亲哥哥，或者父方平行旁系的哥哥，上马坐在新娘身后扶着新娘。待负责送亲的人喊"走了！"伴娘牵着白马缰绳就向男方家出发了。其他准备去男方家赴宴席的客人也都随即上马。这些人与新娘同往的客人主要是女方的重要亲属，比如父亲、爷爷、奶奶、姑妈、姨娘、叔叔、舅舅、兄弟、姊妹等人。姑娘的母亲不能送亲，而父亲能同去。这时候，歌手再唱《送亲歌》：③

---

① 肃南裕固族自治县裕固族文化研究、张掖电视台合作收集整理和制作：《裕固族原生态民歌档案》，中国国际广播音像出版社 2008 年版，B 盘，杜秀英演唱。
② 裕固族传统式样的新娘盖头为一张三角形的红纱巾，呈倒三角形遮盖在新娘面部。
③ 肃南裕固族自治县裕固族文化研究室、张掖电视台合作收集整理和制作：《裕固族原生态民歌档案》，中国国际广播音像出版社 2008 年版，A 盘，安梅英演唱。

骑上那枣红马去送亲，准备好嫁妆要出发；
骑上那威风的骆驼去送亲，准备好那成匹的缎子要出发；
穿上那羔子皮做的长袍去送亲，准备好东西要出发；
骑上那棕色的骆驼去送亲，准备好衬着香牛皮的头面；
围着帐篷转一转，围着娘家转一转；
包着绸子做的头巾，十五月亮圆的时候；
太阳的光芒照到门前，就要上马离开家了。

送亲过程中，男方要派人在途中欢迎，叫作"打尖"。

男方事先在送亲路上选好几个地方煨桑。然后选一块干净、平坦的地方，铺上毡子，摆上煮好的新鲜羊肉、酒和烧馍馍，派几人在那里等候送亲队伍。

打尖点（林红，摄于 2008 年 8 月 31 日）

远远地能够看到送亲队伍时，男方歌手就要骑马前去迎接，把队伍带

到打尖地点，招呼来人吃喝。这时候男方歌手要唱《打尖歌》:①

　　　　牛背子香哟羊背子嫩，尊敬的客人们尝一尝；
　　　　路上太阳晒，马晃荡，喝一杯喜酒添力量。

　　歌手一边唱一边向客人敬酒，请他们下马休息吃点东西。如果客人不愿意下马，就要一遍一遍地唱，不停地端酒。尤其是女方的重要亲属，一定要请下马来。而其他客人，如果不愿意下马，就把酒、肉、馍馍送到他们手中。如果无法将女方的重要亲属请下马，那么日后这将成为女方家人挑剔男方家庭的借口。有时候，这些重要客人会故意刁难男方。请一两次绝不会下马，一定要请三五次才会下来。把客人请下马后，招呼他们围坐在毡上。男方要毕恭毕敬地为他们依次敬酒、捧肉。同时，还要为其他没有下马的人敬酒、送肉。待客人们吃喝完毕，送亲队伍再次上路。
　　一般情况下，打尖地点距离男方家不远。待送亲队伍再次上马时，男方家负责迎亲的人（一般就是男方歌手）就会带着一些人在送亲队伍之前赶到男方家，通知男方做好各种迎接准备。
　　送亲队伍到达后，男方所有成员都会出门迎接。年轻人上前抓住客人的马缰绳，扶客人下马。这时候，男方重要亲属会上前为客人敬酒。接新娘父亲的人，必须是一个身体强健、性情和善的男青年。因为舍不得自己的女儿，父亲在见到男方家的接马人时会假装发脾气，并举起手中的马鞭抽打来人。而接马的人必须和颜悦色地忍受，不能还手。新娘的父亲抽打完毕后才会下马，迎接人要将之亲自送入帐篷。不过，一般情况下，姑娘的父亲仅仅是雷声大雨点小而已。
　　新娘子下马后，脚不能着地。由伴娘直接从马上抱入男方家事先搭好的白色帐篷里。进门之后，新娘面朝里、背对着帐篷入口跪坐，由自己的姐姐、姨妈、姑妈等女性陪伴。在婚礼开始之前，她们要帮助新娘在白色帐篷里重新梳洗打扮。
　　男方招待所有的客人喝过一遍茶后，婚礼就要开始了。
　　新郎把新娘从白帐篷里接入大帐篷。新娘快到帐房门口时，男方家人

---

　　① 肃南县纪念册编辑室:《裕固之歌（1954—1984）》（庆祝甘肃省肃南裕固族自治县成立三十周年纪念），1984 年，第 303 页。

在门两边各点燃一堆火。新娘从两堆火中间走过时，新郎手拿一把弓箭，将箭轻轻地射到新娘身上。然后，新郎拾起箭，与手中的弓一起折断扔入火里。这些动作，一是为新娘驱邪，二是祈福，祝新婚夫妇此后无灾无难。

仪式完成后，主持人宣布所有客人进入帐篷。客人进门时，必须遵守长幼尊卑的顺序，阿卡、头目、圈头走在最前面，其他人分成男左、女右从门两边进入。男性客人以新郎一方的男性亲属，如父亲、舅舅、叔叔为首，共同手执一条蓝色的长布带，排成一个长队进入帐篷，蓝布带的末尾是新郎。女性客人也是以新郎一方的女性亲属为首，如舅妈、姨妈、姑妈，共同手牵一条白色的布带，布带的末梢是新娘。不过，此时进入帐篷的男方女性亲属中没有新郎的母亲。

按照规矩，婚礼这天婆婆不能与新媳妇见面。东青村尹梅月告诉我，据老人们说，很早以前裕固族没有这个规矩。有一次，部落里两家人结亲。婚礼当天，婆婆急切地想要出门看新媳妇，结果不小心摔了一跤，一病不起。从此以后，部落里就有了这个规矩，以防止同样不幸的事情再发生。

客人进入帐篷后，按长幼尊卑之序入座。阿卡、头目、圈头和老人坐在佛龛前，其他男性客人按照长幼辈分在左边依次坐开，女性客人也按照长幼尊卑在右边坐下。男方歌手开始唱《婚礼祝福歌》：[1]

> 咿瑙哎迪嗯哪呀；
> 我要唱了，让大伙儿笑话了；
> 这是我们尧熬尔人从远古时候就定下来的规矩；
> 咿瑙，是老祖宗商量好，定下这样的礼节；
> （举行婚礼）要年里面选年，月里面选月，要看个好日子；
> 在这样的好日子里，要互相祝福，要讲述古老的礼节；
> 这是我们尧熬尔祖先商量好定下来的；
> 要进行祝福的活动，要让子孙后代兴旺发达了；
> 就这样互相祝福了；

---

[1]　肃南裕固族自治县裕固族文化研究室、张掖电视台合作收集整理和制作：《裕固族原生态民歌档案》，中国国际广播音像出版社2008年版，B盘，安贵基演唱。

要让年轻人兴旺发达，讲述了这个道理；

四方部族，互相祝福，唱着歌祝福；

许多的族人，歌颂祝词，让子孙后代吉祥如意。

新郎、新娘站在帐篷正中间，主持人手举一块煮熟的羊干棒骨，上面缠绕着白色的羊毛。羊干棒骨上层层筋肉，象征着新郎穿上了婚礼的盛装；羊干棒骨上缠绕着洁白的羊毛，则象征着新娘为新郎系上了崭新的腰带。随后主持人开始唱《沙特》，其间，新郎、新娘要依次给天、地、佛像行磕头礼，然后再按长幼尊卑的顺序给客人行磕头礼。礼毕，主持人端起装满酥油的小碗，给新郎、新娘嘴里各喂一小块酥油，表示祝福他们婚后团结和睦、万事吉祥。然后，把羊干棒骨插在新郎的腰带上，祝福他们多子多福、牲畜兴旺。

仪式结束后，主人开始上菜、端肉、送酒，客人们开始吃喝。这个时候，按照规矩，新郎新娘要对唱婚礼情歌。① 本该由新郎、新娘本人对唱，但后来演变为由歌手代唱。此时所唱歌曲多是男女互相猜情、逗趣，以一问一答的形式表达对父母、媒人的感谢，以及共同生活的意愿和祝福。

新郎新娘对歌完毕，两人开始依次为所有客人敬酒。每一位受敬的客人接过酒杯后，首先用无名指沾酒，后向天空弹酒，意为敬奉天神。与平日饮酒时不同，婚礼时只能把酒向天空弹酒，而不能把酒向地上弹酒。因为把酒洒向地面，意为向先祖敬奉。敬酒完毕，新婚夫妇还要为客人们"抬牛背子"和"抬羊背子"，让客人宴席之后带走。抬完背子，接下来就是女方向男方家庭"交代姑娘"。这时候，新郎的母亲就要出面了。因为，"交代姑娘"其实就是向婆婆交代新媳妇。

2008 年 8 月 31 日，西勒村华安文与苍城姑娘尹梅枝的婚礼在华家举行。很多传统的婚礼环节和细节在现代裕固族婚礼上都已或多或少无处寻踪，唯有"交代姑娘"这一环节保存完整。仪式在华安文家的院子里举行。院子中间整齐地摆着尹家给女儿的陪嫁。陪嫁物来自女方各类亲属，种类繁多，大到冰箱、电视、洗衣机、被褥、红皮箱，小到毯子、挂画、

---

① 肃南县纪念册编辑室：《裕固之歌（1954—1984）》（庆祝甘肃省肃南裕固族自治县成立三十周年纪念），1984 年，第 316 – 321 页。

锅碗瓢盆，一应俱全。男女双方亲属分别站在陪嫁物品两旁，仪式主持人路国福与新娘、新郎相向站于陪嫁物品的另外两边。新郎的父母、新娘的父亲站在各自儿女的身边。主持人祝词后，由新娘的舅舅一一宣读陪嫁。除却摆于众人面前的各类物件，还有现金、牲畜等。之后，新娘舅舅代表女方家庭向男方家庭交接陪嫁和姑娘，希望婆婆能够宽容媳妇，教新媳妇操持家务，希望男方家人能够善待姑娘，和睦相处，这就是"交代姑娘"。礼毕，男女双方亲友开始相互敬酒，通过这种方式互相认识。

新娘陪嫁展示（林红，摄于 2008 年 8 月 31 日）

"交代姑娘"完毕，婚礼仪式正式结束。传统裕固族人新婚之夜时，新人的新帐房门口会留有一个陪夜人，以防其他人前来打扰。此人一般是男方亲属中已婚的女性。进入新房后，新郎和新娘要共食羊干棒骨上的肉。喻示两人今后要共同生活、共建新的家庭。

婚礼过后，新媳妇至少三天之内忌劳作，喻示新媳妇在婆家开始的新生活不苦不累。如果婚礼之后就劳作，意味着从此新媳妇在婆家将有干不完的活、受不完的累。

到了第四天，新媳妇就要开始劳动。按照婚前阿卡算好的时辰，她天亮前就必须起床，一个人架火、打茶。前一天晚上，婆婆会为新媳妇准备好干草、柴火、干牛粪、奶子、水、茶叶、酥油、炒面、曲拉、新锅碗、新勺子、火镰子（打火石）等必需品。火点燃之后，新媳妇要把酥油、曲拉、炒面拌在一起，扔进火里，以供奉灶神。告诉灶神，从此新媳妇要开始管家了，希望灶神赐福，让新家庭的日子越过越红火。

生起新火，新媳妇要打第一锅新茶。裕固族人喜饮茶。评价一位女子能干与否的重要标准就是看她打茶水平如何。所以，对新媳妇而言，在婆家打第一锅新茶是一项非常重要的考验。茶打好后，新媳妇按照婆家的人口、辈分，按顺序在茶碗中放入炒面、酥油、曲拉、奶皮子。然后，新郎请来全家老少，新媳妇按照长幼顺序为全家人一一奉茶。一边端上茶碗，一边称呼对方，以正式认识婆家人。

喝过新茶，新媳妇要回门。在婆婆、丈夫，以及丈夫的已婚姐妹陪伴下，新媳妇回到娘家。此时，新媳妇已经嫁为人妇，再回到娘家，身份已经变成了客人。娘家要行待客之道，杀羊招待。在娘家吃过饭，新媳妇与丈夫一同挨家挨户地向部落里的亲朋好友道谢。每到一户人家，主人都会为新人献卡德克，表示祝贺。串门回来后，新媳妇要在娘家住一个晚上才会返回婆家。由于姑娘出嫁那天，母亲没有送亲，所以新媳妇第二天回婆家时，要邀请自己的母亲同往，去看看自己新生活开始的地方。

回门之后，新媳妇就要开始劳作。她必须在阿卡算好的日子、时辰赶着牲畜朝算好的方向去放牧，连续放牧两天或三天。放牧期间，她还要捻一根绳、背一捆柴，记住婆家各种牲畜的数量。也就是说，新媳妇要开始理家了。

新媳妇真正融入婆家生活后，娘家会让新媳妇的兄或弟专门牵马去请新媳妇回娘家。这一次，新媳妇可以在娘家少则住十天，多则住半月。不过，时间长短要事先与婆家商定。从此以后，新媳妇要回娘家，都要事先分别与婆家人、娘家人商量后，由娘家兄或弟来接方可。如果自己的兄弟不来接，那嫁出去的女子是不能回到娘家的。这也是裕固族人解释舅舅地位崇高的原因之一。

裕固族俗语云"水有泉，人有舅"。"舅舅"的地位如水之源头，因为他是母亲的根所在，是母亲永远的娘家。女子嫁出后，如果不经自己兄弟同意回到娘家，是要受到苛责的。如果从"娘家"这一观念来看，女性兄或弟的身份地位实际上是作为女性父母的权威延续而存在的。女性的兄或弟作为家庭继承者，在继承了父母遗产的同时，也继承了作为其姐或妹的娘家的身份。正是这样一种身份的获得，赋予了舅舅崇高的社会地位。

1956 年以前，如果一对夫妻的婚姻无法维系，双方不需要经过特别的程序，各回各家即可宣告婚姻关系结束。裕固语中没有"离婚"这个词。人们会用一种更为形象的方式说："某某被男人赶回家了"，或者"某某被女人赶走了"，或者"某某和某某离掉了"。在婚姻出现危机时，双方长辈都会前来劝慰。女性长辈劝说女子，男性长辈劝说男子。如果自家长辈们无法劝阻，还会请部落里的头目、圈头，以及德高望重的老人前来劝说、教育，甚至为夫妻二人唱《沙特》。

如果婚姻最终无法维系，嫁出的女子则选择回到娘家。财产分割时，除了自己的陪嫁，女子不允许带走任何财物。这时候，男女双方的家庭势力大小起着极为重要的作用。哪一方人多势众，就拥有绝对的话语权。势单力薄的女子，甚至连自己当初的陪嫁都无法带走。如果女方家庭有人能够站出来夺取财产分配权，最终女子离开时甚至可能把夫妻曾经共同居住的毛帐篷都搬走。

> 民国时期，一位裕固族首领尹召达瓦与妻子嘉多丽玛携家带子从西勒迁往格尔隆。后来，尹召达瓦和与格尔隆女子格多措互生情愫，就与嘉多丽玛离了。老人们回忆说，嘉多丽玛被尹召达瓦从格尔隆赶回家的时候，没有得到任何财产。嘉多丽玛的娘家在西勒，与格尔隆相去甚远，无法为之撑腰说话。而嘉多丽玛本人很老实，也无法为自己力争。从格尔隆回到西勒时，她没有带回任何财产，但却带回了一双嗷嗷待哺的儿女。那时候，嘉多丽玛和尹召达瓦的长子已经能够干牧活，被尹家留下了。嘉多丽玛背着小女儿索尔措加，后面跟着小儿子回到娘家后，没有草场，也没有牲畜，四处为人帮工或念经过活。当地人都说，如果嘉多丽玛的娘家也在格尔隆，那么她可能不至于分文未得，还一个人抚养一双儿女。[①]

---

① 摘引自 2008 年 11 月 29 日田野笔记。

离婚之后，男女各自再婚是普遍现象。一般情况下，如果女子再婚，不会再向男方索取彩礼，而男方也不必要摆席，女子直接搬入男方家即可。对于女人再婚，裕固族人一般不会非议。但是，如果女子离婚后，没有再婚之前，与男人建立性关系，就会受到人们的苛责。再婚，在当地人看来是很自然的事情，正如永乐村尹怀谷老人所说："毕竟一个人日子不好过，人生下来就应该是两个人过的。"

离婚后，女性与前夫及其家庭的亲属关系便自然解除。东青村尹芬荣的儿子路军山去世后，路军山的妻子便带着孩子回到了娘家。做家谱时，尹芬荣谈到路军山的妻子时问我："她都已经回娘家了，不算是路家的人了，还用得着记吗？"很显然，路军山的妻子回娘家后，她与路家的姻亲关系便随之解除了。

三　换门亲

A、B 两个家庭之间，A 家庭的女儿嫁入 B 家庭，B 家庭的女儿嫁入 A 家庭，裕固族借用汉语称之为换门亲，或称换媒亲。即，两个家庭之间互相交换女儿、缔结婚姻关系。虽然交换行为仍旧遵循惯有程序，但彩礼和陪嫁的环节被跳过了。用裕固族老人的话说："因为是两边换，相互也不为难。"我们在调查中，找到如下案例：

　　永乐村华梅月、华为民姐弟二人与路晓东、路晓梅兄妹二人。华家第一天为女儿华梅月行戴头面礼，第二天送亲，第三天迎路晓梅入门；与华家同时，路家第二天迎亲，第三天为女儿行戴头面礼并送亲。双方家庭没有讨论过彩礼、陪嫁，实行自愿原则。最终，除了两位女子带着亲朋赠送的衣物、生活用品入嫁夫家之外，双方家庭没有其他任何彩礼往来。

　　永乐村洛秀、洛同新姐弟二人与尹怀山、尹春珠兄妹二人。两家举行换门亲之前，尹春珠已经行过戴头面礼，并将系腰勒给了一位姓尹的男人，生有一子尹中民。洛、尹两家结换门亲时，互相没有彩礼和陪嫁，摆席的费用两家平摊。与洛同新正式摆席后，尹春珠与另一男性的勒系腰关系便解除了。后来，两人又生洛梅花、洛吉祥、洛吉天子女三人。

其他换门亲也类似。西勒村奉学海、奉慧云兄妹二人与华安玉、华尹雄姐弟二人；尹方冬、尹方玲兄妹二人与路红英、路国军姐弟二人；君远、君兰花兄妹二人与瓦和民、瓦和峰姐弟二人。①

举行换门亲婚礼时，两个家庭各自摆席三天。第一天迎亲，第二天、第三天送亲，反之亦可。唯一需要强调的是，迎入门的新娘和嫁出门的新娘绝不能见面。裕固族人认为，如果娶亲时遇见死人，则预示大吉大利、早生贵子；但如果遇见另一位新娘，则很不吉利；两位相遇的新娘必定命运相克。肃南县城有一位个体经营户，他的两个儿子同一天结婚，两对新人的婚礼同时间、同地点举行。后来，他的大儿媳精神失常。当地的裕固族人以此为戒，认为该老板的大儿媳之所以患病，正是因为婚礼时两位新娘见面了，导致大儿媳与二儿媳生相相克，大儿媳的生相被二儿媳的生相克住后，就患病了。

家谱上，有一种婚姻关系类似于换门亲。如东青村奉古建、奉妮云兄妹与路怀玉、路怀山姐弟。奉古建和路怀玉比奉妮云和路怀山早六年结婚，他们结婚时，奉家没有给路家任何彩礼，甚至奉古建婚礼时穿的袍子都是借来的，而路家则给路怀玉陪嫁了一对红漆箱子、一床被褥和五只羊。奉妮云和路怀山结婚时，路家为奉妮云做了几套新衣服，奉家给奉妮云的陪嫁是一对红漆木箱和一床被褥。奉家、路家的例子虽然具备互换女儿的形式，但这种互换发生在不同时间，程序独立，并没有跳过或抵消任何环节。所以，裕固族否认是换门亲。

四　立房杆子

裕固族有一种独特的明媒正娶式婚姻，称为"baŋʃɵŋ bargə we"，汉语称为"立房杆子"。即，以帐房杆子的名义娶媳。在这种婚姻关系中，不存在真实的"丈夫"，而只有名义上的"丈夫"即帐房杆子。

裕固族人居住的帐篷完全依靠不同数量的杆子支撑，这些帐篷杆子被统称为"gergenzi"，汉语称为"房杆子"。在这些支撑帐篷的房杆子中，有一根类似"横梁"的横杆，被称为"baŋʃɵŋ"。扎帐篷时，首先要用两

---

① 摘引自 2008 年 12 月 5 日田野笔记。

根杆子固定横杆，然后以横杆为依托朝四周拉绳固定、搭毛帐篷。也就是说，横杆的稳固程度直接决定了整个帐篷的搭建质量。"立房杆子"即指立这根横杆，意为搭建新的帐篷，建立新的家庭。

1956 年之前，没有子女，或者没有儿子的裕固族家庭会选择"立房杆子"。此做法主要有两种目的：家庭传承（包括财产继承、姓氏传承）、养老送终。

形式上，"立房杆子"具备明媒正娶式婚姻的所有特征。首先请媒人到女方家提亲，双方家庭商定彩礼后定亲，婚礼程序包括戴头面、送亲、迎亲所有环节。唯一不同的是，在"立房杆子"结成的婚姻关系中，"丈夫"是娶媳家庭的帐房杆子。举行婚礼时，新娘的腰带被搭在主人家帐篷的横杆上，客人进门看到腰带便会知情。

婚礼后，新媳妇在婆家为她新扎的帐篷里开始生活。虽然与婆家人共同生活、生产，并可能逐渐成为当家人，但婆家不会干涉媳妇的性生活。与哪位男子情投意合，与哪位男子共居，媳妇拥有绝对的自由。但是，她所生孩子必须使用婆家姓氏。她享有继承婆家财产的权利，同时也承担赡养婆家老人、延续婆家姓氏的义务。让我们来看两个案例：

> 永乐村华家，只有一个女儿。按照惯例，华家可以招婿，或者让女儿勒系腰。但是，前来提亲的男方不愿入赘，坚持娶媳入门。华家唯一的女儿出嫁后，为了养老送终并传承华家姓氏，老人决定"立房杆子"娶媳。于是，洛珍做了华家的媳妇。洛珍与华家（男方）是交叉旁系亲属关系，即华为国爷爷的外甥女。在当地人看来，"亲戚总归要好说话"。洛珍嫁入华家后，虽然与老人共同生活，但分住不同的帐篷。老人从不干涉她与其他男性的交往。洛珍先后生有华为国等子女五人，全部随华家姓氏。
>
> 西勒村木朗民的母亲也是木家老人"立房杆子"娶进门的媳妇。当初，木家无儿无女，就以木家房杆子的名义娶了一位（女方）交叉旁系亲属的女儿，算起来应该是木朗民奶奶的外甥女。后来，木朗民的母亲与一位名为元士英的蒙古人共居，生育了木秀莲、木朗民、木玉珍兄妹三人，均为木姓，并继承了木家家业。元士英与木朗民的母亲一直生活在一起，当地人都很清楚，元士英就是孩子的父亲。但是，木朗民兄妹三人从未称呼元士英为"adja"（父亲），而是一直

称呼他"daqa"（舅舅）。1956 年裕固族地区实行婚姻登记，元士英
与木朗民的母亲登记结婚。虽然如此，木朗民兄妹也没有更改姓氏，
仍旧称呼元士英为舅舅。①

以上案例有两个共同点：第一，"立房杆子"的家庭具备经济能力，
能够承担彩礼、摆席等所有开销。一般情况下，"立房杆子"娶媳所花费
的彩礼远高于其他娶媳方式。第二，"立房杆子"所娶媳妇以近亲属为首
选，如华为国的母亲与华家是外甥女—舅舅关系，木朗民的母亲与木家是
外甥女—姨娘关系。在裕固族人看来，把女儿嫁到"立房杆子"的婆家
并非上策，所以相较于其他非亲属，亲属之间更易沟通、实现，甚至可以
看作亲属之间的互助。

五　明媒正娶的姓与性

我们将"换门亲"和"立房杆子"归在"明媒正娶"之内的原因
是，这三种性生活方式在"摆席"的程序上基本一致。在此，我们将把
"招赘"同时纳入讨论。

男娶女嫁式的明媒正娶是裕固族婚礼的常态，包括提亲、定亲、送
亲、迎亲、仪式五个主要环节。从提亲到定亲，彩礼是婚事成败的关
键。而在"交代姑娘"这一环节，陪嫁又成为界定女子身份和衡量女
子地位的筹码，同时也成为婆家和娘家话语权分配的秤杆。西勒村奉文
虎谈到妻子瓦丽娟没有陪嫁时，用一种很不屑的口吻说道："永乐村就
他姐妹几个没有陪嫁！"而坐在一旁的瓦丽娟只是沉默不语。现代裕固
族社会，女子出嫁时都会有非常可观的陪嫁，陪嫁的多少直接决定了女
子在新家庭中获得的话语权。东青村华玉梅时常与我说起，她与奉古言
婚后的十几年里，每一次吵架，奉古言都会威胁要将她赶出门去，因为
她在家里没有任何财产。华玉梅感觉很委屈，她说："我们结婚的时候，
我娘家给的陪嫁在当时也算是可以的了，他凭什么还这样说。"在华玉
梅看来，她嫁给奉古言时是有陪嫁的，所以奉古言没有资格将她赶出家
门。如果说，彩礼是关乎两性性关系能否成功缔结的关键，那么陪嫁，

---

① 摘引自 2008 年 11 月 19 日田野笔记。

则可以赋予女性在家庭中一定的话语权。

"换门亲"中，完整保留了明媒正娶的五个主要环节，但是弱化了彩礼和陪嫁。"换门亲"中的"换"，即两个家庭之间交换女子。由于交换物——女子可以视为等值，所以彩礼和陪嫁都"不会相互为难"。但是，彩礼和陪嫁同时弱化后，也弱化了女子的话语权。也就是说，作为交换物的女性，在换门亲中，实质是被等值于彩礼，而非同时等值于陪嫁。彩礼相互抵消后，陪嫁并未相互抵消。因为两位被交换女子生活在两个独立的家庭中，其各自的家庭话语权是绝不可能相互抵消的。

而"立房杆子"，仍旧执行明媒正娶的五个主要环节，但是弱化了陪嫁。通过"立房杆子"缔结的婚姻关系中，"房杆子"只具有"丈夫"之名，而无"丈夫"之实，使得彩礼更重于明媒正娶，而陪嫁则可有可无。陪嫁被弱化，但女子在家庭中的地位，由于真实丈夫的缺位，而成为唯一。与其他明媒正娶方式不同，"立房杆子"缔结的两性性关系并非真实存在的，而真实的性伴侣位置则是由其他共居男性补充。

"招赘"也是明媒正娶之一，只是所有程序的方向逆转。如提亲、彩礼、陪嫁、定亲、送亲、迎亲、仪式等环节中，女性和男性运行的方向与一般明媒正娶相反，为男嫁女娶，没有任何一个环节被弱化。如东青村木秀莲和华为智，夫妇俩有三个女儿，长女和三女出嫁后，二女招赘了一位奉姓男子。木秀莲说："彩礼我们一分不少，给了男方家三千块钱，给男方家里人一人一身新衣服。嫁到我们家来的时候，他家里陪了十二只羊，两头牛。"但是，男嫁女娶与女嫁男娶存在一个根本的区别：姓氏。虽然男子是以女性的身份"嫁"入女方家，但所生子女仍旧使用男方姓氏。也就是说，无论男娶女嫁还是男嫁女娶，孩子均随男方姓。

由此，我们获得明媒正娶的两种基本形式：男娶女嫁，男嫁女娶。男娶女嫁中，无论何种形式，所生子女均使用"娶"方的姓氏。而男嫁女娶中，所生子女则使用"嫁"方的姓氏。也就是说，不论谁娶谁嫁，所生后代姓氏均随男性，无论男性角色虚实与否。

第六章

勒 系 腰

　　"系腰"裕固语为"pus"，是裕固族男女传统服饰的必备之物，用于在腰间系住宽大的袍子。"勒系腰"的意思是，某位女子将自己的系腰送给或系到某位男子的腰上，表示嫁给这位男子。故而，已婚的裕固族女子被称为"pusγei"，"γei"意为"没有"，即"没有腰带的"女人。"勒系腰"是1956年之前裕固族地区普遍存在的一种性生活方式。这种性生活方式具备明媒正娶式方式的所有形式特征。但是，处于婚姻关系中的两性不存在必然的感情联系（包括性关系）和经济联系。也就是说，"勒系腰"的两性关系中，"丈夫"只是一个名义上存在的角色。

一　给孩子找个姓

　　1956年之前，裕固族地区的性生活方式以"勒系腰"为主。用永乐村尹怀谷老人的话来说："十个姑娘里面有八个是勒系腰。"

　　裕固族女子年满十五岁或十七岁就要行戴头面礼，正式赋予女子与男性交往的权利。但是，获得这种权利的前提是，拥有为社会正式承认的已婚身份。女性获得这种已婚身份的方式有三种：明媒正娶（包括换门亲）、立房杆子、勒系腰，而这三种方式都是以缔结正式的婚姻关系为前提的。对于勒系腰女子而言，举行戴头面之时，同时举行勒系腰仪式，由此获得已婚身份。

　　女子选择勒系腰的原因有多种。或者父母不愿意姑娘外嫁，希望留女儿在身边；或者女子自己不愿出嫁，希望陪伴家人；或者女子长相丑陋，无人问津；或者姑娘脾气暴烈，无人消受；或者女子的父母声名狼藉，没有家庭愿与之攀亲。不论何种原因，戴头面时，没有找到正式婆家的女子就同时举行勒系腰仪式。

系腰勒给谁？与寻找真正的结婚对象一样，选择受系腰的男子也必须严格遵守"同姓不婚"的规则。因此第一条基本准则就是，姓氏相同的男性不能赠予系腰。父方平行旁系亲属关系的男性，因为姓氏相同，不能勒给系腰；父方交叉旁系亲属关系的男性、母方旁系亲属关系的男性，姓氏不同，可以勒给系腰；其中，以父方交叉旁系、母方交叉旁系亲属关系的男性为优先选择。第二条原则是，不能把腰带系给"不成材"的人，如强盗、土匪、窃贼等，以免自毁家庭名誉。此外，受系腰男性的年龄、婚姻状况都不是必要的考量因素。系腰可以勒给已婚男性，也可以勒给未婚男子；可以是年长于己的男性，也可以是年幼于己，甚至年仅几岁的男孩子。用裕固族人的话来说，女子实行勒系腰就是"抬个名头"，借婚姻关系之名为自己的孩子"要个姓"。

女子决定实行勒系腰后，女方家庭会请媒人带着礼物到男方家，询问是否愿意接受女子的系腰，这恰与明媒正娶、立房杆子中男方上门提亲相反。如果男方当家人收下了礼物，则表示愿意，反之则表示不愿意。裕固族女子首选有亲属关系的男子勒给系腰，如父方交叉旁系、母方交叉旁系亲属关系的姑姑、舅舅的儿子。裕固族人解释："（之所以优先选姑姑、舅舅的儿子）因为亲戚之间好说话，帮个忙是自然的事。"

勒系腰方和受系腰方约定后，女方要请阿卡算卜良辰吉日。然后，女方当家人带着酒、哈达等礼物去邀请仪式主持人。永乐村尹怀谷老人说，大头目部落曾经有一位很有名的仪式主持人，人们去邀请他时都要抬羊背子。

仪式当天，女子行戴头面礼后，由女子的男性亲属，如舅舅或者叔叔把一条崭新的腰带系到男子腰间。腰带也可以不必勒在男子腰间。只要事先双方家庭商定，仪式结束后女方家庭把腰带送到男方家，放置在男方家即可。腰带一般为蓝色，尹怀谷老人说："腰带象征着一条龙。"系腰带时，女子的男性长辈与受腰带的男子相对而立，双手举起腰带，从受腰带男子面前举过头顶到身后，把腰带从腰后向前围系过来，在前腰部位交叉后再绕到腰后，在背部系紧。其间，主持人会在一旁唱诵祝词。祝词内容主要是多财多子、白头到老之类表达祝福的话语。周围观礼之人会间歇附和"bɹidə e - !"以表达祝福。系完腰带，主持人大声宣布："某某家姑娘的系腰勒给某某家了！"从此，该女子所生孩子可以使用勒给系腰男子的姓氏。

在裕固族人看来，勒系腰方式缔结的婚姻关系与明媒正娶、立房杆子一样，都是社会唯一承认的、正式的婚姻关系。勒系腰女子与其他男子，只要未摆席、未解除勒系腰缔结的婚姻关系，所生孩子全部使用受系腰男子的姓氏，社会和家庭也仅承认女子与受系腰男子的婚姻关系的合法性，女子与受系腰男子家庭形成的姻亲关系也为社会唯一承认。我们来看如下案例：

> 永乐村有两大户尹姓，一户为尹怀谷老人家，另一户为尹自荣老人家。尹自荣的母亲瓦花月戴头面后，系腰勒给尹怀谷的一位叔叔，与其他男子生尹自荣，使用尹姓。这两户虽为同姓，但尹怀谷老人并不认为自己与尹自荣是一家人，因为"不是一个血统的"。

> 永乐村尹怀定的姐姐戴头面后，系腰勒给了华为国，而华为国比她小七岁。也就是说，尹怀定的姐姐戴头面时，华为国还不满十岁。后来，尹怀定的姐姐与另一位男人摆席，她与华为国的勒系腰关系随之自动解除。

> 西勒村尹方平说，他母亲的系腰勒给一位尹姓男子后生了他和妹妹尹方梅。母亲早逝，他们兄妹二人是在奶奶华措多（母亲的母亲）身边长大。

> 裕固族一位著名的部落首领尹召什嘉有一个妹妹卓玛，她的系腰勒给了奉·格多措的弟弟，生有两个儿子，取奉姓，就是现在西勒村奉胜发、奉胜进兄弟二人。卓玛早逝，奉胜发和奉胜进由舅舅尹召什嘉抚养长大。

> 尹召什嘉于20世纪40年代末从西勒迁居格尔隆后不久，把妻子嘉多丽玛赶回了西勒，而与格尔隆女子格多措共居。据老人回忆，格多措戴头面后，系腰勒给了一位名叫尹南的男子，生有尹怀州、尹怀忠、尹怀财、尹怀萍子女四人。尹召什嘉搬家到格尔隆后，与格多措比邻。那时候，格多措的帐篷里还有一位共居男子。格多措与尹召什嘉情投意合后，那位共居男子便离开了，不知所终。1954年后，官方将格多措认定为尹召什嘉的妻子。而当地裕固族人却认为，尹召什嘉真正的妻子是嘉多丽玛而不是格多措，因为格多措和尹召什嘉虽然共居，但并未摆席。也就是说，格多措的丈夫应该是她勒给系腰的尹

南，而尹召什嘉仅仅是与之共居的男性之一。

　　裕固族老人说，勒系腰的目的就是给孩子找一个姓。如果一位女子不是明媒正娶，也不是立房杆子，也没有实行勒系腰，那么她生下的孩子就没有姓氏。在裕固族社会里，没有姓氏的人被称为"mengəda"（汉译为"蛮疙瘩"），意思是"没有骨头的人"。这样的人，是被世人鄙视的贱种。所以，女人无论如何都要为自己的孩子找个姓，否则孩子今后的生活会很艰辛。例如西勒村尹年忠、尹年吉兄弟二人，他们的母亲原姓瓦，戴头面之后没有出嫁，也没有勒系腰。用尹怀谷老人的话来说，"生下孩子以后没有姓，就随便捡了个尹姓安上了"。尹年忠兄弟二人从小被人称为"蛮疙瘩"，受到歧视。后来，尹年忠迁居甘浚，尹年吉仍居西勒村。1983年草场承包到户时，村里人把靠近八音蒙古族乡的草场分给了尹年吉家。在经年与蒙古族人的交往中，裕固族人认为蒙古族人很不好相处；而在当地人看来，尹家人也不是合群的人，与蒙古族人正好"势均力敌"。时至今日，尹年吉家在村里的声誉都不好。

二　以一户为例

　　1956年以前，永乐瓦义学家是部落里的大户。从永丰乡保存的相关档案资料我们可以得知，1956年时，瓦义学家共有15口人，全部牲畜折算成羊只共2300只。瓦义学兄妹共八人：瓦北方、瓦义学、瓦北建、瓦芬花、瓦英花、瓦多荣、瓦芬兰、瓦穆塔。瓦家姊妹五人中，只有瓦芬花、瓦英花两人是以明媒正娶方式缔结婚姻关系，其他三人瓦多荣、瓦芬兰、瓦穆塔都是勒系腰。瓦芬花、瓦英花姊妹俩分别嫁给了尹怀贤、尹怀邦兄弟俩。

　　瓦义学的母亲尹·梅多合姆苏，嫁给了一位名叫瓦拉措的阿卡。后来，瓦北建也入寺院当了阿卡。家谱中瓦北建有一个女儿瓦芬玉。实际上，瓦芬玉的母亲勒系腰给了瓦北方，生瓦芬玉。瓦北方和瓦芬玉的母亲去世后，瓦芬玉成为孤儿，被瓦家收养，为瓦北建抚养成人。

　　瓦义学明媒正娶尹秀兰，但在辈分上，瓦义学是尹秀兰的舅舅辈，两人为差辈婚姻。

　　瓦芬兰的系腰勒给了洛同新。后来，她与一位孤身来到牧区的蒙古人共居，生洛军。其实，洛同新接受瓦芬兰的系腰时，已经通过换门亲的方式与尹春珠结婚。洛同新与尹春珠共生洛梅花、洛吉祥、洛吉天三人，加上尹春珠在与洛同新结婚之前勒系腰所生之子尹中民，共子女四人。后来，洛军又与洛梅花登记结婚了（我们在前文已经讨论过此例）。

瓦多荣的系腰勒给了洛同新的哥哥。也就是说，姐妹两人的腰带勒给了兄弟两人。虽然洛同新的哥哥很早去世，但瓦多荣所生四个子女均使用洛姓，即：洛明花、洛珍、洛明和洛一新。后来，洛明又与尹春珠之子尹中民登记结婚了。

瓦穆塔戴头面后，系腰勒给了尹怀谷的一位叔叔。接受系腰时，尹怀谷的叔叔已经与一位名叫卓玛什切的女子结婚，但两人没有生育。后来，瓦穆塔生有一子，跟尹怀谷叔叔的姓，即尹怀亭。尹怀谷的叔叔去世后，华顶山来到瓦穆塔的帐篷与之共居。两人共生华梅月、华为民、华梅英、华梅兰、华梅花兄妹五人。华顶山和瓦穆塔认为，尹怀谷的叔叔已经去世，他与瓦穆塔的勒系腰关系就自然解除了。所以，瓦穆塔后来所生子女均随华顶山的姓氏。华顶山与瓦穆塔共同生活了近四十年，华顶山先于瓦穆塔去世。待瓦穆塔去世时，遗留问题便出现了：瓦穆塔应该葬在谁家的坟场？尹怀谷叔叔的家人说，瓦穆塔与华顶山长期共同生活，应该把她葬到华家的坟场。而瓦穆塔的哥哥瓦北建、瓦义学则坚持要把妹妹葬到尹家的坟场，他们认为，瓦穆塔虽然与华顶山共同生活，但没有正式摆席，故而不算正式结婚，他们之间的关系也不是正式的婚姻关系；而她与尹怀谷叔叔勒系腰缔结的关系才是正式的婚姻关系；所以，瓦穆塔应该算作正式的尹家人，故应葬在尹家的坟场。由于瓦北建、瓦义学两人是在世的、辈分最大的老人，在他们的坚持下，瓦穆塔被葬入了尹家坟场，与尹怀谷的叔叔葬在一起。由于长辈的权威，瓦穆塔的子女也无法干涉。下葬时，尹家人特意向瓦穆塔（遗体）解释说，把她葬入尹家坟场是她自己哥哥的意思，并不是尹家有意要拆散她与华顶山，请她不要怪罪。

从瓦义学兄弟姊妹的性生活方式，我们可知1956年前裕固族勒系腰方式的两个重要特征：第一，裕固族男性可以同时拥有勒系腰、明媒正娶两种婚姻关系。例如尹怀谷的叔叔，他与卓玛什切通过明媒正娶的方式缔结了婚姻关系，而后又与瓦穆塔以勒系腰的方式缔结了婚姻关系。虽然后者不具备感情联系、经济联系的婚姻内涵，但仍旧是社会承认的、正式的婚姻。从婚姻形式上来说，传统裕固族社会允许一夫多妻。第二，裕固族女性可以同时拥有勒系腰关系、共居关系。前者是为社会唯一承认的婚姻关系，而后者仅仅是一种临时性联系。与勒系腰女子共居的男性，并没有获得合法的家庭地位。在这种共居关系中，女性占有绝对主导权。如格多措与尹召什嘉情投意合后，之前与她共居的男子便离去了。勒系腰女子对于是否解除共居关系具有关键的决定权。

三　特殊的一代人

当我带着对"勒系腰"极大的好奇心进入永丰时，裕固族人对此话题似乎都难以启齿，多数人会以"那都是封建社会的东西"来搪塞。但是，家谱却让我找到了极好的突破口。

随着调查的深入，我发现，最初我记录的家庭关系并非如他们告诉我的那样简单。1956年以前，永丰地区普遍实行"勒系腰"。1956年时，全区宣传《婚姻法》，各族婚龄人口开始办理婚姻登记。勒系腰女子，有的与共居男性办理了结婚登记，从而构成我们在家谱上看到的夫妻关系；有的仍旧独自带着孩子生活，或者与自己家人共同生活，没有与任何一位共居男性登记结婚，于是我们在家谱上看到的夫妻关系实际上就是该女子的勒系腰关系；有的在办理婚姻登记后不久又离婚，或者独自生活，或者改嫁他人，而我们在家谱上看到的仅仅是该女性最后一次婚姻关系。无论何种情况，我们从家谱上只能够看到勒系腰女子的某次性关系，而无法获知她所有的性关系。

永丰地区实施《婚姻法》的前后十年间，80%左右的成年裕固族女性的性关系都不稳定。家谱记录的西勒、永乐、东青三个行政村的人口中，出生于1930年左右，年龄在70岁以上的裕固族女性中，至少80%的人曾经与不少于两位男性建立过性关系。也就是说，进入田野之初我记录下的这一代人的夫妻关系只是实践《婚姻法》的结果呈现，而不是两性关系的真实反映。这一代人身处的时代，使他们成了特殊的一代。这种特殊性主要体现在他们同时经历了1956年以前的"勒系腰"和1956年以后实行的登记结婚。让我们来看几个案例：

叔和华的家谱中，只显示了叔和华的父亲叔中民和母亲路明慧的夫妻关系。实际上，这两人的关系中还隐含了与另外两人的关系。路明慧

（1933 年生）戴头面后，系腰勒给了华顶峰，生两女，取华姓，即华艳芳、华文玉。而叔中民（1937 年生）在与路明慧登记结婚之前，曾经接受路美香的系腰。路美香勒系腰后生有两子取叔姓，即叔东军、叔东明。后来，她带着两个儿子迁居白塔，与尹名贺登记结婚后又生一子一女：尹梅兰、尹西勇。1965 年左右，路明慧与叔中民登记结婚。路明慧之女华文玉尚年幼，于是改姓叔，而华艳芳则未改姓氏。路明慧与叔中民后共生一子叔和华。这样，叔玉兰、叔和华与叔东军、叔东明二人虽然同姓氏，但不存在生物血缘联系；由于共享同一姓氏，他们又存在文化血缘联系，相互承认彼此为"本家"，遵守社会血亲性禁忌。

从尹梅月的家谱中我们看到，华梅英（1923 年生）的丈夫是奉·斯旦增。但是，她的两个儿子却使用不同的姓氏。实际上，华梅英戴头面后，系腰勒给了一位尹姓男人。后来，她与一位据说从西藏来到永丰的男人共居，生尹怀生和尹吉多。那位西藏人离开后，华梅英与奉·斯旦增摆席结婚。是时，尹怀生已经长大，故没有改姓。而尹吉多年纪尚小，便跟了奉·斯旦增的姓氏，即奉吉多。

路明慧、路美香、华梅英这一代裕固族女性的生命历程横跨"勒系腰"与登记结婚两个截然不同的时代，使得她们成为最具故事性的一代。但同时，她们也留给后人更多的迷惑。我问尹梅月，那位从西藏来的男人是否姓尹，她说不姓尹；我接着又问她为什么她的父亲姓了尹，她想了想说"我也说不清楚"；我问是不是勒系腰的，尹梅月回答"可能吧"。接着她又说："我也不知道他们的关系是怎么整的，以前这里人的关系都乱得很。"而叔和华在叙说家庭成员时，说到姐姐华艳芳和叔玉兰，但没有提及叔东军、叔东明二人。我问起他与叔东军、叔东明的关系时，他稍犹豫之后说："那是勒系腰，不算。"我进一步问道："就算是勒系腰，他们是跟了你父亲的姓，按理说也应该是你的兄弟了吧？"他迅速地答道："姓是一样，但都不是我老子（父亲）亲生的，我们没有一点血缘关系。"但是，当我问，他的女儿与叔东军、叔东明的儿子能否结婚时，他显得更加迷惑，犹豫地说："好像不能吧，都是一个姓的。"

叔和华生于 1966 年，尹梅月生于 1963 年。从他们这一代人开始，裕固族完全实践《婚姻法》，实行登记结婚。也就是从这一代人开始，裕固族对传统性生活模式的认知越来越模糊，历史的记忆从这里开始断裂。而同时，路明慧与叔中民这一代人，在实践了"勒系腰"这种性生活方式之后，又渐渐接受了"登记结婚"这一方式。从前一种方式过渡到后一种方式，这一代人经历了一个从肯定到否定再到肯定的过程。他们最初认同了"勒系腰"的合法性，但自1956年《婚姻法》实施后，他们渐渐否定了"勒系腰"的合法性，转而接受了"登记结婚"的合法性。而到了叔和华这一代人，他们对"勒系腰"合法性的否定是很彻底的。这种彻底，主要源于他们对《婚姻法》唯一合法性的认同和对"勒系腰"这一性生活模式的不了解。

四　父亲缺位的家庭

初做家谱时，我只是忠实地记录下报道人的口述，而一些有趣的问题也在这种记录中渐渐浮现。年龄在60岁以上，即出生于1950年以前（也有少数出生于1950—1960年）的裕固族人，其中近90%的人在追溯到父母辈和爷奶辈时，只能说出母亲或奶奶（母亲的母亲）的名字。而且据当事人说，自记事起他们只见过母亲、奶奶，不知道父亲、爷爷的名字，也没有见过父亲、爷爷。同时，他们可以说出母方兄弟姐妹的名字，但对父方的亲属没有任何记忆。也就是说，这些人记忆中的家庭，即应该由父亲、母亲、子女构成的核心家庭或由父亲、母亲、子女、爷爷奶奶辈、孙子女辈构成的扩展家庭中，父亲和爷爷这两个人是缺位的。这一代人记忆中的家庭是没有父亲角色的家庭，例如：

　　西勒村尹梅花只知道，母亲名叫华多莫，母亲有两位兄弟分别叫华顶台、华顶云；她曾经见过奶奶，即母亲的母亲，并与之共同生活；她不知道父亲、爷爷的名字，也没有听人说起过，更没有见到过他们。

　　西勒村尹梅珍，没有兄弟姐妹，从小与母亲相依为命。她只知道母亲叫华玉兰，从未见过父亲。

　　西勒村尹春秀，兄妹三人（姐姐尹春珠、哥哥尹怀山）只知道母亲很早去世了，根本没有听说过父亲。他们自幼由终生未婚的舅舅元祥山抚养长大。

　　西勒村田玉慧记得母亲的名字叫森布昂，还有两位舅舅瓦远宏、瓦远民；她还知道母亲的母亲即奶奶名叫卓克朗；她从来没有见过父亲，更没有见过爷爷。田玉慧说，自她记事起，家中只有四口人：奶奶卓克朗、妹妹田玉梅、哥哥田光明，还有她自己；田光明是她一位早逝的叔伯的孩子，也没有父亲，是奶奶把兄妹三人抚养成人。

东青村奉多寿清楚地记得，母亲的名字叫阔珠什切，母亲的妹妹叫那德那尔布恩，母亲的弟弟叫诺尔武；他从未见过父亲，也不知道父亲是谁；舅舅诺尔武一生未婚，与家人共同生活。奉多寿说，从他记事起，家中的大人只有母亲及其弟、妹三人。

东青村尹春兰，知道母亲名叫梅多合苏，舅舅叫刚嘎尔，还有两位姨娘；她知道舅舅的儿子叫元峰，一位姨娘有两个儿子叫洛成材、洛敬青；甚至知道元峰的儿子叫元祥秀。但是，她对父亲及父亲一方的亲属全然不知，也从未见过。

永乐村尹自荣是长子，两个妹妹和一个弟弟很早去世。他知道母亲的名字是巴特玛什吉特，母亲有一位姐姐叫贡库尔昂，他还有一位大舅舅于1938年去世。在尹自荣老人的印象中，小时候家中只有母亲和他们兄妹四人，从未见过父亲。他清楚地记得，姨娘贡库尔昂家里也只有三口人，即姨娘及其两个儿子元吉峰、元吉业。

做家谱时，像这样不知或从未见过父亲及爷爷的人很多。有人口中所说的父亲可能是一个湖南人、张掖人、甘浚人、临泽人，或者可能是一个西藏人、蒙古人、阿卡，但他们却并没有继承这些被他们称作父亲的人的姓氏。他们记得的只是曾经与自己母亲一起生活过的男性，但不是给予他们姓氏的人。如西勒村尹年吉说，他的父亲名叫尹·凯吉普；而当地人说，尹·凯吉普与他没有什么关系，与他母亲甚至连勒系腰关系都没有；尹年吉说他的爷爷（即母亲的母亲的丈夫）人称"白马师傅"，据说是从西藏骑马来到永丰的藏族人，不知道姓甚名谁；而实际上，这位被尹年吉称作爷爷的人仅仅是其奶奶的共居者之一。

五　谁是亲兄弟姐妹

家谱中还有另一个有趣的现象，报道人称为"亲兄弟姊妹"的人却拥有不同的姓氏；同时，有些拥有相同姓氏的人却不是"亲兄弟姊妹"。那么，究竟哪些人才是亲兄弟姐妹呢？

西勒村华为民说，他们兄弟姊妹共有六人：尹怀亭、华梅兰、华为民、华梅花、华梅月、华梅英；永乐村洛梅花说，自己兄弟姊妹共四人：尹中民、洛吉祥、洛梅花、洛吉天；东青村尹梅月说，她父亲是兄弟二人：尹怀生、奉吉多；东青村昌玉花说，她兄弟姊妹四人：奉静花、昌志远、昌玉花、昌玉秀；东青村叔和华说，他兄弟姊妹三人：华艳芳、叔玉兰、叔和华。

这些人很肯定自己与他们口中的异姓兄弟姊妹是"亲兄弟姊妹"关系，因为"我们都是一个娘母子（母亲）生的"。而导致这些兄弟姊妹姓氏不同的直接原因就是勒系腰方式的终止和《婚姻法》的实施。实行勒系腰时，女人把自己的腰带勒给某个男人，而后与另一位男子或多个男子共同生活、生育，所生子女均使用受系腰男子的姓。也就是说，此时给予孩子姓氏的男人与孩子的生物学父亲并非同一人。但是，1956年开始实行婚姻登记制度后，政府相关部门要求共居男女必须登记结婚。于是，勒系腰形成的关系断裂。此后，曾勒系腰女子所生之子女必须使用与她登记结婚的男人的姓氏，而不再使用受系腰男子的姓氏。这样，就出现了该女子所生子女前后使用不同姓氏的状况。这些异姓的兄弟姊妹，在生物血缘上可能是同父同母，也可能是同母异父。但可以确定的是，他们都出自同一母亲。我们再看如下案例：

西勒村尹怀贞说，他只有兄弟姊妹三人：哥哥拉尔加、妹妹索尔措加和尹怀贞本人。但在相关资料记载中，作为尹召什嘉的后代，与尹怀贞同列的还有尹怀萍、尹怀财、尹怀忠、尹怀州四人。尹召什嘉先后有两位妻子嘉多丽玛和格多措。嘉多丽玛与尹召什嘉共生拉尔加、彭索尔措、尹怀贞子女三人。两人离婚后，尹召什嘉与格多措开始共居。格多措戴头面后，系腰勒给了尹南，并生有尹怀萍、尹怀财、尹怀忠、尹怀州子女四人。据老人回忆，尹召什嘉住在格尔隆时，他家的帐篷与格多措家的帐篷比邻。两人没有摆席便开始共居。在当地人看来，格多措与尹召什嘉并未缔结正式的婚姻关系。由于与尹召什嘉共居，当时相关政府部门因此认定格多措为尹召什嘉的第二任妻子。理所当然，格多措的四个孩子与嘉多丽玛的三个孩子被同时列为尹召什嘉的后代,将拉尔加、索尔措加、尹怀贞、尹怀萍、尹怀财、尹怀忠、尹怀州并列为同父异母的兄弟姊妹。对此,尹怀贞并不承认。

东青村叔和华说到他的兄弟姊妹时,根本没有提及叔东军、叔东明二人。虽然当地人仍旧说"叔东军和叔东明也算是叔罗加(即叔和华之祖父)后代",但叔和华并不承认。在他看来,虽然叔东军和叔东明的母亲路美香勒系腰给了他的父亲叔中民,但二人并非叔中民亲生,与他也就没有任何血缘关系。但同时他也承认,他的子女与叔东军或叔东明的子女不能结亲,因为姓氏相同。

东青村奉全明向我解释,为什么他的爷爷奉福寿最疼爱他这个孙子时这样说:"虽然我大伯之前已经有了两个儿子,但他们都不算是我爷爷真正的孙子。因为我大伯不是我爷爷亲生的儿子,我父亲才是我爷爷真正的大儿子。所以他对我这个孙子特别好。"奉全明的奶奶尹秀花,戴头面礼之后系腰勒给了一位姓奉的男人。后来,她与路山峰共居,生两个儿子奉古建、奉古军。之后,尹秀花又与路建金共居,生有一女奉妮月。再后来,尹秀花与奉福寿登记结婚,生育了奉古言、奉妮云、奉古明、奉如玲、奉古荣、奉如芳。尹秀花与路山峰以及路建金的共居关系都是发生在其系腰带之后,她与这两位男人所生的孩子都以受系腰男人的姓氏为姓。虽然奉家兄弟姊妹九人姓氏相同,但实际上是同母异父。对于奉福寿来说,奉古言才是自己真正的长子。那么,他对长子长孙奉全明的特别疼爱就是可以理解的了。

西勒村奉胜发、华玉英夫妻二人常年感情不和,当地年轻一辈人认为主要原因是:目前两人共同名下的子女中,大部分并非奉胜发亲生。最初我听到这个解释时,条件反射地认为,华玉英有婚外情。但最后,事实并非如此。华玉英比奉胜发年长5岁之多,她戴头面后系腰勒给了一位奉姓男人。与其他男性共居期间生育了奉如花、奉如梅、奉文民、奉学海。后来华玉英与奉胜发登记结婚,共生奉安秀、奉慧云。

东青村路明国的家谱上,路明国兄弟姊妹五人:路梅花、路明国、路秀玉、路梅英、路梅香。实际上,这五人为同母异父。路明国的母亲尹琳娜勒系腰给白塔的一位姓路的男人后,先后生路梅花、路明国、路秀玉、路梅英。后来，尹琳娜与东青的路山吉登记结婚，生路梅香。

东青村奉多贵的家谱上，他与妻子金兰梅有三个子女：奉学林、奉贤月、奉贤静。实际上，这三个子女与奉多贵并没有生物血缘联系。金兰梅戴头面后系腰勒给了一位奉姓男子，并与该男子共同生活了几年。两人分开后，金兰梅先后又与两位男性共居，所生孩子仍旧使用受系腰男子的姓氏。她与不同男子共居期间先后生育奉学林、奉贤月、奉贤静。她与奉多贵登记结婚后，并未生育。

以上案例中各家各户的兄弟姊妹，虽然姓氏相同，但有的互相承认为亲兄弟姊妹，而有的却并不承认彼此为亲兄弟姊妹。如尹怀贞、叔和华案例中，两人并不承认与自己姓氏相同的人为亲兄弟姊妹。（尹）拉尔加、（尹）索尔措加、尹怀贞、尹怀萍、尹怀财、尹怀忠、尹怀州七人同被列为尹召什嘉的后代，但对于尹怀贞来说，他与拉尔加、索尔措加为同父同母所生，而与尹怀萍、尹怀财、尹怀忠、尹怀州则完全异父异母。叔和华认为，他与叔东军、叔东明虽然共有父亲叔中民的姓氏，但并不共有父亲的生物血缘。而他与华艳芳、叔玉兰，虽然不是同父，但同母。由于姓氏相同，叔和华虽然不认同叔东军、叔东明为亲兄弟姊妹，但却认同为本家。与尹怀贞、叔和华不同，奉古言、奉如花、路明国、奉学林与各自的同姓兄弟姊妹互认为亲兄弟姊妹。他们彼此之间虽然拥有不同的生物血缘父亲，但却同姓、同母。

家谱中，有几例母方平行旁系结婚和父方、母方交叉旁系结婚的人。当我问，为何姨娘亲属和姑舅亲属能结婚时，人们会这样解释："其实他们两个（指姨娘亲或姑舅亲结婚的两个人）也不是太亲，他们不是同一个爷爷。"由于勒系腰的缘故，使得出自同一母亲的孩子并非拥有同一父亲。如东青村奉多贵和奉美莲兄妹两人，母亲索尔切为勒系腰，奉多贵的女儿奉贤静嫁给了奉美莲的儿子尹新山；永乐村洛明花和洛明姊妹俩的母亲瓦多荣是勒系腰，洛明花的儿子华东方娶了洛明的女儿尹丽兰；西勒村尹怀亭与华梅花兄妹两人，尹怀亭的儿子尹必福娶了华梅花的女儿路月秀。人们说"路月秀的娘母子和尹必福的老子不是特别亲，两个人虽然是一个娘母子，但不是一个老子"。

因此我们不难发现，勒系腰的合法性和《婚姻法》的合法性同时作用时产生的尴尬。生命历程跨度这两个时期的裕固族人在承认勒系腰的同时也接受了《婚姻法》，但这两者难免冲突。姨娘亲结婚和姑舅亲结婚现象的存在，实际上是承认了勒系腰的合法性而非遵从《婚姻法》。对异姓兄弟姊妹的承认是对勒系腰和《婚姻法》的同时接受，而叔和华这一案例却又反映出两者仍旧存在的矛盾。

六 勒系腰的姓与性

女子勒系腰之后，就被赋予了建立两性性关系的权利。但由于勒系腰缔结的只是一种名义性关系，这就直接赋予实质的两性性关系以选择性。

勒系腰带来的两性性关系同时意味着女子对性关系的选择和男子对性关系的选择，而且两性的各自选择都是自由的。由此，决定了勒系腰女子可能与前来与之共居的某些男子保持多边性关系，同时某个男子也可能与某些勒系腰的女子保持多边性关系。一方面，女子勒系腰的主要目的是"抬个名头"，为自己的孩子找个姓，以获得一种社会合法性；另一方面，不论实质如何，仅仅在形式上，勒系腰结成的两性性关系是为社会所承认的合法的婚姻关系。鉴于勒系腰这两方面的特征，我们不禁要问：这种形式婚姻关系背后的真实情况是怎样的？也就是说，勒系腰关系之后真实的两性性关系是什么样？

西勒村尹为东的奶奶勒系腰给一位尹姓的男人后，遇到一位来自张掖的汉族男人。该男子在张掖已经有妻室，只是偶尔上山与尹为东的奶奶共居。其间，尹为东的奶奶还与其他男子陆续共居。也就是说，那名汉族男子只是其共居者之一。尹为东的奶奶共生育子女八人，尹为东并不知道其中谁与那位汉族男子存在生物血缘关系。

永乐村尹春珠的系腰勒给了一位尹姓男人后，与一位从农区上山来的汉族男子共同生活并生有尹中民。那位汉族人离开后，又从甘浚上来一位姓万的汉族男人。该男人很有钱，据说是甘浚某地的国民党伪县长，在山下有妻儿老小。万姓男人与尹春珠共居后，生尹吉祥。在尹吉祥还不足月的时候，万姓男人就被抓走了。后来，尹春珠家人安排换门亲，她便嫁给了洛同新。当时尹中民已经长大，便没有改姓。而尹吉祥尚幼，即改姓叫洛吉祥。

西勒村华玉英和华为义虽然同姓，但"不是完完全全的一家人"。华为胜兄弟姊妹六人：华玉英、华为文、华为山、华为峰、华明慧、华为胜，母亲木·卓玛切的系腰勒给了华顶学。而华为义兄弟姊妹四人：华玉英、华为义、华为龙、华为兰，母亲瓦·梅多合的系腰也是勒给了华顶学。华玉英回忆，1934 年或 1935 年，母亲木·卓玛切和华为义的母亲苏·梅多合先后勒系腰给了华顶学；由于华顶学弟兄四人（其中一人后来醉酒死亡，另外两兄弟为华顶山、华顶峰）与他们的母亲同住，家中草场少，而木·卓玛切和瓦·梅多合都分别有自己的草场。于是，勒系腰之后，华顶学时而住在木·卓玛切的帐篷里，时而与瓦·梅多合共居。两位女人所生的孩子都取了华姓。

其实，像尹春珠、木·卓玛切和瓦·梅多合的例子在 1956 年以前的裕固族地区并不鲜见。女子实行勒系腰可能有几种不同情况：第一，女子与某男子两情相悦，但是男方贫穷，没有经济能力承担明媒正娶的彩礼和摆席费用，于是待女子戴头面时就把系腰勒给该男子，两人便可以名正言顺地共同生活；第二，女子自身原因，或者本人无意出嫁，或者自身条件限制，如相貌丑陋、脾气暴躁、个人名誉不好等原因，到了戴头面的年龄仍旧无人问津，于是选择勒系腰；第三，由于家庭原因，例如家中没有儿子，或父母舍不得女儿远嫁，或家庭声誉不好，或富裕人家不愿女儿嫁出去后受苦等，女子戴头面之后也选择勒系腰。

从以上三种选择勒系腰的原因我们可知，勒系腰结成的两性性关系也存在几种不同状态：第一，女子与受系腰男子共同生活，于是勒系腰结成的夫妻关系就是名副其实的两性关系，同时存在感情联系和经济联系；第二，女子分别与其他一个或多个男子共居，于是勒系腰结成的夫妻关系只存在于形式而不具备实质内涵；第三，女子同时与受系腰男子和其他男子保持性关系，就如上面提到的木·卓玛切与华顶学及瓦·梅多合与华顶学的勒系腰关系，华顶学有选择性关系的自由，同时木、瓦两位女子也有各自选择性关系的自由。

由于勒系腰女子拥有相对自由的性选择权利，以及上门与其共居男子的流动性，导致勒系腰女子的家庭并不稳定，进而直接影响到孩子的抚养。

　　尹召什嘉的妹妹尹卓玛勒系腰给格多措的弟弟奉·罗藏切昂里后,生奉胜发、奉胜进二子。尹卓玛早逝,奉胜发和奉胜进兄弟二人是由舅舅尹召什嘉抚养长大。

　　西勒村尹方平、尹方梅的母亲为勒系腰。母亲早逝,兄妹俩自幼跟随奶奶华措多（母亲的母亲）长大。

　　西勒村尹春秀兄妹三人,母亲早亡,由舅舅元祥山抚养长大。

　　西勒村田玉慧的母亲森布昂勒系腰后生有她和妹妹田玉梅。森布昂有一姐姐勒系腰生下儿子田光明后去世,森布昂收养了田光明。森布昂去世后,田玉慧、田玉梅、田光明三人跟随奶奶（母亲的母亲）卓克朗长大。

　　东青村尹秀兰的大姨娘勒系腰生有一个女儿尹月香,尹秀兰的大姨娘去世后,女儿尹月香就被尹秀兰的母亲孜尔丹姆登收养,与尹秀兰一起长大。

　　勒系腰女子所生子女,受系腰男方不需要承担任何抚养义务。通过勒系腰结成的形式上的夫妻关系相对比较稳定,不会因男子已婚、死亡、离开等原因而轻易解除,从而保证了勒系腰女子所生子女在姓氏上的延续。但另一方面,相较于形式上的稳定,实质的两性性关系却极为不稳定,从而形成勒系腰关系中"姓"的稳定和"性"的变化。对于同一个女人来说,她可以先后与不同的男子共居并生育子女。在生物学意义上,这些源自不同男子的孩子却拥有一个共同的姓氏。女子勒系腰后继续与其家人共同生活（家人会为勒系腰女子另扎一顶帐篷）,那么,相对于其稳定的家庭而言,那些来到女子帐篷与其共同生活的男子只是留居时间或长或短的过客。于是,就如我们在上述案例中看到的那样,在一个只具有名义父亲而真实父亲缺位的勒系腰女子的家庭里,其他家庭成员如兄弟（孩子的舅舅）、姊妹（孩子的姨娘）、母亲（孩子的外婆）理所当然地承担了一定的抚养外甥/外甥女/外孙/外孙女的责任和义务。

第三部分　时空观

　　裕固族有使用十二生肖纪年、纪月、纪日、纪时的传统,以草原上流传甚广的民歌《十二生肖》① 为证:

　　哈乌尔哈乌尔是什么,遍布哈乌尔草原

　　格乌尔格乌尔是什么,遍布格乌尔草原

　　那就是排在十二生肖第一位可爱的小老鼠,满住莫日根

　　哈乌尔哈乌尔是什么,遍布哈乌尔草原

　　(走起路来) 震动大草原,养育了众生的

　　那就是排在十二生肖第二位的勤劳的牛,满住莫日根

　　住在石崖下有黑色斑纹的是什么,能攀上石崖有黄色斑纹的是什么

　　那就是排在十二生肖第三位的威风凛凛的老虎,满住莫日根

　　藏在灌木丛中灰色凸眼的是什么,从灌木丛中敏捷跃出的是什么

　　那就是排在十二生肖第四位聪明的兔子,满住莫日根

　　天上游走青色的是什么,从天而降青色的是什么

　　那就是排在十二生肖第五位高贵的龙,满住莫日根

　　慢慢爬像松软的皮绳,快快爬像细长的毛绳

　　那就是排在十二生肖第六位灵活的蛇,满住莫日根

　　一岁两岁学步成长,三岁四岁就能骑上奔驰

---

　　① 肃南裕固族自治县裕固族文化研究室、张掖电视台合作收集整理和制作:《裕固族原生态民歌档案》,中国国际广播音像出版社 2008 年版,A 盘,安梅英演唱。

那就是排在十二生肖第七位矫健的骏马，满住莫日根
长到三岁可以生产，生下的幼崽在草原上撒欢
那就是排在十二生肖第八位温顺的羊，满住莫日根
灵活摆动着细长的尾巴，领着一大群幼崽
那就是排在十二生肖第九位机灵的猴子，满住莫日根
把睡着的人们按时叫醒，赶着牲畜去牧场
那就是排在十二生肖第十位守时的鸡，满住莫日根
呀里呀里啃着骨头，呼儿呼儿地看守着营盘
那就是排在十二生肖第十一位忠诚的狗，满住莫日根
放开它时呼哧呼哧地叫，抓住它时吱吱地叫
那就是排在十二生肖第十二位憨厚的猪，满住莫日根
有水的地方有它的影子，有草的地方它过夜
十二个月满一年，骆驼集中了十二生肖的所有特点，满住莫日根

裕固族用生动的语言将十二生肖中的每一种动物描写得活灵活现，既富有情趣又便于记忆和传诵。我们在关于回鹘人的历史资料中也能够发现裕固族使用的这种生肖纪年法，各种碑铭中都以此法来记录事情发生的时间，如回纥突厥文《葛勒可汗碑》中有"羊年（743年）我出征了""兔年五月……在于都斤山里……""他们也同时使用唐朝的开元历"[①]。与此同时，由于与汉族频繁往来，裕固族也同时使用农历及后来的公元纪年。裕固族同时使用这两种方法完成对时间的划分，将个体生命、社会生活、生产等都纳入了这一划分体系中，并通过算卦在这一体系中精确定位每一个时间点。

传说很久很久以前，在裕固先民居住的地方有一条河流，名叫母亲河，人们在那里繁衍生息，一年又一年，无法纪年，也无法纪生肖。于是可汗提出用动物排列，如何排名顺序，确定哪些动物作属相人们争论不休。可汗说，我们自己知道附近有哪些动物，就确定。人们最后确定了十二种动物，但是排名次就难办了。可汗说，把十二种动物赶到河里，谁先到对岸，谁就可以当第一，按先后顺序排列。人

① 杨圣敏：《回纥史》，广西师范大学出版社2008年版，第136页。

们赶着牲畜、赶着动物来到了母亲河，过河时，老鼠怕被淹死，急忙爬到牛背上，到对岸老鼠先跳下来说，是我第一个到岸上的。人们就按过河先后顺序排名十二生相，从此有了纪年的属相。①

裕固族的时间观与族群生活空间存在密切关联。这种关联性，从民歌《十二生肖》中可见一斑。裕固族十二生肖纪年中的十二种动物及排序与汉族采用的十二生肖纪年一致，依次为：鼠、牛、虎、兔、龙、蛇、马、羊、猴、鸡、狗、猪，但是民歌唱词最后增加了骆驼这一动物类别，认为"十二个月满一年，骆驼集中了十二生肖的所有特点"，而骆驼的性格"有水的地方有它的影子，有草的地方它过夜"与裕固族人逐水草而居的生活方式非常类似，因而被裕固族人赋予了比其他十二种动物更高的寓意。从唱词中对十二种生肖动物的描述词汇，我们可以显而易见地看到裕固族人把这十二种动物与其世代生活的草原建立了直接关联，例如"遍布格乌尔草原"的小老鼠，"（走起路来）震动大草原，养育了众生的"②牛，"住在石崖下，能攀上石崖"的老虎等，这些描述均直接指向了裕固族人世代生活的生存环境、生活方式、生产方式。

物理学意义中决定物质存在或者说定义物质存在的是时间和空间。时间、空间和物质三者不可分，是解释世界的一种整体性视角。人作为物种之一的存在形式，也同样是被时间和空间定义。不同的文化情境下，时间和空间作为物质世界的两种度量衡方式，共同构成了特定文化语境下的时空统一体，"承担着价值、秩序、象征、场域等的表达"功能③。

裕固族人在群体之内以己身为中心将人分为骨亲与非骨亲，赋予每一个体与己身相应的身份，并在日常生活中赋予这些个体身份以实践的意义和作用。理论描述层面，如果我们将裕固族关于社会血亲的各种观念及通过这些观念形成的人际、代际关系看作裕固族社会对物理性存在主体"人"做出的分解图式，其目的是帮助我们理解这个族群内部的每一个体，就如同我们通过勾画分子图去理解某种物质一样；那么，生活实践层

---

① 白信文：《尧熬尔史文集》，中国戏剧出版社 2013 年版，第 69 页。

② 裕固族地区的牛以高山牦牛为主，牦牛是裕固族人的重要食源，包括酥油炒面茶的原料如酥油、曲拉、酸奶、鲜奶、奶皮子等，制作毛帐篷的牦牛毛、绳子等，日常食用的牦牛肉等，所以歌词中唱到的"养育了众生"所言不虚。

③ 罗红光：《人类学》，中国社会科学出版社 2014 年版，第 149 页。

面，这一分解图式中的个体身份和关系又是如何呈现的呢？所以接下来，我们将从时间和空间的定位视角，通过裕固族个人和群体的生活世界，来反观作为裕固族亲属制度基本构成的那些要素包括文化血缘、社会血亲、性禁忌、称谓制度、性生活模式等是如何得以成为裕固族人的社会实践。

第七章

身体时间

任意一个人的生命周期都可以不同的方式完成，但如果把这个人界定为裕固族，那么一个裕固族人的一生却必定要经历剃头礼、婚礼、葬礼这三个人生仪式。针对独个仪式的分析，我们认同前人的结论，即过渡仪式即是改变事物分类属性的仪式。① 我们也认同，社会身份是社会对个体的一种分类，仪式主体的分类位置会经由过渡仪式而改变。人类是一种必须依赖分类才能认识世界的动物，我们会尽力把世界上的万事万物归入某一个类别中。② 但是，如果把个体生命周期中所经历的不同生命节点和过渡性仪式作为一个整体进行分析，我们发现，经由过渡仪式所进行的个体社会身份分类，对于族群而言仅仅是更长时间范畴内的一种关系生产方式。这些人生仪式，在个体层面，完成了不同生命时间点上的时段性过渡和社会身份建构，并形成一个模式化的、闭环的个体生命历程；而在族群层面，则完成了关系的生产、复制和更新，使之在特定时间内得以维持其族群性。"一个群体的各种制度的整体导致一套社会组织及其运作机制，由此组成了一种基本自洽的生活方式。"③ 人生仪式作为裕固族"基本自洽的生活方式"的重要构成，为我们提供了解析这一生活方式背后所蕴含的"各种制度的整体导致一套社会组织及其运作机制"的入口。

每一个裕固族人的生命历程都有几个重要的时间节点：出生、剃头、

---

① ［法］布迪厄：《实践感》，蒋梓骅译，译林出版社 2012 年版，第 298—299 页。

② ［法］涂尔干、莫斯：《原始分类》，汲喆译，上海人民出版社 2000 年版，第 53 页。

③ 蔡华：《人思之人——文化科学与自然科学的统一性》，云南人民出版社 2008 年版，第105 页。

结婚、死亡。每一个时间点都意味着一种特定的人生仪式。① 仪式不仅意味着个体身份的改变，而且是整合所有社会关系的过程。孩子出生后，亲属探望、邻居帮忙、朋友送礼；三岁剃头时，执剪的顺序、送礼的轻重掂量；婚礼时，女子戴头面，女伴儿的选择、客人送礼；葬礼时，抬尸体的人选、埋葬地点等各种因素的考量，都是建立在裕固族个体身份认定制度之上的一套关系的实践过程。

一　出生与命名

裕固族迎接新生命的传统方式与游牧的生活方式紧密相关。② 女人即将临盆时，会被安置在帐篷的右下角落，或为其单另搭建一顶临时帐篷，男性被禁止进入帐篷。帐篷内铺一层羊粪，女人卧躺在羊粪上，身被毡毯。如果家中无有经验的女性，会提前请其他女性邻居来帮忙。如果找不到女性帮手，只能由丈夫帮忙剪断脐带。

> 那时候住的是毛房子，左边是炕，男人和客人来了都是往左边，女人和孩子都是右边坐。生孩子的时候，男人不进来。帐篷右边的角落里铺上羊粪，女人躺在上面生孩子。提前用松柏枝熬上水，生完孩子后给孩子用松柏枝水洗干净。③
>
> 我娘母子生我弟弟的时候，我也就五六岁的样子，肚子开始疼的时候就让我去找一个老人来帮忙，她是我妈妈的叔伯婶子，也就是舅母。生的时候我弟弟的脐带不下来，又请了几个阿卡来念经，五几年的时候大夫少得很，就请阿卡念经祈福母子平安。阿卡念经念了一天

---

① 特别说明：因在第五章"明媒正娶"中已完整描述了婚礼过程，故此章略去"婚礼"这一人生仪式，不做重复论述。

② 需做两点说明：一是居住空间变化，二是行为方式变化。笔者在2008—2009年正式田野调查期间，除极少牧户在夏场和秋场仍旧会使用毛帐篷做短期居所（1—3个月），随着20世纪80年代初期的草场家庭承包制落实，当地牧民逐步在各家划定的春、夏、秋、冬四季牧场上修建了砖木或彩钢房屋，毛帐篷逐渐被弃用。2016—2018年笔者再次回到田野地时，毛帐篷已绝迹，只能在博物馆陈列中觅得踪影。伴随着生活环境条件的变化，部分习俗行为也失去了实践土壤，例如现在裕固族女性都是在医院分娩；由于孩子出生后要上户口，所以大名即正式的名字可能会与昵称同时或更早选定。但是，也有很多行为方式继续保留，例如请阿卡给孩子命名，以及取名和气运关系的认知。

③ 摘引自2017年10月30日田野笔记。

多，还没有生下来，我阿扎（父亲）把么么（母亲）扶着到帐篷外面去尿水（小便），不知怎的一下子就生下来了。七几年的时候裕固族生孩子还讲究在孩子肚脐上放一点点麝香，说可以防止孩子肚子疼，不受风。①

分娩后的遗留物如胎儿胞衣等，均被视为肮脏之物，需及时处理。这些脏物需掩埋在远离帐篷的地方，不能掩埋在帐篷后面，只能在帐篷前方或者两侧方向的远处掩埋。掩埋的地方必须是不见阳光的阴处，而且掩埋时不能让乌鸦和鹊鸟看到。裕固族人认为这两种鸟都有灵性，乌鸦与死亡、倒霉、坏消息等不吉利因素有联系，平时见到乌鸦人们会想法撵开；而喜鹊与乌鸦的寓意相反，是喜事、好运等吉利因素的预兆，也不能让它看到不洁之物。

女人生产七天后，必须"包羊皮"。宰一只羊，去四蹄，用刀从蹄处开始朝羊上体剥皮，剥到颈部，去除头部后把整张羊皮趁热披在产妇身上，接着喝一碗热乎乎的羊肉汤。出汗后，把羊皮脱去，用青稞炒面擦拭全身，将汗水全部擦净后穿衣。"包羊皮"的目的是为产妇排毒排汗，防止产妇患产后遗留病症。

裹羊皮，也叫包羊皮。主要讲究操作的人要麻利，15 分钟内要把刚宰杀的热羊皮裹在病人身上，病人脱光衣服，必须在避风暖和的房间操作。羊皮裹上以后，羊的瘤胃热敷在病人的胸腹处患病部位。羊的瘤胃里倒入滚烫的花椒水和烧热的五色小石块等，趁热敷上或把病人的手脚泡进去。同时，煮上羊肉，病人和陪伴的人一起吃肉喝汤，病人发汗，汗快干时把衣服穿上，病人不能着凉。主要治疗关节疼痛、妇女月子病及疑难杂症。②

女人产后七日之内要忌门，禁止亲朋探望。有非常讲究的人家，女人产后一个月内都要忌门。忌门期间，产妇和婴儿居住的帐篷，除家庭成员

① 摘引自 2017 年 10 月 31 日田野笔记。
② 王秀芸主编：《肃南裕固族自治县非物质文化遗产保护名录图典》，甘肃民族出版社 2016 年版，第 97 页。

外，外人一律禁止入内，其目的是防止传染疾病。一般情况下，产妇包羊皮后，亲属、朋友便可陆续来访。访客会为产妇和婴儿带来酥油、尿布、衣料等礼物。产妇包羊皮之后，就可以进行体力劳动了。

> 生孩子的时候，一般都是邻居和亲戚中的女人过来帮忙，比如帮忙打拌汤、熬米汤。裕固族女人也不怎么坐月子，过去老人们生了孩子也就是休息个 3—7 天，就开始干活了，根本没有现在年轻人坐月子的说法，那时候活很多，挤奶、打奶子等。我们妈妈生最小的弟弟的时候，休息了三天就下地干活了。记得那时候外面正下大雪，把房子都快压塌了，生完孩子就要搬房子。那时候吃的也没有什么讲究，也就吃个青稞炒面糊糊，里面放点花椒，说是可以祛风。①

孩子出生后，首先获得的是昵称。昵称的取名方式具有很大的随机性，人们通常从日常生活中可见的各种事物信手拈来。有的昵称取自孩子自身的形体特征，如"胖丫头"；有的源自家中某种牲畜，如"山羊羔子"；有的来自家中长辈的岁数，即孩子出生当年长辈的年岁，例如一位姑娘的小名叫乃曼（裕固语数字八），因为她出生当年家中奶奶正值 80 高寿。孩子 7 岁或 8 岁时会获得一个正式的名字。一般情况下，这个名字需要特意请教阿卡。部落时期，宗教人士几乎是裕固族中最有学识的人，所以人们会想方设法向阿卡求名。

> 名字要找阿卡给取。阿卡会问孩子是哪年哪月哪日生的，身体好不好，脾气怎么样，好不好带。把情况都问清楚后，阿卡要先算这个孩子的气运怎么样（裕固语"lɔŋdar"，与汉族所说"命运"有类似之意），阿卡给孩子取名字的时候，先算这个孩子的气运，然后根据孩子的气运来取名字。气运好的话名字可以取得大一点，比如可以用"月亮"这样的名字；如果孩子的气运一般或者不好的话，名字就不能取大了，否则就压不住。②

---

① 摘引自 2017 年 10 月 29 日田野笔记。
② 摘引自 2017 年 11 月 3 日田野笔记。

根据个人气运取名这一说法是受访者的一致共识。裕固族认为不同的气运由不同的星宿代表（裕固语"pɔdəŋ"，指天上的星星、星宿、星座），每一个人身上都有星宿。星宿有三种颜色，分别是白色星宿、绿色星宿、红色星宿。从气运强弱来说，最厉害的星宿是白色星宿，其次是绿色星宿，最一般的是红色星宿。一个人身上星宿的颜色如果淡弱，就代表着此人气运不佳，或者被不洁之物附身了。

一个人的星宿一般会一辈子跟着你，除非发生意外或不好的事情。老人常说，晚上走路的时候，如果要往后看，不能突然地转头，不然肩头上站着的星宿就灭了，恶东西就会上身，要慢慢地转身向后看，因为星宿通常站（注："站"这一词是当地口语化表述，并不明确指向某种身体姿态，只是表明一种空间占位状态）在个人的肩头①。

二 剃头礼

裕固语"tɔryei tarila"直译为"剃头"。有一句裕固族谚语说"马驹剪鬃才算马，娃娃剃头才成人"②，明言了剃头礼的"成人"意义。裕固族孩子三岁行剃头礼，是个体生命历程中第一个重要人生仪式。

老人相传，天上有聚集在一起的六颗星星，被称为米切德（裕固语称为"mitʃid"）。这六颗星出现时，会给孩子带来灾难，为免除灾难，孩子三岁时必须举行剃头礼。裕固族关于这六颗星星有专门的唱词，但是现在基本上没有人会唱了。听老人讲，以前的唱词中逐个列举了这六颗星出现后会对人和牲畜带来的各种灾难，例如孩子小小的可能就没（死）了，家里老人去世，夫妻俩人中有人身亡或全部身亡，牲畜得病或死掉等。裕固族认为，给孩子举行剃头礼就能保佑孩子一生平安健康。③

---

① 摘引自 2017 年 11 月 3 日田野笔记。
② 白信文：《尧熬尔史文集》，中国戏剧出版社 2013 年版，第 60 页。
③ 摘引自 2008 年 10 月 27 日田野笔记。

　　"三岁"的"岁"实际是指"生相",也就是说只要孩子的年纪包含了三种生肖即可行剃头礼。比如,一个孩子在2007年11月出生,那么到2009年1月即可行剃头礼。按照裕固族的传统纪年方式,三年分别跨了三个属相年,即"三岁"。

　　剃头礼前,要提前卜算仪式举行的良辰吉日,确定第一剪的人选,邀请仪式主持人和唱词人,分别通知亲属、朋友和邻居。

　　　　那时候孩子三岁剃头只有亲戚才来[①],有牲口的给牲口,小牛犊或者小羊羔。我们说的亲戚是指媳妇的娘家人、婆家的人、舅舅家等,不请外面的人来,不是亲戚不请,而且主要是请亲戚中的老人,请老人给孩子剃头希望孩子长命百岁。第一剪刀的人要算生相,孩子的生相和第一剪人的生相要合。算生相老人也可以,阿卡也可以。一般是5岁一个生相,或者9岁一个生相,属兔的人要找属羊的人剪,属兔的人剪也可以,必须要生相合。[②]

　　举行仪式时,所有来宾按序入座。孩子的爷爷、奶奶、舅舅居中坐在正上方位置,其他男性亲属在两侧按辈分和年龄依次落座,随后女性亲属在两侧男性亲属的下方落座。母亲抱着孩子面对众人而立,一人在侧手端一只盘子(一般是受礼孩子的父亲);盘中放置一个用酥油拌炒面做成的圆圈,面圈上摆放四块酥油并呈四角构形;面圈左侧放一只小碗,盛放纯牛奶;面圈右侧放一把铁剪刀,手柄尾部系着一条白色的哈达。

　　仪式开始,首先由主持人或唱词人为孩子祝福并唱诵祝词[③]:

　　　　天地间最大的是太阳
　　　　赶太阳最好的日子是每年五月初几
　　　　赶月亮最满的时候

────────────

　　① 受访人口中的"那时候"主要指20世纪90年代之前,牧区各类宴席之风尚未盛行的时候。笔者田野调查期间,当地以人生礼仪为主的各类宴席规模已基本扩大至整村或多个村的范围。
　　② 摘引自2017年10月30日田野笔记。
　　③ 八十三岁裕固族老人尕尔玛什旦口述,田自成整理,参见中国人民政治协商会议肃南裕固族自治县委员会编《肃南文史资料》(第一辑)(内部发行),1994年4月,第132页。

月亮最满最圆是每年的六月十几①

帐篷右面是放灶具、牛奶、女人做家务的地方

从今往后

家里的牛发展得漫山遍野，多得像野牛一样

挤出的牛奶多得像河流的漩涡一样回旋流淌

帐篷的左面是客人就座、待客、休息的地方

从今往后

家里养的枣红马多得圈滩里站不下

跑在前面的已参入了野马群

家里养的羊多得撒满山坡，就像白云一样在草原飘荡

跑在前头的已和野生的大头盘羊伙了群

祝词唱诵完毕，开始给孩子剃头，并唱《剃头歌》②。唱诵的过程中，盘中预先准备好的剪刀在不同人手中依次传递，为孩子剪发。

选中吉祥的年份，吉祥的月份，

选中这吉祥的日子，吉祥的时辰，

幸运即将降临娃娃身边。

头发穿过洁白的"亚特玛"，意味着什么？

牧养千只白羊，享受万千幸福。

（众人附和：但愿如此吉祥③）

用金剪子剪去左面的头发，意味着什么？

家聚黄金般的富有财产；

用银剪子剪去右面的头发，意味着什么？

要走银光般的光辉前程。

---

① 裕固族人为孩子选择剃头礼的日子一般会定在农历五月初四或六月十三，认为这两个日子或这两个时间段寓意吉祥。

② 裕固族地区流传着不同版本的《剃头歌》，但内容基本一致。早在 20 世纪 80 年代初期，当地就有一批有识之士开始进行裕固族民俗、民歌、谚语、谜语等方面的搜集整理工作，时至今日，已经形成了不同版本的资料汇编。以有据可循为前提，兼顾语言翻译"信、达、雅"的原则，此处我们选择《肃南裕固族自治县非物质文化遗产保护名录图典》中收录的《剃头歌》为参照文本。

③ 剃头礼现场，众人附和"bɔldə e – "，词义为"是的、好的"。

（众人附和：但愿如此吉祥）

用铁剪子剪去头发，意味着什么？

像铁一样顽强的生命，像天一样广阔的福气。

（众人附和：但愿如此吉祥）

高高的山上扎着帐篷，辽阔的草原上放牧着牛羊，意味着什么？

像大地一样繁荣昌盛，像大海一样波澜壮阔。

（众人附和：但愿如此吉祥）

像六字真言一样充满智慧，像洁白米粒一样蕴含美好。

（众人附和：但愿如此吉祥）①

　　执剪行为具有丰富的社会化内涵。如果行礼的孩子是男性，第一剪需从左边落剪；如果是女性，第一剪则从右边落剪，常言所谓"男左女右"。剪发的顺序是先剪左右两边的头发，然后再剪头部中间和后面。一般而言，第一剪的执剪人是受礼孩子的舅舅，之后依次是孩子的爷爷、奶奶、舅母、叔叔、姨娘等亲属，按照辈分的优先顺序依次拿剪。执剪人先后排序的依据是与受礼孩子亲属关系的远近，而亲属关系中的远近亲疏则又决定了执剪人赠送给受礼者礼物的贵重程度。受邀参加剃头礼仪式的所有人，每人都需执剪为孩子剪下一缕头发，剪下的头发放置在盛放着酥油面圈的托盘中，然后用手指蘸取一点酥油点在孩子的额头和嘴唇上，同时大声说出对孩子的祝福以及送给孩子的礼物。对于裕固族人而言，舅舅为尊，作为第一位执剪人，舅舅赠送的礼物也最贵重，一般是一头牛；其他近亲属也多选择赠送牛、羊等牲畜，而关系较远的来宾则多会选择赠送现金、被褥、首饰等。每一位执剪人许诺礼物后，在场众人齐声高呼"bɔldə e－"（词义为"是的、好的"）。这声高呼包含多重情境含义：首先是祝福孩子长寿，其次是见证送礼和受礼这一过程，再者对现场气氛起到了很好的烘托作用。

　　剪发完毕后是剃头。所有来宾执剪完毕，最后由受礼孩子的舅舅为其剃头。所谓剃头，并非是把全部头发剃光，而是保留孩子头顶部的一小片头发，仅把周边的头发剃净。保留受礼孩子头顶部的头发具有两层含义，

　　① 王秀芸主编：《肃南裕固族自治县非物质文化遗产保护名录图典》，甘肃民族出版社2016年版，第42页。

一是为那些前来参加剃头礼但路途耽搁的人特意保留，二是意味着众人对受礼孩子的祝福细水长流，绵延不断。受访老人回忆道，裕固族人部落时期，不论性别，孩子剃头礼后头顶部的那片头发会一直保留；如果是男孩子，周边的头发日后长起来就要剃光，待顶部的头发长长后编成一根辫子，称为"帽盖子"（裕固语为"mɔgezi"）[①]；如果是女孩子，周边的头发长长后编成十二根小发辫，左边六根，右边六根，称为"果尔梅"（裕固语为"gɔrmer"）；女孩子一直梳此发式，直到戴头面时方才改梳成三根辫子。

笔者 2008—2009 年田野调查期间，参加了一场剃头礼，概况如下：

2009 年 1 月 1 日，华云为儿子举行剃头礼。按足月来算，孩子只有 16 个月大，但已跨三个年头，占了三个生肖，便可以行剃头礼了。华云家的亲朋好友从四面八方赶来。远的提前一两天便已到达，近的当天一早陆续出发。

我当时住在华云的邻居田世明家，两家之间相隔约两公里。华云和田世明两人既是姨娘亲的兄弟又是邻居。从市里和县城赶来的部分亲友提前到达后住在田世明家。天还未亮，万雪华（田世明的妻子）便起床打茶，他们夫妻俩都是这次剃头礼摆席的东家（意为帮忙的人），要尽早赶去华云家帮忙。

这次到华云家帮忙的人都是同村的亲戚、朋友、邻居。这些人没有报酬，但主人家会提前专门宴请，叫作"请东家"。草原上，有一家来了客人，亲属、邻居都会来帮忙，或者被邀请同欢。剃头礼、婚礼、葬礼这样的重大场面，如果没有人帮忙，单凭一家之力在牧区是不可能完成的事情。这次华云请来的东家就有二十多位，其中又进行了很细致的分工。有一位总东家，负责分工、协调；一位副总东家，主要负责餐食；总东家之下，有各司其职的东家，如饮食方面有各自负责择菜、洗菜、炒菜、切菜、洗碗、煮肉等事务的东家，招待方面则有分别负责迎客、倒茶水、上菜、敬酒等活计的东家，大家分工明确，配合默契。

---

① 1949 年之前，裕固族男性不论老少，均留此发式，终生保持。

长辈执剪（林红，摄于 2009 年 1 月 1 日）

　　到了阿卡算定的仪式时辰，华云的妻子君玉兰抱着孩子出来了，站在院子中间，剃头仪式即将开始，由同村人江国云主持。江国云左手端着一只盘子，盘底垫着一条黄色的哈达，上铺一层米粒，米粒上放着一个用酥油和炒面捏成的空心圆圈，圆圈上还均匀地涂抹了一层黄灿灿的酥油，盘沿上放着四小块酥油，一把系着黄色哈达的剪刀放在酥油炒面圈上。主持人宣布剃头仪式开始，她一边唱着祝词一边将盘中的酥油炒面圈小心翼翼地放在孩子的头顶，然后把剪刀递给了孩子的舅舅南峰。南峰在身边老人的指点下从酥油圈的空心处挑起一小撮头发剪下来，放在盘中，并用手指抠了一点盘沿上的酥油点在了孩子的额头上，随后将一条哈达挂在了孩子的脖子上，高声说道："花牛犊一头！"声音未落，周围人齐声高呼"bɔldə e-！"这时，有一位专门负责敬酒的人端着酒碟子向南峰敬酒（注：敬酒人一般是受礼孩子的近亲属例如父亲、爷爷、叔叔等）。酒毕，主持人又将剪刀依次递给了孩子的爷爷、奶奶、舅爷爷、舅奶奶等亲属，亲属剪完之后则把剪刀递给在场的其他亲朋。

凡是拿剪刀给孩子剪过头发的人，都要送上一份礼，或牲畜，或现金，或其他礼物，有专人在一旁登记入账。仪式持续了约半小时，之后众人开始入席。

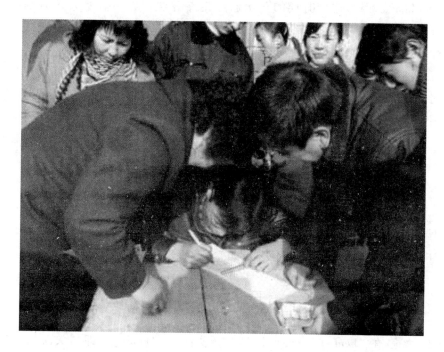

剃头礼礼金记账（林红，摄于2009年1月1日）

当晚，华云核算了一下这次剃头礼的收支。共收得礼金6460元、31只羊、3头牛（赠送牛的人分别是舅舅、曾爷爷、爷爷），折价共值2万多元；摆席十桌，其中两桌招待东家，七桌招待客人，还剩余一桌，加上从外地请厨师及购买各种菜料、酒水，共耗资3000多元；这样，净入账17000元左右。孩子母亲君玉兰告诉我，这些礼将来都要通过不同形式陆续还回去。

无论过去还是现在，裕固族人为孩子举行剃头礼都包含三层意思。首先，经历了三个生相年的婴儿从剃头礼开始作为一个独立个体获得了社会的承认。裕固族人称呼不满三岁的婴儿为"murhqa mula"，"murhqa"为形容词，意为"软软的、娇弱的"，"mula"意为"孩子"。

如果人们说"那个女人的娃子是个 murhqa mula",意思就是说"那个女人干什么都不方便,因为她的孩子太小要花太多精力照顾"。举行剃头礼以后,人们便直接称呼孩子为"mula",而不再使用形容词"murhqa"。因为这个时候的孩子已经走路并学话,不需要大人时刻抱着。从某种程度上来说,三岁时的孩子身体骨骼发育起来了,已脱离了对父母完全、绝对的依赖,开始拥有作为个体的独立性。而剃头礼的举行,则是社会对孩子这种刚刚开始形成的个体独立性予以承认。其次,剃头礼是社会为孩子举行的一种祈福仪式。作为独立个体的真正开始,刚刚学会走路的孩子将来还有很长的路要走,家庭和社会为他/她行此礼祝愿吉祥相伴,表达了众人的美好愿望。最后,剃头礼是孩子获得社会身份的一种仪式。凡参加孩子剃头礼的人都会给孩子送礼,用裕固族人的话说"从此以后这孩子也有了自己的财产"。草原上,牲畜是牧民生存最重要的物资。在用经济标尺衡量个体身份地位的社会,拥有财产的同时便被赋予了相应的社会身份。剃头礼之后,孩子名下拥有了牲畜、金钱,也便获得社会赋予的身份。

三　戴头面

裕固语"kenbeʃ bergə we"即"戴头面"。"kenbeʃ"即"头面",是裕固族成年女性的象征饰物。女子年满 15 岁或 17 岁时,必须举行戴头面仪式,昭告成年。所以说,"戴头面"仪式就是裕固族女性的成年礼。但是,裕固族男性并没有类似的成年礼。

"头面"是伴随裕固族成年女性一生的重要饰物。从戴上头面之时起,直至终老,头面时刻伴随女性。曼内海姆基于 1906—1908 年的实地考察写成的长篇调查报告《撒里与锡喇尧乎尔人访问记》提到:

> 女人的服装和男人很相似,夏装和汉人相似。男女服饰的衣边要用毛皮绣上,很像柯尔克孜和蒙古族的服饰。女人头饰很特别,挂在胸前的是两条很长的布带子,上面缀有各种小片的珊瑚、玻璃,还挂一整串的铜戒指,汉族人用它来做顶针子,再下面挂一大块金属物,金属物下面是一小穗,一直拖到地。胸带旁边是一小口袋,上面绣有汉族风格的图案。后背挂一又长又细的布带,布带上面缀白骨做的大

扣子。头上通常戴一顶蒙古式的毡帽。这种奇特的服饰只有已婚的妇女才能享用，而且一直戴到死，进入墓中。①

一副老头面（林红，摄于 2009 年 1 月 31 日）

头面的打造过程，从用料到做工都比较复杂。一副上好的头面，主要用料包括布料、银、珊瑚、宝石等。裕固族没有银匠类从业者，所以头面上的银饰都是请农区的银匠专门打制。头面所用布料和皮料部分一般自己完成。头面的构成分为上下两部分，衬底一般选择使用绿色或者紫色的布料；上半部分由二十厘米左右宽的布料折叠成七折，寓意七生七世发财吉祥；然后将一个一个戒指模样大小的玉圈、珊瑚圈、铜圈、银圈套在布料上，一个接一个套成一串；富裕的人家会串很长一串，贫穷的人家则少串一些；下半部分是排列的扁长形银片，上可镶嵌玉石、珊瑚等珍贵物饰，

① 钟进文从曼内海姆的长篇调查报告《撒里与锡喇尧乎尔人访问记》中摘取其第一部分"在撒里尧乎尔人中间"，由英文译成汉文，收录于《中国裕固族》一书中，参见中国人民政治协商会议甘肃省委员会文史资料和学习会员会等合编《中国裕固族》（甘肃文史资料选辑第四十六辑），甘肃人民出版社 1997 年版，第 17 页。

下缀彩色的毛线穗子。

关于裕固族头面的起源，有一个优美的传说：

传说裕固族祖先居住在西至哈至时期，那里有两座山，一座白山和一座黑山。白山下住着白头目领导的裕固族部落，黑山下住着黑头目领导的外族部落。白头目手下有一位大圈头，总是伺机篡夺头目之位，但总是无法得逞。后来他想到一个狠毒的计策：挑起白头目和黑头目之间的矛盾，进而引发两个部落的战争，借黑头目之手把白头目杀死，这样他就可以名正言顺地当头目了。

白头目和黑头目终于在大圈头的挑拨下打起仗来，而且战争越演越烈。两个部落之间的战争持续了很久，每次战争都是白头目输。原来，每次战争前大圈头都暗地里把白头目召集部落会议商定的计策透露给黑头目，而白头目却被蒙在鼓里。白头目部落兵马越来越少，最后自己也身负重伤。眼看部落将要遭灭顶之灾，白头目的妻子萨里玛珂挺身而出，换上战袍，提着丈夫的战刀，率领部落里的年轻女人组成了一支女子大军杀向战场。部落里的男人们顿时受到鼓舞，和女人们一起杀向黑头目部落。萨里玛珂率领军队趁天黑冲进黑头目的营地，杀得黑头目措手不及，损失了大部分兵马，黑头目也受伤逃回了自己的部落，再也不敢来侵犯白头目部落了。

白头目听到妻子胜利归来的消息，赶紧拄着拐棍到门口迎接。萨里玛珂虽然挽救了整个部落，但她一点都不邀功。看到丈夫带病出门迎接自己，连忙下马跪在丈夫面前，双手送还宝刀，安慰他灾难已经过去。全部落的人都为萨里玛珂的品行感动了，对她更加爱戴。大圈头的诡计没有得逞，对萨里玛珂恨之入骨，心想如果不把萨里玛珂除掉他就永远当不了头目。看见部落人对萨里玛珂无比拥戴，大圈头就时不时在白头目面前说："萨里玛珂在部落里的威望已经远远超过头目您了，你的女人已经骑到你的头上了。"白头目原本就小心眼，一听这些话，果真开始怀疑妻子并逐渐疏远了萨里玛珂。而大圈头则以白头目要养病为理由总是不让萨里玛珂见白头目，总是说白头目的伤口还没有好。有时候，即使白头目心里觉得对不住萨里玛珂，想要见她，也都被大圈头想方设法阻拦了。

过了一些时日，萨里玛珂一直没有见到白头目，心里很难受，就很想回娘家探望父母。大圈头见时机到了，就满口答应为萨里玛珂准备马匹和礼物。他为萨里玛珂专门准备了一匹烈性马，马背上驮了两褡裢的礼物。萨里玛珂想要打开褡裢来看看是什么东西，大圈头不允许她打开，说："等您回来，头目的伤口就好了，你们夫妻就可以团圆了。这两褡裢的礼物是您丈夫的一片心意，他说要给您一个惊喜，让您到了您家的山冈上能望见娘家的帐房时再打开褡裢来看。"萨里玛珂听完，满心欢喜地骑着马带着礼物上路了。

到了娘家帐篷附近的山冈上，萨里玛珂远远地看见了父母的帐篷，兴高采烈地揭开褡裢的绳子想看看头目为她准备的礼物。突然一群鸽子从褡裢里飞了出来，烈马一惊，尥开蹄子跑了起来。萨里玛珂没有一点防备地被马甩了下来，一只脚套在马镫里，被烈马拖着从山冈上一直跑到山底。当娘家人抓住烈马的时候，萨里玛珂已经被拖成了血人：头顶冒血，两个乳房被乱石头刮得血糊糊，脊背被磨得只看得见白骨。她的家人哭得死去活来。

白头目部落的尧熬尔人听到萨里玛珂惨死的消息，都悲痛万分，要求白头目追查原因。最后，大圈头终于被揪了出来，白头目这才恍然大悟，但为时已晚。为了惩罚凶手，白头目也用同样的方法，挑了一匹最烈性的马，把大圈头的一条腿套在马镫里，在马后腿上猛地插了一把短刀，受惊的马拖着大圈头到处疯跑，大圈头的身子被路面上的石头刮得最后只剩下一条血糊糊的腿了。

为纪念曾经拯救了裕固族的女英雄萨里玛珂，裕固族姑娘出嫁时必须戴头面。头面分前胸两搭子和后背一搭子，前胸全部镶红色的珠子，代表萨里玛珂的两个乳房；后背全部用白色的石头镶满红色的布带，代表萨里玛珂的脊背骨；还要戴坠着红穗子的帽子，表示萨里玛珂头顶的鲜血；腰上要扎红腰带，表示萨里玛珂五脏六腑的鲜血。这些穿戴还有另一层意思：头面可以保护女人的前胸后背不受伤，帽子可以护着头，腰带可以护着肚子。

萨里玛珂去世后，白头目非常难过，实在不忍心在萨里玛珂住过的地方继续驻留。一天夜里，他在梦里看见了自己无比思念的萨里玛珂，萨里玛珂让他带领裕固族到东方去寻找新的草原，部落在那里将会更加兴盛。于是，裕固族在白头目的带领下开始了东迁，裕固族姑娘戴头面的习俗也世代流传了下来。①

　　这则关于头面来源的传说，至少包含四层含义②：第一，头面是裕固族女性的护身符，寄托了护佑女子生命安康之意；第二，头面传承了萨里玛珂的脊骨和血液，是一种裕固族女性坚强不屈性格特质的象征；第三，头面作为萨里玛珂精神的象征，某种程度可视为裕固族女性社会地位的隐喻，即"女子可顶半边天"，甚至在某些关键时刻例如男性无法起到守护家园的作用时可以扭转局面；第四，头面承载了裕固族的历史记忆，具有族群身份象征的内涵。

　　女子的发式在举行戴头面仪式时发生改变。未成年女性梳的十二根辫子③被打散，重新造型。头顶部的头发梳成一个发髻，上套一只海贝壳，就像扣子一样起到固定头发的作用；脑后的头发梳成一条辫子，正前方和两侧的头发合拢后均匀分成两股在左右两侧梳成两根辫子。戴头面时，先将头面固定在头顶的发髻上，然后将三根辫子分别套进头面上部的两侧串圈中，使头发隐藏在头面中。

　　戴头面仪式之前需要做大量的筹备工作。首先要请老人或阿卡算卜给姑娘梳头、戴头面的时间，从年、月、日具体到某个时辰，需要一一卜算。其次是选择陪伴行礼姑娘走完全部仪式过程的"伴儿"（裕固语"deɣətʃi"，意为"小姐姐"）。伴儿的身份必须是已婚的年长女性，而且伴儿的生相不能与行礼姑娘的属相冲突。一般情况下，人们首先会在已婚的女性亲属中寻找属相相合之人，近则如奶奶、妈妈、姐姐、妹妹等，稍远则如姑姑、姨妈、舅妈等均可。如果在自家亲属中无法找到合适人选，则扩大范围在邻居、朋友中寻找。找到合适的伴儿后，主家需带着礼物上门正式邀请，告知姑娘的情况及戴头面的具体时间；而且仪式结束后，主家还要再给完成了"伴儿"角色工作的人赠以肉份子、哈达、布料、馍

---

　　①　摘引自 2008 年 10 月 28 日田野笔记，同时参见肃南县纪念册编辑室《裕固之歌（1954—1984）》（庆祝甘肃省肃南裕固族自治县成立三十周年），1984 年，第 93—97 页。

　　②　关于头面的意义，裕固族中还存在一个说法：（老人说）女人戴头面的意思是把女人压住，如果压不住女人就会发动战争，就好比汉族女人要缠小脚（摘引自 2017 年 10 月 29 日田野笔记）。

　　③　辫子的数量不一定是十二根，也有七根之说，例如裕固族有一句谚语说"七根辫子是迟早要解开的，姑娘大了总是要结婚的"（引自白文信《尧熬尔史文集》，中国戏剧出版社 2013 年版，第 56 页）。

馍等物以作酬谢。最后是为行礼的姑娘扎新帐篷。举行戴头面仪式的前三天，行礼姑娘就必须进入仪式过渡状态。家人为其在自家起居帐篷旁边重新扎一项白色的帐篷。帐篷扎好后，行礼姑娘会在伴儿的陪伴下一起入住新帐篷，家人会将食物送到白帐篷中，或者二人在主帐篷内就餐，然后立即回到白帐篷。在这三天内，行礼姑娘和伴儿的日常起居均在白帐篷中。伴儿时刻陪伴在行礼女子左右，向她详细讲解戴头面仪式的细节及获得成年身份后的各种注意事项。戴头面仪式正式开始之前，伴儿提前在白帐篷中为行礼姑娘重塑发式，梳好三条辫子，然后将姑娘带入举行仪式的主帐篷。

行礼姑娘在伴儿的带领下从白帐篷进入主帐篷，预示着戴头面仪式正式开始。此时，主帐篷内等候的女性[①]都向姑娘围拢过来，大家一起为姑娘送上祝福。主持仪式的女性开始唱《戴头面歌》，众人便着手为姑娘戴上头面，并随歌声附和祝福："时时好！日日好！月月好！年年好！"

《戴头面歌》[②] 其实是歌手以行礼姑娘的口吻表达己身的切实心情：

啊咿瑙　勒日勒日么呀　啊咿瑙　勒日勒日么呀[③]

啊咿瑙　像道尔玛带穗子的帽子

啊咿瑙　这可怎么戴呀？

啊咿瑙　领子是圆的　像男娃的袍子

啊咿瑙　衣襟是圆的　像女娃的袍子

啊咿瑙　这可怎么穿呀？

啊咿瑙　勒日勒日么呀

啊咿瑙　不让父亲碰的头发

啊咿瑙　不让母亲碰的　能带来运气和福气的头发

啊咿瑙　勒日勒日么呀

啊咿瑙　不让哥哥碰的　马上要戴头面的头发

啊咿瑙　不让嫂子碰的　不顺从倔强的头发

啊咿瑙　勒日勒日么呀

---

① 一般情况下，男性也会被邀请出席，但不会参加戴头面仪式，参加仪式的以已婚女性为主。

② 肃南裕固族自治县裕固族文化研究室、张掖电视台合作收集整理和制作：《裕固族原生态民歌档案》，中国国际广播音像出版社 2008 年版，B 盘，杜秀兰演唱。

③ 语气词，没有实在意义，在演唱中起引起、承接、过渡、润音作用。

啊咿瑙　姑妈们聚在一起

啊咿瑙　即将拆开的辫子

啊咿瑙　怎么散开？

啊咿瑙　勒日勒日么呀

啊咿瑙　戴上我将成为女人的头面

啊咿瑙　怎么戴呀？

啊咿瑙　后面的背饰

啊咿瑙　怎么戴呀？

啊咿瑙　勒日勒日么呀

啊咿瑙　六十尺毡子做的帐房

啊咿瑙　怎么离开呀？

啊咿瑙　七十尺毡子做的帐房

啊咿瑙　怎么狠心离开呀？

啊咿瑙　这么矫健的青马

啊咿瑙　怎么骑呀？

啊咿瑙　勒日勒日么呀

啊咿瑙　那么刁钻的婆婆

啊咿瑙　怎么和她相处呀？

啊咿瑙　没见过面的丈夫

啊咿瑙　我怎么去见他呀？

啊咿瑙　勒日勒日么呀

啊咿瑙　上席坐的头目和喇嘛

啊咿瑙　要磕三个头怎么磕呀？

啊咿瑙　勒日勒日么呀

啊咿瑙　在婆家烧的第一锅浓茶　怎么才能体现我的贤惠呀？

啊咿瑙　系着哈达的长把勺子

啊咿瑙　怎么用它把茶调匀呀？

啊咿瑙　勒日勒日么呀

啊咿瑙　火塘边上常坐的是婆婆

今后的家务活怎么干呀？

　　头面戴上后，意味着礼成，行礼女子完成身份过渡；作为成年女性，被赋予了与男性交往、建立性关系、承担相应社会角色的身份资格。

四　葬礼

裕固族人生命历程的终点是一场告别和送别①。

> 人去世后，先把亡人的尸体用柏树枝熬的水洗净，装进白布袋子里，根据家庭财力请僧人念经（三天至七天不等），并请活佛算出殡的日子，过去都是天葬，1958年后开始为火葬。（裕固族）传统丧葬习俗为：请僧人到家里念经，并根据活佛算的出殡日子，由四人抬着，全村男人送葬，相互轮流抬，相互不说话，亡人不落地，抬到天葬台，放到石头上，再将白布袋子去掉。次日，小辈亲属早早地去天葬台，把骨头拾回。之后，一种是把骨头砸碎，在选好的地方埋掉；一种是把骨头砸碎，拌上红胶泥做成擦擦；再一种是把骨头砸碎，让骨又鹰吃掉。人去世后，家里一直要点酥油灯49天，其中一盏大灯49天不能灭，是亡人的指路明灯。还要煨塔色（用酥油、炒面、糖果等拌好，一天煨三次，一直持续49天，意为亡人的三餐）。②

人离世后，家人会临时扎一顶白帐篷用作停放尸体。停尸帐篷的结构非常简单：找四根长棍子，两根棍子的两头交叉在一起后用绳子绑缚，然后把一根长杆子横搭在由四根长棍子做成的支架上，将一块白布从长杆子上搭下来，两头拉开，尸体就停放在白布搭成的矮布棚里，从布棚的两头可以看见逝者的头部和双脚，以便前来看望的人能见到遗容。如果逝者为男性，需停放在帐篷入口处的左下方，头部朝向入口处即正前方向，双脚朝向下方，头枕一块石头，右肩部着地侧身面朝左、向屋外的方向停放；如果逝者为女性，则停放在帐篷入口处的右下方，头部朝向帐篷内正前方，双脚朝向下方，头枕一块石头，左肩部着地侧身面朝右、向屋外的方

---

① 此部分内容包含了田野调查期间诸位受访老人的讲述和笔者亲身的经历两部分，前者以回忆裕固族早期（以部落时期为主）葬礼习俗为主，后者以描述当下裕固族的葬礼习俗实践为主，二者之间既能看到习俗的传承，又能看到习俗的变迁。

② 王秀芸主编：《肃南裕固族自治县非物质文化遗产保护名录图典》，甘肃民族出版社2016年版，第99页。

向停放，亦遵循空间上"男左女右"的原则。①

随后，亲属、朋友、邻居等与逝者相识的人都会陆续前往看望。来者会携带茶叶、馍馍、炒面、酥油等熟食作为慰问之资；或者带一些新买的布条，烧给逝者以表赠衣之情。来客到达主家后，会把带去的东西烧给逝者，然后去探看遗容，之后接受主家招待，喝茶或者吃饭。

逝者遗体在家停放三天后送葬。部落时期，逝者不论死因、性别、年龄、地位，均实行白葬，只有德高望重的阿卡才实行火葬。每个姓氏都有自己的坟场，坟场的位置由先辈选定，或者经由阿卡选定。裕固族人生命终结之时，不论身在何处，不论路途多么遥远，遗体必须运回自己家所属的坟场。送葬时，遗体必须裸身。在裕固族看来，人赤身裸体地来到这个世界，也必须赤身裸体地离开；而且，人去世后要重新投胎转世，如果身穿衣服，会对投胎过程造成不利影响，而不穿任何衣物的逝者投胎会更快、更便捷。把遗体送去坟场之前，家属会将尸身用一块布做包裹，送达坟场后将布揭去。尸体送到坟场后，按照亲属关系的高低辈分停放。坟场地势一般比较高，多位于山上，有坡度。辈分高的逝者放置在高处，辈分低的逝者放置在低处，长幼有序。一般情况下，送葬人会在尸体上撒一些鸟雀、乌鸦、老鹰喜欢吃的食物，以吸引它们把尸体上的肉全部食尽，然后骨叉鹰再把剩下的骨头叼走，如此，逝者才算真正离开了。

部落时期，各部落都有专司送葬的人，被称为"打发人的人"。送葬之前，主人家会提前约好送葬人和阿卡，并准备好一头驮牛、一副牛鞍、一个捎褡。傍晚时分（约下午七点钟左右），送葬人如约到来，准备启程。把牛鞍套在驮牛背上，捎褡搭在鞍子上，捎褡两边装满羊粪，直到捎褡和鞍子的高度持平，然后把尸体平放在上面，交由送葬人送往坟场；距离坟场远的人家还需要为送葬人准备好路上的食物。送葬人赶着驮牛前行，专门送葬的阿卡跟在后面，右手拿着拨浪鼓，左手拿着铃铛，一边摇着铃铛和拨浪鼓一边念诵经文。阿卡送行一段路程后便返回，送葬人继续前进，将尸体运达指定的坟场。到达坟场后，搬下尸体，摆放在特定位置，并用一块石头把尸体头部垫起。男性逝者面朝右侧方向摆放，右肩部

---

① 裕固族人去世后，需脱光全身衣物，用柏树枝水（或蘸酒水）从头到脚擦洗一遍，并在死者口中放入一种叫作"玛尼丹"的藏药，后用酥油封住嘴巴和鼻子。尸体尚未僵硬之前要做收尸，即把死者从膝盖和肘部关节处收拢，使尸体呈弯曲状并双手合掌，遵守这一"男左女右"的原则，然后用带子捆扎成胎儿状，并用白布裹紧。

着地，侧身置于坟地上；女性逝者则面朝左侧方向摆放，左肩部着地，侧身置于坟地上。尸体停放妥当后，送葬人便离开，送葬完毕。

送葬途中，送葬人会与尸体保持沟通。由于驮牛走路不平顺，或者山路坎坷难行，尸体在牛背上可能因受到颠簸而发生倾斜；此时，送葬人不能用手把尸体扶正，而要与尸体说话，猜度尸体倾斜的原因，例如会问："你觉得哪些地方做得不好？你还有什么不甘心的？还有什么牵挂不放心的？你还有什么担心的？你还放心不下谁？还需要什么东西？是不是还要请阿卡念经？是不是还有什么东西要给寺院？要给阿卡？"等诸如此类的问题。在这一对话交流过程中，如果送葬人猜对了原因，尸体就会自己恢复平衡。送葬完毕返回到主人家，送葬人就会告知主人家：你家里人还有什么不放心的，还有什么事情没有做完，还有什么心愿未了，还想要什么东西等，主人家就会按照要求去完成逝者的愿望。如果死者想要某些物件，主人家就会把这些物件通过焚化的方式送到阴间，或者送给阿卡；如果死者还有未了的心愿，就要尽力帮助其实现和完成；最终让死者放心离去。

人去世后，要点 49 天酥油灯。裕固族认为，人有三个灵魂，一个在坟场，一个离开人体十年或二十年后会重新投胎转世为人，另一个升天了；多数人的第三个灵魂都会升天，只有罪人的灵魂才会被打入地狱。人去世后的 49 天里，他/她的灵魂还没有到达阴间，或者是在家和坟地之间来回游荡，或者在去往天堂的路上。所以，死者家人在这 49 天内要戴孝；家中日夜点着酥油灯，一是为了给死人脱罪，二是因为升天之路很黑，而且难走，点酥油灯是为了帮助灵魂借助灯光尽快到达天庭。葬礼期间，亲朋需要避免哭泣。因为人死之后，灵魂可能还在自家帐篷附近恋恋不舍；如果哭泣太多，逝者灵魂会难以割舍，无法安心上路；另则，逝者灵魂在去往天庭的途中，道路艰险，如果家人哭泣太多，可能会导致途中大雨倾盆，从而使得灵魂无法顺利到达天庭。

关于裕固族的丧事活动要过 49 天，有一则古老的传说：

> 相传很久很久以前，当时我们裕固族人的生产方式都还很落后，只进行简单的放牧是很难维持生活的，于是各家中的男人们在从事放牧的同时，也要进行打猎，得以获得肉食、毛皮，好让家人们美餐一顿或等山外的商人们来换点盐巴、茶叶；男人们都以射得一手好箭，

甩得准飞石为荣，谁进山后打得的猎物越多，谁的威信就越高。在裕固人大头目部落里，有个普齐阿瓦（注：名为普齐的老汉）就是这样一个有威信的人。他虽年近六旬，但身体健壮，性格幽默豪爽，为人正直，经常将猎物送给孤寡老人和人口多的家庭，在部落里数他最有人缘了。

起初，部落里的人在东牦牛山和西牦牛山①就能够获得猎物，随着天长地久的狩猎，以前成群成群的青羊、黄羊的数量越来越少了，康隆寺的活佛为了保护这里的野牲，下佛旨东牦牛山与西牦牛山禁猎五年，裕固人最信仰的就是藏传佛教，所以人人都十分自觉地遵守着这一道禁令。但是去新的狩猎场要经过一段十分危险的山路，这段山路依悬崖而走，往上看是峭壁，往下看是深渊，山路窄得只能容得下一个人侧身过去，这样一来，好多胆小的猎人只好绕很远的路去新的猎场。可是等他们走到了新的猎场，常常是错过了打猎的最好时机，有时空手而回，有时只能打到一些小动物或体乏无膘的野牲。这样经过了一段时间后，大多数猎人都放弃了打猎，将全部精力都用在了畜牧业生产上，只有少数猎人到新的狩猎区打猎，普齐阿瓦就是其中之一，并且他是唯一将青羊等野牲不卸成小块就能扛过悬崖的人，他的本领令部落里的每个人仰慕，并且他们隔几天总会收到一些普齐阿瓦送来的肥美野牲肉。

一天，普齐阿瓦打到猎物后往回转，路经山边的小河时，看到了一只黑色的鹤正在和一条白蛇搏斗。那黑鹤用尖利的嘴，铁钩似的爪子，对那条白蛇进行着猛烈的攻击。眼看白蛇处于劣势就要惨遭灭顶之灾了，普齐阿瓦眼疾手快地甩出了一块飞石，正中黑鹤的眼睛，黑鹤惨叫一声后，凌空飞起扑向普齐阿瓦，用它尖利的爪子抓破了普齐阿瓦的肩膀后逃走了。普齐阿瓦顾不上自己的伤势，他关心的是那条有着白色吉祥颜色的蛇的安危。到了近前，看到那条白蛇遍体鳞伤后十分心疼，用了他所有治伤的药粉给那白蛇敷伤口，然后小心翼翼地把它放在了一块被太阳晒暖的石头上，回到了家中。第二天，普齐阿瓦的邻居波罗发现一向早起的普齐阿瓦迟迟没有起床，就准备叫醒

---

① 东牦牛山和西牦牛山是裕固族人每年祭祀的神山（鄂博），康隆寺位于其间，两座山所在地原属于裕固族大头目部落游牧区域，现在仍然是裕固族人的聚居地域。

他，来到帐房里发现普齐阿瓦已经断了气。原来，普齐阿瓦被黑鹤抓伤后没有把一点小伤当回事，没有用药，也没有包扎，那黑鹤爪子上的毒要了普齐阿瓦的命。于是，波罗就慌慌张张跑到寺里去向活佛报信。活佛听了后并不惊奇，他说："我已经知道了，昨夜地藏王菩萨托梦给我，说普齐阿瓦是为了救他的使者而死，他要报答这个善良的人，你们回去后，好好保护他的身体，三天后自然会见分晓。"波罗回来后约了几个人看护着普齐阿瓦的身体。到第三天，普齐阿瓦突然笑着坐起来，波罗他们欣喜若狂，普齐阿瓦死而复生的消息传遍了整个部落。人们都来询问普齐阿瓦的神奇经历，普齐阿瓦就原原本本地讲给了他们。他死后不久就遇到了他救的那个使者——白蛇，那白蛇谢过他的救命之恩后就化作一座桥，桥的一端是一个十分清幽的花园。他慢慢地走过桥，来到了花园中。忽然，仙乐飘起，霞光四射，地藏王菩萨现身了，普齐阿瓦慌忙拜倒。菩萨现身后对他说："你救了我的使者，我要报答你，我加你十年阳寿，但你这次打伤了黑暗之神的眼睛，他为了报复，在你通往西天极乐世界的路上铺满了黑暗，使你迷失方向后坠入他的地府，成为他的奴隶而得不到超度。从人间到西天极乐世界有七七四十九天的路程，在这四十九天里，一定要点起吉祥的酥油灯为你灵魂照亮路程，你才能平安到达我这里。还有，眼泪是水的灵魂，你死去后你的亲人们不能流太多的泪，否则黑暗之神会利用水的灵魂制造出大海、大江，阻拦你，让你永远也到不了西天极乐世界，切记。"普齐阿瓦说完，邻居们都唏嘘不已。波罗满脸疑惑，问普齐阿瓦，你说从人间到西天极乐世界要走四十九天，可你为何三天就走了个来回呢？普齐阿瓦回答："我走的是白蛇化作的桥，当然三天就足够了。"果然，十年后，普齐阿瓦安详地闭上了眼睛，去了西天极乐世界。邻居和亲友们照着他曾经说过的话安排了他的后事，点起了一百零八盏酥油灯，长明灯一直点了七七四十九天。尽管亲友和邻居们都很悲痛，但都没有流眼泪。到了第五十天的晚上，所有的人都梦到了红光满面的普齐阿瓦向他们拱手道谢，说他已平安到达。这事儿像风一样传遍了草原，为了使死去的亲人能够平安进入西方极乐世界，免受黑暗之神的报复，于是，草原的人们都按照这种方式操办丧事，这种方式渐渐地流传了下来，成为一种习俗。直到今天，裕固人仍然以这种方式操办丧事，点七七四十九天长明灯，尽量不哭，不给黑暗之神以可乘之机，以使灵魂得到超度。①

时至今日，裕固族的葬礼在形式上已经发生了改变，但从细节处仍旧能够看到习俗的历史延续和传承。笔者田野调查期间参加了一位老人的葬礼，概况如下：

寒冬的一个晚上，华云峰计划如何前往大西沟参加葬礼时说，第二天凌晨四点钟他要和村里其他几人一起去大西沟，问我是否同去。他的母亲听闻，强烈反对："林子，你就不要去了，那又不是什么好事，我们这里打发人都是男人，女人都不去。"我问为什么女人不去，她答道："女人脏得很，五个女人中总有一个身子不干净的，去了不好；烧的时候，自己家里的女人都不能去看的，你去了也看不了啥，再说你一个姑娘家，还没有结婚，更不能去了。"见我在考虑，她似乎有点着急了。这时候华云峰说："既然她想去看看就去吧，现在也没以前那么讲究了，我也见过个别女人去的。"见我也坚持要去，华云峰的母亲无奈地嘱咐我："去到了那儿，站远点，不要往跟前凑，不好，尤其你一个丫头家的。"

我凌晨三点半起床，跟随华云峰几人前往大西沟，去世老人的遗体计划于四点钟开始火化。到达大西沟时，主人家院子里灯火通明，人来人往，但是安静而肃穆。沿着房前的石阶逐级而上，去世老人的外甥们、儿子们、孙子们已经在院门右边一字排开迎接客人的到来。从院门外到屋子门口，沿右边一字排开来迎接客人的人有十来位，几乎没有言语，主客握手，主人简单地问："来了。"客人简单地点头或者答道"来了"便进屋。正屋里摆着四张茶几，是临时从别家借来的，四周摆着小板凳；一张大圆桌，周围是沙发；一张木床，暂时当了座椅使用；正中一架炉子，几个女人正围着炉火细声聊天，炉火上熬着茶水，看样子是帮忙端茶倒水；屋子里已坐了不少人，还有人来人往，众人都很安静。来客以男性为主，除却主人家的女性和来帮忙端茶做饭的女人，来客中只有我和另两位已婚女子三位女性。

① 此传说流传于康隆寺一带，由铁永刚搜集整理，参见田自成主编《裕固族民间故事集》（上册），天马图书有限公司2002年版，第131—133页。

　　我们进屋坐下后，便有专门负责端茶倒水的女东家上茶、递馍馍。听说送遗体的车三点半已经从县城出发了，预计五点半的样子才能到达。大家喝茶、吃馍馍，等着灵车的到来。侧屋里也坐了不少人，人们多不言语，只是静静地坐着。侧屋分为里外两间，外间招待客人，里间人来人往，主人家在里面接受来客送来的礼物，多是茶、酒、被面子、哈达。出了院子，左侧的空地上搭起了一个临时的棚子，架着三口大锅，锅中热气腾腾，煮肉、烧水。过了五点，人们陆续起身朝屋外走，来到院子左侧的空地，那里已经放着两个脸盆架子，众人挨个上前洗手。我不明就里，一位女东家在一旁小声对我说："快去洗手，这是柏树枝子泡的水。"柏树枝子泡水洗手是消毒、清洁，或者是用柏树枝子燃烧的烟熏手，也可以达到清洁的目的。按照规矩，去迎接遗体之前要用柏树枝子水洗手，而那些抬遗体、火化遗体的人从葬场回来以后要再次用柏树枝子水洗手。洗完手，人们慢慢朝屋后走去，没有人说话，众人在黑暗中摸索着向一处山坳走去。没有灯光，山路不平，有人打开手机当作手电，有一个人骑着摩托车，打着车灯在前面慢行为众人照亮，而后那辆摩托向山路驶去，迎接从县城到达的车辆。只见九辆车从前方的山路缓缓而下，停在了众人静静等待的山坳口。黑暗中，我听见女人的哭泣声响起，便知道是遗体从车上抬了下来。等待的男女都静静地排成了一条长长的队伍，挨个上前将手中的哈达搭在遗体上。逝者至亲中的七八个男人抬着遗体，在众人的簇拥下，朝山坳里走去，那里已经点起了一堆火。遗体在火堆旁停放妥当后，一个男人将一匹毯子盖在尸体上，还有人上前将哈达搭在尸体上。一会儿，一个男人提着一把茶壶绕着尸体浇酥油。酥油浇洒完毕，人们便离开了。走出山坳，我转头回看，尸体已经被点燃，浓浓的黑烟在夜色中也能看见。按照规矩，尸体要在天亮之前烧尽，三天后，主人家去收拾骨灰，按照从头到尾的顺序将骨灰放入一只红色的布袋子，然后将布袋子埋进自家坟场。埋的位置也是长幼有序的，埋好后，不筑坟头，在埋下骨灰的地方放一堆白石头作为标记。

　　从坟场回来，由于主人家房屋空间有限，邻村的人便被安排到邻居家里代为招待，而本村的人则在主人家里招待。两个村来的客人共近百人。我跟随华云峰转到邻居家里，照例喝茶、吃馍馍，随后邻居家的男主人端出了酒，说是主人家交代的事情，代主人家向各位来客

敬酒。等本村的客人招待完毕陆续散去，主人家来请邻村的客人。回
到主人家里，喝茶、吃汤面、吃肉、敬酒，完毕后大家也都迅速起身
离开了。路过那个山坳时，我特意看了一眼，火仍然在燃烧，只是不
如先前那般旺了。车里有人说，估计天亮之前就烧得差不多了。

这场葬礼与受访老人回忆的部落时期的葬礼相比，基本保留完整的过
程环节，但也随时代变迁发生了适应性的改变。其中最大的改变有二：首
先是对逝者的送别方式从白葬变为火葬①，其次是送葬人这一职业的消
失。但是，即使发生了如此巨大的改变，但其过程环节中那些表征裕固族
人一以贯之的认知和信仰的习俗实践却并未改变或消逝，尤其体现在三个
方面：首先是社会关系的实践行为并未发生本质改变，例如停尸期间亲朋
邻里男女老少都会去探望，安慰逝者家属，并带礼物以示关心；送葬时同
村和邻村每家每户都会有人前往看望，并协助葬礼相关工作。其次是社会
血亲关系的实践并未改变，例如接待来客的人选安排和抬遗体的人选，以
及坟场中的长幼排序。最后是社会性别的区隔仍旧存在，例如送葬和火化
尸体时只有男性被允许参加，而女性尤其是未婚女性被禁止；而裕固族人
对此说法有二：第一，女人因为行经而不洁，而且女人不祥，会带来晦
气；第二，女人天生比男人娇弱，容易沾染晦气或受不祥事物的侵害，尤
其是未成年女子。

五　人生仪式与关系实践

作为一个裕固族人，终其一生，从出生、命名、剃头、成年、结婚，
直至死亡，每一个重要的身体时间节点上，都要经历特定的仪式性安排。
虽然仪式性安排各有不同，但却存在一个根本的共性，即这些人生仪式的
行为过程都是一种关系实践过程。这些人生仪式不仅是个体意义上一种社
会身份的过渡方式和分类方式，更是族群意义上的一种关系实践方式。从
前文对个体不同身体时间节点上的仪式白描和简要分析，我们可以大致找
出如下几类关系存在形式：

---

① 裕固族人普遍认为火与人的生命和灵魂之间存在密切关系，只有通过火化，人的灵魂才
能升入天国，否则就会变成鬼魂四处游荡。

　　类型一，人与神之间的关系。这种关系首先是通过阿卡这一中介性身份实现的，阿卡作为与神沟通的人，在裕固族的人生仪式中具有重要作用。从出生、命名、剃头、成年、结婚到死亡，都需要请阿卡算卜确定时间和空间的坐标点。例如请阿卡给孩子取名时需要先算气运，女孩子戴头面要算良辰吉日，结婚时要提前算好每一个步骤的时辰，人去世后要卜算送葬的时间和方位等。某种意义上，阿卡负责与神灵沟通，进而为裕固族人指引人生之路。其次是通过仪式予以再现和强化，例如剃头礼的传说，婚礼上唱的《沙特》，葬礼上的酥油灯。

　　类型二，人与祖先的关系。人生仪式本身作为裕固族传承的一部分，就是裕固族人与祖先沟通连接的方式。一方面，人生仪式过程作为"老祖宗定下的规矩"，得以通过个体在特定的身体时间节点上予以再现、强化，甚至更新；另一方面，仪式中的说唱内容作为集体记忆的重要构成，也得以在每一位族群个体的身体时间节点上再现和强化，例如关于裕固族祖先东迁的传说，婚礼中唱的《沙特》，裕固族女人头面的由来等。

　　类型三，人与环境的关系。这种关系体现在两方面，首先是人对环境的认知，例如对女性产后脏物的处置方式和禁忌，以及仪式唱词中对山川等自然环境的描述和拟人化；其次是人对环境的适应，例如产妇的"包羊皮"仪式，人去世后传统的"白葬"仪式。

　　类型四，社会血亲关系。这种关系是裕固族举行各种人生仪式时所采用的人员组织方式的基础，例如"东家"的构成，以及仪式过程中的人员分工方式，很大程度上可以再现亲属关系的远近亲疏，例如孩子剃头礼上礼物的轻重区别。

　　类型五，社会性别关系。这种关系首先体现在空间实践上。例如孩子生产时，女人会被安置在帐篷的右下角落，靠近帐篷入口处；在裕固族人居室布局安排中，帐篷或房间中以炉灶为中界线，左边为尊，是男人和客人的位置，右边为卑，是女人和孩子的位置。不论是日常生活实践还是仪式行为都在重复和强化这一性别区分，例如孩子剃头礼的祝词会唱"帐篷右面是放灶具、牛奶、女人做家务活的地方""帐篷的左面是客人就座、待客、休息的地方"[①]。其次体现在行为禁忌中。例如笔者在参加葬

---

　　① 八十三岁裕固族老人尕尔玛什旦口述，田自成整理，参见中国人民政治协商会议肃南裕固族自治县委员会编《肃南文史资料》（第一辑）（内部发行），1994年4月，第132页。

礼时被劝告不宜前往，这种"不宜"蕴含着三个层面的意义：一则女性是不洁的；二则女性不祥；三则是女人天生比男人娇弱，易沾染晦气或受不祥事物的侵害，尤其是未成年女子。最后是身份获得的程序差异上。1956 年以前，每一个裕固族女性都必须经历戴头面礼方能获得与男子交往的权利和身份。但是，男子却并没有类似的成年礼，男童即可接受女子的系腰。也就是说，未行戴头面礼之前，女子并没有社会承认的身份，但男子自剃头礼之后便自然获得了一种社会身份。女子所生孩子必须要有一个正式的姓氏，否则必为人耻笑。而姓氏的获得必须嫁给某位男子。每一个裕固族女子必须出嫁的另一个原因就是，为自己寻找一个合法的葬身之所。女子去世后，必须葬入其夫家的坟场，并以丈夫家庭成员的名义享祭。

类型六，社会等级关系。裕固族社会中的等级基本上可以用"长幼尊卑"概括，这样一种等级关系是生活实践的准则，更是在各种人生仪式中得到集中体现，最为熟知的当属"抬背子"，羊/牛的不同身体部位要抬给不同身份的人，淋漓尽致地解释了裕固族社会的等级关系内涵。

上述六种关系类型，勾勒了裕固族人生仪式的基本内涵。对于一个裕固族个体成员来说，不同的人生仪式预示着身体时间的演进和社会身份的转化，实践了人之所以为人的意义；但对于裕固族这一族群来说，个体的生命周期却是在实践族群之所以成为族群的意义，而这种意义又可以大致归结为人与神、人与祖先、人与环境、社会血亲、社会性别、社会等级这六类关系。

第八章

生态时间

　　裕固族人通过生肖纪年的方式，不仅把个体生命的历程划分为不同的节点，同时也把族群生活和生产的历程以年为单位划分为不同的节点，前者是相对于个体的身体时间，而后者则是相对于族群的生态时间。如果说裕固族的身体时间观呈现给我们的是"裕固族人"基本的社会性面貌，那么生态时间呈现给我们的则是"裕固族"这一族群的社会性轮廓；前者侧重于族群内部人与人的关系实践，而后者则侧重于人与环境的关系实践。

　　裕固族人的生态时间以年为单位构成了特定时空背景下周而复始的族群行为模式。游牧，对于裕固族人而言，既是生产方式也是生活方式。换而言之，裕固族人的族群生活是建立在游牧这一生产方式之上的，从而决定了其以年为单位的生态时间也是由游牧生产的不同时间节点构成。

一　白月

　　裕固族语"tʃiɣaŋsara"意为"白月"，指农历新年的第一个月，即正月。"tʃiɣaŋ"为"白色"之意，"sara"意为"月份"。裕固族观念里，白色代表吉祥、平安，故而"白月"亦可称为"吉祥月"。

　　　一般虽说是腊月二十九的时候念经烧东西，但大多数人家都是提前在二十七、二十八就念经烧东西。家里把办的各种各样的年货都抓一点，盘子里装一点，扯些新布条子，提前给阴间的人烧了，他们在阴间就不用办年货了；如果不提前烧的话，有的人家提前烧，那阴间就有的有年货，有的没有年货，没有的就要向有的借，多不好。所以就要提前烧，那他们就不用向别人借了。

年前祭祖（林红，摄于 2009 年 1 月 22 日）

请阿卡来念经。如果阿卡自己有马，只需要去请阿卡，送上哈达，告诉阿卡家里什么时候为什么要念经，到了时候阿卡自己骑马就来了。如果阿卡没有牲口，到了念经当天就要骑马去把阿卡接来，念完经以后再把阿卡送回去。阿卡来了，进门以后就坐在正对门口放佛像的前面，那时候佛像前面还摆着桌子和椅子。然后，主人家就在阿卡面前的桌子上摆上各种各样的吃食，茶、油炸馍馍、白馍馍、菜、酒、肉、饺子、包子等所有腊月里吃的好东西都全部摆出来。阿卡就开始念经，一家老小都要在阿卡跟前磕头。家里的长辈在阿卡念经的时候会递上一张纸，纸上就写着很多名字，有自己家先人的名字，也有一些其他人的名字。把纸条给阿卡，我们也不知道阿卡要做什么，是要在他念经的时候念还是要烧了，我们都不知道。经念得差不多的时候，阿卡就会告诉你可以烧东西了，然后家里的长辈就把桌子上摆

的东西都拿出去烧，各种各样，比如葡萄干、馍馍、茶、米饭等，凡
是正月里家里准备的吃食都可以拿出来烧给祖先，但肉不能烧，肉要
给阿卡吃掉，或请亲朋邻居一起吃了。还要准备一些新的布条子
（表示送给阴间人的衣服）也一起烧了。一边烧一边还要念自家先人
的名字，还有一些自己知道的、无家可归的、没有后代的那些人的名
字，差不多就是自己知道的所有去世了的人的名字都念出来，意思就
是请那些在阴间的人都来吃好吃的，都来拿些东西，穿新衣服，过年
了，他们也要好好过个年。给祖先烧东西的时候要挑门前不走人的一
块平坦的干净地方。

初一早上起来家里晚辈就要给老辈子磕头，儿子儿媳孙子孙女凡
是小辈的都要给老辈子磕头。磕完了头，一家人一起喝茶，喝完了茶
就要到大头目家里去拜年，然后再到姑爷、舅舅等亲戚家里去
拜年。①

草原上的正月，正是人、畜食物供应困难之时。这一段时间，牲
畜可食用的牧草量少且质差，再加上气候原因，导致牲畜体质虚弱，
极易病亡；而以牲畜为主要食物来源的裕固族人能够获得的食物也很
有限，弱势人群尤其老人和孩子极易患病。所以，正月对于以游牧为
生的裕固族人来说是一年中最难熬的一个月，人们期盼能够平安度过
这个多病多灾的月份，所以将正月称为"tʃiyaŋsara"，以寄托这一美好
的愿望。

裕固族老人说，进入正月之前，即腊月最后几日里，各家各户都
会请阿卡念经，向祖先献祭、为正月祈福。年夜饭作为旧年里最后一
顿饭，必须吃饱。否则夜间熟睡后，普卡（指佛爷、神）来挨着个
儿给每个人称重，没有吃饱的人，体重不达标，就会被普卡掀下
炕来。②

---

① 摘引自 2008 年 11 月 3 日田野笔记。
② 尹梅月告诉我一个此说法的来源：从前有一对夫妻，老婆子特别吝啬，抠门得不行，每
顿饭只做一点点，不让自己老头子吃饱。过年了，老头子就骗老婆子说，今天晚上的饭一定要吃
得饱饱的，晚上普卡要挨个来称，如果没有吃饱不够重量就会被掀下炕来。老婆子相信了，于是
三十那天晚上就多做了饭，让老头子吃了个饱饭。

正月初一作为新一年第一天，存在诸多言行禁忌。据说，普卡会在初一这天到各家巡游，为了防止惊扰到神，这一天从起床开始，每一个人说话都要轻言细语，走路要小声。初一这一天的各种禁忌，也因为神的在场，一方面旨在敬神，另一方面则旨在向神讨喜或讨要好兆头。例如，女人不做针线活，男人不背水、不背柴，预示新的一年里可以少干体力活，多些闲暇；要说吉利话，不能说不好的话，如果孩子说"我头痛"，大人会说"初一早晨疼什么"；早晨起床后，年轻人要为老人打茶，茶打好以后，去请老人起床喝茶，以示孝敬；人们希望新的一年可以从第一天的好预兆开始。

初一这天，部落里每家每户都要派人（一般是各家当家人）向部落头目拜年。人们带着礼物：一瓶酒、一包茶、一条哈达，从四面八方赶往头目家。前来拜年的人，除阿卡外，无论男女老少都要按照长幼顺序向大头目行磕头礼。给部落头目拜年后，接下来是给亲属拜年。从爷爷奶奶辈开始，依次朝下轮着分别是舅舅、叔叔、姑姑、姨娘、哥哥、姐姐等人。到每一家拜年，都要带上礼物，如茶、酒、哈达、衣料、白糖、冰糖、点心、滑糖等。其中，给舅舅上礼最重。

主人远远地看到前来拜年的人，会在家门口燃放鞭炮，吹起海螺，表示欢迎。客人迎进门后，先喝一碗"年茶"，然后吃肉、饺子、米饭化酥油。客人临别时，主人家要给女客人带回礼，食物或者布料等物件均可。不论是近亲属还是邻居朋友，绝不能让女客人空手离开。逢过年，每家每户都要烤制很多锅盔（一种裕固族家庭手作烤大饼）。客人离开时，主家会给每一位女客人送一个锅盔，上面放一条哈达，或者点缀上红枣、葡萄干等吃食。如果客人是近亲属，主人家会随赠更加贵重的礼物，如一件花衬衣、一块布料。

逢正月，每家每户都会摆吉祥碗。所谓吉祥碗，可以是一个带盖子、圆形的木碗，或者一个方形的、带盖子的木盒子，外漆成红色，上绘黄色的龙，故而也称龙碗。只有过年或遇到重大喜事时，裕固族人才会在家中摆出龙碗。吉祥碗主要有两种摆法：第一种，木碗或者木盒子里面盛放炒面和盛器的边缘持平，炒面上摆放一块半圆形的酥油，酥油完全覆盖在炒面之上，其表面粘贴着用果丹皮剪成的海螺、八卦图等花纹作为装饰，酥油顶部的中间位置插上一根小木棍，露出一点尖头，然后将两块做成月亮和太阳形状的酥油固定在小木棍的顶部，月牙形的酥油中间粘放着太阳形的圆酥油疙瘩，与佛塔尖上的造型相同，象征吉祥如意；第二种，木碗或者木盒子中盛放炒面和盛器的边缘持平，炒面上斜立四块方形或者长方形的酥油块，四个酥油块的一头相互靠拢在炒面上方构成一个中空，在中空里放入红枣填满，四块酥油朝外的正面粘贴着用果丹皮剪成的八卦图或者海螺纹样的吉祥图案；有的人家将一整张的果丹皮剪成花样整个地从顶部覆盖在四块酥油上，有的人家用四块小点儿的果丹皮剪出花样分别贴在四块酥油的侧面上。精心装饰过的木碗或者木盒子在过年时摆在桌子正中间，作为一件节日摆设，寓意吉祥如意。吉祥碗是过年时的一件必需摆设，无论来多少客人，即使只有一位客人也要把吉祥碗摆出来。如果来客人数较多，则要摆两只或者三只吉祥碗，以保证每一个客人抬眼就能够看到碗，看到吉祥。客人走后，主人家便将吉祥碗中盛放的东西取出，把碗盖上收起来。

正月初五和正月十五，寺院里要念大经祈福，保佑风调雨顺、人畜平安[1]。"正月大会是其中（寺院佛事活动）最大的一次聚会。过会时，寺院要炸油果子、做馍馍、宰羊等。聚会的人们都要尝尝颂经后的糖和枣等食品，这天，男女老幼都会穿戴一新到寺院烧香、点灯，僧人为大家跳'查玛'，寺院还会举办酥油花展等活动。"[2] 笔者田野调查期间印象较深的一次寺院正月念大经活动，其过程大致如下：

2009 年 2 月 9 日是农历正月十五，永隆寺每年正月十五都会举行大型念经活动，寺院周边西勒村、永乐村、东青村、白塔村的村民都会赶来磕头、煨桑。

通往寺院的山路上，摩托车的马达声此起彼伏。村民们都换上了新装，有人穿着裕固族传统样式的袍服，有人穿着鲜艳的羽绒服，犹如赶集般满面春风。寺院附近居住的人，一早起床后便先去寺院煨桑、磕头，然后才回家喝早茶。住得稍微远一些的人则先喝早茶、把羊撒进号子（注：把羊群赶进自家的牧场）后，带着酒、沙味儿[3]、

---

① 裕固族信仰藏传佛教，家户中供奉宗巴喀，念经是裕固族人祈福和消灾的重要方式。肃南县档案局的一份档案材料即 1953 年 11 月 17 日关于肃南裕固族自治县政府调查三个区的寺院及僧家情况的统计数字显示：康隆寺共有僧家 94 人，包括喇嘛 2 人、管家 6 人、僧官 1 人，其余都是僧家和帮弟；而笔者田野调查期间康隆寺只有一位驻寺僧人，持续至今。

② 肃南裕固族自治县裕固族文化研究室主办，《尧熬尔文化》2007 年第 1 期（总第 4 期）。

③ 根据裕固族语"ʃevir"音译，一种由多种食材混合而成的食物，与裕固族语表述的另一种食物"xsaŋ"类似，是炒面、红枣、葡萄干、酥油、曲拉、冰糖等食物的混合物。

柏树枝子①赶往寺院。空气中弥漫着柏树枝燃烧的清香。

华米兰骑摩托车载着我到达永隆寺时，寺院外已经停放了很多车辆和摩托，除了周围四个村的牧民，还有很多专程从张掖市和肃南县城赶来的人。人们陆续进入寺院，或相互拜年，或聊天寒暄，等待着念经开始。寺院进门处的香炉中已经插着一把一把正在燃烧的香；门侧的煨桑炉中已经飘起柏树枝子的香烟。陆陆续续赶来寺院的人们持续地往煨桑炉中添加柏树枝，抛撒沙味儿，围绕着煨桑台洒酒，口中默念着祝词。

煨桑（林红，摄于 2009 年 2 月 9 日）

---

① 裕固族人居住区域为高山草甸草原，山中生长着大量松柏树。不论到寺院煨桑，还是日常家中煨桑或仪式性活动，都需要用到柏树枝，因此上山找柏树枝也是裕固族人的日常活动。2009 年 2 月 8 日，即寺院念大经活动的前一天，我随寄居人家的男主人上山找柏树枝，大致经历如下：晌午太阳暖起来后，华云峰便骑着摩托车从福全明家的侧边上山去找柏树，山坳里积雪很厚，山坡上遍是笔直的松树，褐色的松果在林中的积雪里若隐若现。柏树多生长在山崖峭壁之上，必须上到山顶。松树挺拔，而柏树则形态多样。在一处矮山头上找到了几株柏树，华云峰便提着袋子爬上去折柏树枝子。折了满满一袋子，我们便打道回府。

　　时辰到，三位喇嘛在正殿中坐定开始念经。念经声响起后，人们陆续进入殿中磕头、点酥油灯、捐钱、拜佛，然后围绕着寺院大殿开始转经轮、礼拜、转圈。人很多，不仅有裕固族，还有蒙古族、汉族、藏族等。整个寺院渐渐显得有些拥挤，有人煨桑、有人磕头、有人转圈、有人捐钱，场面忙碌却井然有序。而今年的东道主西勒村①则组织村民在寺院外的简易伙房里煮经饭②。

　　人们礼佛完毕后并未离开，都等待着吃经饭。华米兰说，经饭必须要吃，这是念过经的，对人好，能给人带来福气，每个来的人都会给家里没能来寺院的人带些回去。经饭煮好了，只见伙房里里外外都挤满了人，起初还能看出队形，后来只能见一片黑压压的人头攒动，嬉笑吆喝，好不热闹。奋力挤着去盛经饭的人伸长了脖子，而那些已经端着经饭开吃的人则是满脸兴奋。

　　我也拿着一个纸杯挤在人群中，想要混口经饭吃。盛经饭的几个人里有西勒村的老村长路国福，看见我高举着纸杯，他大声地朝我喊"林子！过来！"他伸长胳膊越过其他人接过我手中的纸杯，用那片用作临时饭勺的木板条给我装了满满一杯经饭。所谓经饭，与平日里吃的米饭没有什么大的区别，只是加入了红枣、葡萄干、白糖等佐物，类似八宝饭。或许是受周围氛围感染，我不禁心生虔诚，很认真地吃着经饭，也希望吃下去的每一粒米都能为我带来福气。

　　吃完经饭，西勒村的村民开始收拾饭锅、擦洗经碗、打扫卫生。其他人陆续离开，有的到附近走亲访友，有的三三两两结伴去人家拜年喝酒，而寺院里喇嘛们的念经声仍旧在山谷中回荡。

---

　　①　1949年以前，永隆寺里的阿卡很多，所以很多寺院里的事情包括念经的各项事宜都由阿卡们自己操作。但如今永隆寺只有一位常住阿卡。每逢正月大会这样的大型念经活动，都要从其他地方请阿卡来念经，而像煮经饭这样的事情则轮流由各村牧民完成。现在，每年的正月大会由永隆寺周边的四个村（东青村、白塔村、西勒村、永乐村）轮流负责，包括捐经饭的各种用料、念经过程中点酥油灯耗用的酥油等物资，以及打扫卫生、做经饭这样的事务，每年轮值的村负责摊派物资份额和物资捐赠相关事宜，并安排各种事务的分工与落实。2009年正月大会的轮值村是西勒村。
　　②　裕固语称为"lɔm ʌmsiŋ"，即念过经的米饭，每一个来寺院的人都要吃一点儿，意味吉祥如意。

吃经饭（林红，摄于 2009 年 2 月 9 日）

白月里的各种活动都带着强烈的祈福意味。从祭祖、初一禁忌、摆龙碗，到寺院念大经，再到整个白月（正月）里走亲访友的拜年，裕固族人以一种集体狂欢的方式实践着白月所承载的吉祥意义。

二　游牧之计

裕固族以游牧为生计，而其生活亦遵循游牧的节令规律被划分为不同的时间节点。以年为一个完整周期，这些时间节点包括接羔、打马鬃、剪羊毛/剪牛毛、卖羊毛、打奶子、卖羊羔、宰牲/储备冬肉、过正月（白月）等，并通过在不同的季节性牧场之间转场串联起来，构成了裕固族游牧生计的完整周期，大致可以通过下图呈现：

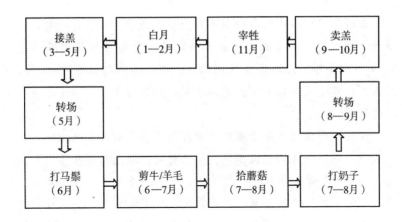

每年 3 月至 5 月是牧业时令中的接羔时节。裕固族牧区经过几次牲畜品种改良，现在以高山细毛羊为主，但有不少人家仍旧保留成群的山羊。山羊的接羔时间主要是 3 月，而高山细毛羊的接羔时间主要是 4 月。接羔期间，要时刻关注母羊和羊羔的动态，对于裕固族牧民而言既辛苦又高兴。

> 那两只小羊羔，一只生下来之后母羊不认，另一只是母羊没有奶水。白天要喂四次奶，晚上十点多的时候要喂一次，半夜三点多的时候要再起来喂一次，早晨五六点的时候再喂一次。接羔的时候是这里人最忙的时候，但也是最高兴的时候。米兰今天说，她家已经接了 70 多只羊羔了，还有 20 多只，共有 120 来只母羊，但是有 20 多只干羊，也就是今年不产羊羔的母羊。说到干羊，米兰的语气中透着深深的遗憾。①

裕固族人对马带有一种天然的心悦，即使现在牧区的交通方式已经完全被摩托车和汽车取代，很多牧民家仍旧保留着马匹。近年，随着旅游业的发展，各地兴起各种名目的赛马，于是牧民们对马的热情似乎有了更加名正言顺的指向。裕固族俗语说"马驹剪鬃才算马，娃娃剃头才成人"②，将马驹和孩子并列而言，可见马对于以游牧为生的裕固族牧民的重要性。

---

① 摘引自 2008 年 5 月 6 日田野笔记。
② 白信文：《尧熬尔史文集》，中国戏剧出版社 2013 年版，第 60 页。

　　剪鬃仪式大多在农历的四五月份择日邀请亲朋好友和左邻右舍来举行。仪式前，主人家要准备一个盘子，内盛用炒面和酥油捏成的5—7层的小塔，四周摆放四块酥油，寓意为万物既有中心，又有四面八方；盘中还要放一个盛有鲜牛奶和酥油的龙碗，一把系有白色哈达的剪刀。

　　仪式一般邀请德高望重的长者或能唱会说的牧人来主持。主持人一边剪马鬃，一边诵唱祝福词，并将鲜奶、酥油抹在马驹的前额和鬃毛上。剪下的第一缕鬃毛放进龙碗，要摆放在帐篷内的佛龛前，祈求神灵保佑主人家风调雨顺、生活富足。仪式结束后，主人设宴盛情款待客人。宴毕，主人要骑上刚剪过鬃的小马驹，到草原上接受牧户们的祝贺。①

打马鬃（林红，摄于 2008 年 7 月 18 日）

---

　　① 王秀芸主编：《肃南裕固族自治县非物质文化遗产保护名录图典》，甘肃民族出版社2016年版，第56—57页。

羊毛是牧民的重要生活物资和资金来源之一。草原上很多牧活都需要亲戚和邻里之间相互帮助。对于牧民而言，如果说卖羊毛的时候数的是钱，那么剪羊毛的时候数的就是人情。

早茶后，奉军山和华梅兰便拿着剪刀到汉沟下面奉军峰家帮忙剪羊毛。我随后到达剪羊毛的草滩，滩上已有不少人，汉沟的九户人家都来了，还有两人是从白塔村过来的。先剪细羊毛，后剪土种羊（卡毛羊），十几人分工明确：两人负责抓羊，用绳子把羊的四蹄捆起来；十个人操剪刀剪羊毛，两人负责捡拾羊毛和把羊毛装袋，还有一人负责给剪完羊毛的羊打号（用彩色油漆在羊背臀部做标记）；尹玉芬和万玉霞（兄弟二人的妻子）负责做饭，而我主要负责给剪过羊毛、打完号的羊松绑。大家一边劳动，一边谈笑，说着村里的一些趣闻逸事，讨论一些村中事务，交换一下羊毛、牛肉的价格信息，圈滩上一片朝气。

剪羊毛（林红，摄于 2008 年 6 月 27 日）

有人剪得快，有人剪得慢，剪毛技术好的人，羊所受的皮肉之苦
亦少，如果羊被剪伤的伤口面积比较大则需要用药做处理（例如用
家中常备的敌百虫撒在牲畜的伤口上），否则苍蝇会在伤口上产卵而
后生蛆。有的羊太强悍，用绳子捆绑后仍旧奋力挣扎。其间，我看见
一只羊似乎剪完羊毛并且犄角上已经打了号，便上前给它松了绑，那
羊迅速起身飞奔而出，我才发现它的毛只剪了一半。它迅速地朝山上
的羊群奔去，拖着长长的剪了一半的羊毛，像是穿着一条长裙，左奔
右跳地奔跑，不想却被一丛边麻挂住了羊毛。在众人的唏嘘声中，它
挣脱了边麻丛的束缚，披着半边身未剪的羊毛寻同伴而去，只能等晚
上收羊的时候再抓住它把剩下的半边羊毛剪了。之后，由于我力气
小，又有一只还未打号的羊从手中挣脱跑了，我不禁有些愧疚。万玉
霞安慰我说："这很正常，没事的，等下午收羊的时候再剪，前面还
有两只没有剪毛的羊挣脱跑了呢。"

剪完 30 多只细毛羊，大家喝茶稍事休息又开始剪土种羊。土种
羊比细毛羊的毛稀松很多，比较好剪。午饭时，奉军峰家一百多只土
种羊只剩十几只还未剪了。午饭是"大盘鸡"，里面放了土豆、面片
子、白菜、青椒，满满地装了三大盘。十几个人围坐在草地上，一边
喝奶茶，一边吃鸡肉，一边聊天。饭后，大家又开始剪，不一会儿便
把所剩羊只的羊毛都剪完了。随后大家又帮着一起给小羊羔打号，尹
玉芬招呼几个小伙子帮忙把羊毛称重并记录了每袋羊毛的重量，之后
集中堆放在后屋中。至此，剪羊毛工程算是真正结束。①

拾蘑菇是牧区近年才兴起的副业。随着所谓绿色无污染的山货市场逐
渐兴起，需求刺激生产行为，每年夏季拾蘑菇也逐渐成为牧民的创收方式
之一。② 与常规牧业生产相比，拾蘑菇具有很强的季节性。每年 7 月到 9
月是蘑菇的生长期，一般过了 9 月中旬就没有了，因 8 月底牧户要从夏场

---

① 摘引自 2008 年 6 月 27 日田野笔记。
② 裕固族聚居区存在地理资源禀赋差异，有的区域以拾蘑菇为主，有的区域以挖虫草为
主。笔者田野调查点所在地，每年夏季采蘑菇已成为牧民重要的增收渠道。2008 年田野调查期
间，牧民采蘑菇的区域并不局限于各家承包到户的草场，可以自由到别家草场采蘑菇。但是，
2017 年再回到田野调查点时，牧民采蘑菇不能再自由流动了，如果到别家草场采蘑菇则需要支
付一定费用，类似租用别人家的草场采蘑菇。

转往秋场，所以牧民拾蘑菇的时间一般是从 7 月初开始到 8 月底结束。

　　晚上，奉军山和华梅兰在商量一周后下山拾蘑菇的事。每年村里都有几户人家靠拾蘑菇就能挣上万元，但这几户主要是农业户。村里有一位老太太被称为"蘑菇老太"，每年靠拾蘑菇能有不少收入；她佝偻着背，迈着小步子，拾两天蘑菇休息一天，一般是找别人走过的一条沟一点一点地仔细拾，即使这样，去年她还卖了三千块钱。前年，因儿子的工作暂时没有分配下来，在家放羊；奉军山和华梅兰二人不需要操心牧业上的活，就专门去拾蘑菇；整个夏天二人拾蘑菇卖了五六千块钱。华梅兰身体单薄，无法长时间跑山路，一个人也无法跑远，必须得和奉军山同行；丈夫骑摩托带着妻子，拾完蘑菇后还可以把蘑菇驮回来。村里经济好的人家，以及没有足够人手的人家都不拾蘑菇；经济不好的人家，或者人手多的人家，以及拾蘑菇专业户①每年都会准时去拾蘑菇；还有人家虽然人手不够，但把牛羊承包给别人去放，每天支付 20—30 元的劳务费，自己则腾出手去拾蘑菇。华平安夫妇计划去拾蘑菇，准备将自己的羊包给别人放，每天给 25 元。奉军山说，如果不能去拾蘑菇，就把华平安的羊包下来放，但是一细算后发现不划算，一是钱太少，二是在夏场上放羊要操心的事情比较多；所以比较理想的方案还是去拾蘑菇，这样一来就有几种方案：第一种方案是，女儿放假在家，可以在夏场放羊，夫妇二人下山去拾蘑菇，但是如果遇到下雨天，一个女孩子很难把羊收回来；第二种方案是，奉军山和女儿下山去拾蘑菇，华梅兰在夏场放羊，还可以挤奶，但是女儿并不会拾蘑菇，估计连蘑菇都找不到，而且拾蘑菇很辛苦，怕姑娘受不了，只奉军山一人拾蘑菇也会很辛苦；第三种方案是，两边跑，即天气好的时候就跑下山去拾蘑菇，下雨天就上夏场来。奉军山笑着说，他在后山有一块自留的蘑菇地，每年能拾三四茬蘑菇，一次也能拾个四斤左右的干蘑菇；一年仅那小小的一片地方也能得个四五百块钱，过两天他准备去那片地看看蘑菇出来了没有。②

---

① 是指草场少或没有草场、牛羊少或没有牛羊的人，以拾蘑菇为业赚得自己每年的生活费用。
② 摘引自 2008 年 7 月 12 日田野笔记。

打奶子取决于挤奶的时间。牛奶①相关产品是裕固族人生活中不可或缺的食物，酥油和曲拉是每天打茶的必需品；稠奶子、酸奶、奶皮子是只有挤奶和打奶子的时间才能吃得上的珍贵美食；日常食用和用以待客的特色美食包括酥油米饭、酸奶米饭、酥油煎饼、酥油搅团、糌粑等均离不开奶制品。牧民一般只在夏季牧场水草丰美的时候才会挤奶，其他时间都不挤奶（也有人家常年挤奶），以保证牛犊能够获得足够的食物。用牧民的话来说，"挤奶就是从小牛娃子口中夺食"。或许正是因为是从牛犊口中夺取的食物，牧民视牛奶如黄金一般珍贵，各种仪式和重要庆典中都能够看到牛奶及相关奶产品的存在。②

> 下午，华梅兰坐在半山上看牛。母牛陆陆续续下山来了，到了该给小牛犊喂奶的时间。那头被狼咬伤的小牛犊，它的母亲每天是最早下山来给它喂奶的那头母牛。等大部分母牛都下山后，华梅兰起身上山，有两头奶牛还没有下山，她想去把它们找回来挤奶。那两头乳牛很调皮，不让挤奶，华梅兰想趁着现在丈夫和儿子都在家（夏场），打算把牛找回来后让二人帮忙抓住挤奶。虽然已经有四头乳牛在挤奶了，但量还是太少，要存放好几天才够打一次奶子。
>
> 　华梅兰找回了一头调皮的乳牛，邻居们都过来帮忙。华梅兰的丈夫专门做了一根很粗的橛子（木桩子）钉入泥土中，用以栓牛。邻

---

① 　裕固族人饲养牦牛，喜食牦牛奶。但随着牧区挤奶和打奶子的人越来越少，裕固族人渐渐以袋装奶取代了牦牛奶。老人会说："最好喝的还是牦牛奶，黄牛奶喝起来跟水一样，没什么味道。"

② 　在裕固族牧民的认知中，牛奶洁净而神圣，甚至被赋予了某种性格。夏场上的某一天，笔者寄居的牧户家，女主人早茶后便开始打奶子，但是打出来的酥油有点化了，奶子有点稠，煮出来的曲拉像糯糊一样，她猜测原因：我们有个习惯，每年第一桶奶子打出来都是自己留着吃，不能送人，也不能多送人；可能是我艺术节那两天给人送奶子送多了，这家送两瓶，那家送两罐，大概送了六七家，稠奶子和甜奶子都送出去不少，奶子"计较掉了"（此话可译为：不高兴了，生气了，感受到了不敬，所以发脾气了），所以这两次打的奶子都不好，上次的奶子打出来，煮出的曲拉像糊糊，这次的奶子打出来酥油又有点化了。接着，她又猜测另一种可能：我这些天把肉什么的都放在了奶子旁边，奶子可能"计较掉了"，在我们看来，奶子是很干净的东西，不能弄脏，不能见红，比如血、肉之类绝不能掉进奶子里，否则奶子被弄脏了，打不出奶子来；家里打奶子的时候，旁边就不能煮肉，害怕把奶子弄脏了，要拿到远离奶子的地方去煮；有特别讲究的人家，都不让在屋里煮肉，不论当时是否在打奶子，都是拿到外面去煮，就怕奶子沾染上不干净的东西。她总结道：我这些天没有注意，把肉放在了奶子旁边，而且艺术节那天送人送得太多了，所以奶子计较掉了，导致我这两次打的奶子都不好。

居尚国全是驯牛好手，套牛、拴牛、驯服基本一人完成。他用牦牛绳打结做成套子，朝不远处的牛甩出去，很准地套住了牛脖子；把牛套住后，另两个男人上前抓住牛角，另有一人用准备好的绳子拴住牛的两只前蹄；华梅兰的丈夫从尚国全手中接过套绳，尚国全双手抓住牛脊背上的长毛，骑上牛背，双脚踢牛腹，如此折腾一阵后，乳牛乖巧了很多；然后尚国全又俯身用手抓挤乳牛的奶头，让它慢慢适应人手挤奶；如此驯了一阵，人和牛都乏了，暂停。

晚饭后，大家把各自家的羊收回羊圈、挤完奶后又来驯牛。这头倔强的乳牛已经5岁了，去年还挤过奶，但是它生的牛犊死了，或许是因为伤心，所以今年不让挤奶，看见尚国全来了，它奋力挣断了绳扣，跑开了。于是尚国全又重新撒绳套牛，再次驯化它。三天后，华梅兰才得以挤奶。

随着工业化生产的奶制品逐渐在牧区盛行，挤奶的牧户越来越少。可以预见在不久的将来，挤牦牛奶并以家庭手作方式制成的酥油、曲拉、稠奶子等生活产品将仅仅存在于裕固族的族群记忆中，而那些草原游牧的生活与生产方式或许也只能保留在博物馆的陈列中了。

奉军山一早便往后山冬场去修整草场的围栏。华梅兰挤完奶，把母牛和小牛犊隔开，又捡拾了一些干牛粪存放起来，才出发去沟底尹玉芬家，今天尹玉芬家要割酥油，需要人帮忙。

华梅兰动作利索地在一口大锅中盛满凉水，便坐下开始洗酥油。制成的酥油中还存有少许牛奶，需要全部洗尽方能较长时间存放。华梅兰双手侵入水中，把酥油捏成小碎块，将酥油中的疙瘩捏开，如洗衣服一般，只是需要更加细致。然后，一手握住一块酥油，另一只手一点一点地把酥油扒到手中，这样酥油中的疙瘩会被进一步捏开。最后，将捏开的酥油再收拢起来捏成团，用手拍打一番后便可从水中取出。这整个过程，都是在凉水中完成，否则手中酥油在人体温下会融化并且黏在手上。我尝试了一下，酥油糊满了双手。华梅兰摸了摸我的手说"你是热手，手太热了不行"，于是我只能放弃。

尹玉芬则忙着打奶子。她把煮完曲拉的黄色酸奶水倒入一只小桶中，给我分配了一项任务：用黄色的酸奶水洗羊肚子。这些羊肚子是

晾干后用松枝烟熏过，然后在酸奶水中已经浸泡了半个月，现在将之
用酸奶水再清洗一遍，然后用清水涤净后便可用来装酥油。使用经过
如此处理的羊肚子盛放酥油能够搁置很长时间而不会变质，而且只能
用羊肚子装酥油，裕固族有句俗话"狗肚子装不了酥油"说的即是
这一事实。实际上，羊肚子是最适合用来盛放酥油的。牛肚子也可
以，但是太大，处理起来比较麻烦，例如烟熏。华梅兰说，羊羔肚子
最好，小小的一只，松枝烟熏成均匀的黄色，用来装酥油最好；大羊
的肚子一般要切割成几块后用针线进行缝合，然后才适合用来装酥
油。我洗羊肚子，尹玉芬则用酸奶水清洗锅碗器具。华梅兰说，黄水
（黄色的酸奶水）的营养价值也很高，有人家直接用煮开的黄水调炒
面喝；以前她饲养过几头猪，就用黄水喂养，最后长成的猪膘肥肉
美；黄水还有洗洁精的功效，用来清洗东西，不仅不伤手，对皮肤
好，而且洗完的东西手感很好，干净润滑。

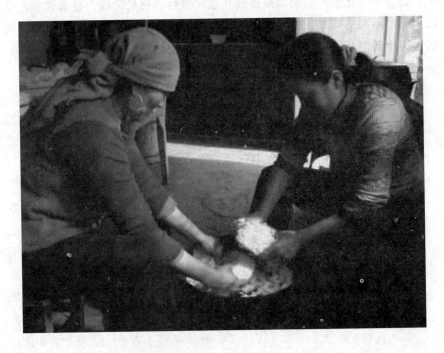

洗酥油（林红，摄于 2008 年 7 月 11 日）

华梅兰洗完酥油，便与尹玉芬开始往羊肚中装酥油。华梅兰一

点一点地把酥油灌进羊肚子，一边灌装，一边压实。尹玉芬则用针线将灌装好酥油的羊肚子封口，然后双手用力拍打装满了酥油的羊肚子，将羊肚子中的气泡打消，这样利于酥油的储存。最终，二人灌装了11疙瘩酥油，称重共计43斤；按照每斤30元的市场价格，约合1200元；还有近50斤曲拉，按照每斤20元的价格则约合1000元。一个夏天，尹玉芬挤奶打奶子的收入有2000多元，还是不错，但却比拾蘑菇辛苦。华梅兰和奉军山夫妇二人去年拾了一个月蘑菇，共收入3000元，但是需要早晨四点半起床上山拾蘑菇，上午十一点半左右回来，然后摘蘑菇、洗蘑菇、晾晒蘑菇、线穿蘑菇，下午可以休息；但是挤奶打奶子则要起早贪黑，白天还无法休息。拾蘑菇受季节影响，只能每年七八月，而挤奶打奶子则是常年都可以，不受季节影响。但是，牧民们通常会根据牧草供应来决定是否挤奶。

把奶子倒入奶桶（林红，摄于 2008 年 7 月 11 日）

灌好酥油已经是下午一点了。尹玉芬上锅打茶，并招呼邻居万玉霞（也是弟媳）过来喝茶。万玉霞刚上山找牛回来，告诉尹玉芬说她家那头一直找不到的花胞牛有消息了，有人看见了。尹玉芬知道我爱吃奶皮子，便在我的茶碗中放了几大块奶皮子，加上酥油，茶面上飘着厚厚的一层橙黄，喝完茶很久仍旧满口奶香。①

灌酥油（林红，摄于 2008 年 7 月 11 日）

夏秋时节的牧场上，女人们的话题多是围绕乳牛进行。从 6 月到 10 月之间，乳牛就是女人们的关注点：眼睛要随时关注着乳牛和牛犊的动向，谨防着小牛犊私自跑到乳牛跟前呷奶；挤奶、熬奶子、窝稠奶子、打奶子、晒曲拉、洗酥油、洗羊肚、熏羊肚、灌酥油，称斤计两，细心地计算自己和别人的盈利；将自己挤奶的劳动成果与亲友分享，一起讨论打奶子的经验心得。与女人不同，男人们只是帮助女人们在挤奶的时候抓、放乳牛和牛犊。但是，无论男女，都对奶子、酥油、曲拉无比喜爱。如果说男人们的这份喜爱更多是口腹欲望上的喜爱，那么女人们的这份喜爱则更

————————————
① 摘引自 2008 年 7 月 11 日田野笔记。

多是情感和心理上的喜爱。男人们爱吃，而女人们则视牛奶等奶制品如己出，是自己辛苦劳作的成果，也是一种无形荣耀的见证。一位牧民向自己的亲朋好友抱怨说，那个家实在没意思，老婆子不挤奶，儿子不娶媳妇。① 这句话在某种程度上表达了牧区男人对于家的理解。

挤奶（林红，摄于 2008 年 5 月 26 日）

对于牧民而言，每年最大的两笔经济收入，其一是卖羊毛，其二是卖羊羔。每年这两个时间段，草原上往来的人和奔走的醉汉就多了起来。

从夏场转到秋场不久，草原上的买卖人便开始四处奔走起来。
某天，邻村一位小伙子尹会东领着一位买卖人来到多乐沟的奉军山家，同行的还有华平安。将客人迎进屋之后，奉军山的妻子华梅兰

---

① 牧民奉军海与妻子生有两个儿子，大儿子在家从事牧业劳作，小儿子出家为僧。2008 年笔者田野调查期间，奉军海的妻子因身体有疾无法干重活，家中已经多年不挤奶了；其大儿子年过 25 岁尚未成婚，在牧区的民众看来，男子过了 25 岁已属大龄，是结婚困难户了；2017 年笔者再次回到田野调查点时，奉军海的妻子已经过世，大儿子已婚生子。

在门外朝着相邻而居的弟媳万玉霞喊了一声"玉霞，来人了"，于是奉军强和万玉霞也过来了。华梅兰和万玉霞一起劈柴、烧火、打茶。奉军山和奉军强两兄弟招呼来客落座、吃稠奶子，然后带去看羊羔。几个男人把大羊和羊羔都赶进了羊圈，然后把羊羔一只一只隔离到另一个圈中。奉军山家今年的羊羔很好，一个个毛色干净，体壮肚圆。原先商定每只羊羔255块钱，卖80只给尹会东，但最后仅隔开来77只羊羔。尹会东想进圈再抓三只凑够80只，奉军山说不抓了，就77只吧。两人在羊圈中纠缠了一会儿，最终尹会东作罢。最后，尹会东开始数羊：77只羊羔，外加1只羯羊。数好数之后，几人回到屋中算账付钱，奉军山收得现金20035元，77只羊羔共计19635元，羯羊1只400元。买卖做成后，大家便坐下喝茶。尹会东给张掖的合伙人打电话问屠宰场的情况如何，那边回话说屠宰场暂时不宰了。尹会东放下电话，笑说道"做生意就是这样子，这趟买卖还不知道是亏是赚呢。如果亏了，连家都回不去了，得去找铁匠打块铁皮套在勾子（注：屁股）上回家才行"。大家笑成一片。尹会东几人喝完茶便离开了。随后，华梅兰告诉我："在下面看羊的时候，尹会东说250元一只，我说不行，我跟你叔叔悄悄说270元一只，你叔叔还凶得很，让我自己去跟人家说270元。我就跟尹会东说260元，他不愿意；这时候我就准备把羊再朝下赶，华平安就过来跟我说255元，我想了想就同意了；先前我给儿子打了个电话，他那边说260元就可以了，不行250元也可以卖；那只羯羊的身体不好，腿瘸了，跑起来不行，所以就尽早卖了了事。"

尹会东几人赶着羊群走后，奉军山便和华梅兰开始计算今年的收入。羊羔卖完了，也意味着一年的收入也出来了。奉军山家7月份剪的羊毛卖了6484元，今天卖羊羔得了19635元，外加10只还没有卖出的羊羔折现金额2550元，羊羔总计22185元；8月份卖了两头刨牛（这两头牛经常乱跑，不知所终，卖了省心），一大一小，大的4200元，小的3200元，共计7400元。但是，奉军山说养牛是多年的事，所以今年卖牛所得不能全部算作今年的收入。奉军山家现有银行贷款22000元，其中20000元贷款今年11月到期，必须还上；另有2000元贷款是今年春天时刚贷的，不急；20000元贷款还上后，下一年的各种开销则需要再贷款。万玉霞说她家有3万多元的贷款，她和奉军强商量着明年卖掉 20 头牛，还上贷款应该不是问题。①

牧区几乎每家每户都有贷款，2 万元至 4 万元、5 万元不等。除了极个别的人家没有贷款，其他人家都或多或少背着贷款。牧民似乎习惯了"超支"或"透支"，"存钱"以及"如何存钱"反而考虑得不多，更多是考虑"做什么要花多少钱"，如果没钱就去贷款。孩子上学、结婚、修新房子、治病等都是贷款的缘由。

三　宰牲月

裕固族俗语云"没有羊肉不成席"，但时空置换到当下，更为准确的表述或许应该是"无肉不成席"②。每年 11 月，是牧区裕固族人宰杀牛羊、储备冬肉的时节，称为"宰牲月"。在冰箱、冰柜等现代化存储设备未在牧区出现之前，牧民采用烟熏、风干、地窖等方式存储肉品，以备全年肉食之需。随着物质生活水平提升，以及冰箱、冰柜等家用电器在牧区逐渐普及，各家各户可以随时宰杀牛羊，随时吃上新鲜肉品，但是宰牲月仍旧是每年各家各户集中宰杀牛羊的好时候。牛羊经过在水草丰美的夏秋场上膘后，刚刚进入冬场；冬场的草量不足且草质不佳，牛羊又开始掉膘；而宰牲月这个时候非常恰当，正值牛羊膘肥体壮且肉质鲜美。

进入 11 月后，牧区各家陆续开始杀牛宰羊准备储备冬肉。再晚些日子到了 12 月，牛羊吃不到好的草，就开始塌膘了；11 月下旬，是牛羊膘峰最好的时候，也是气温最适合的时间，适宜处理牛羊肉以

---

① 摘引自 2008 年 9 月 7 日田野笔记。

② 牲畜（主要指牛、羊、马）作为重要的生产资料和生活物资的重要来源，除了每年宰牲月为储备冬肉而宰杀之外，平常很难吃到新鲜肉食。在整体生活水平不高的年代，除极个别的富裕人家会宰杀牛，一般牧民家每年宰牲月多宰杀羊，且通常情况下都是宰杀一只羊用以供给几乎全年的家用肉食，所以对于裕固族而言羊肉是其主要的肉食种类。现在，羊肉仍旧是裕固族人的主要肉食种类，但并不限于宰牲月宰杀，平时待客亦会宰杀羊只，而不少人家在宰牲月时除了宰杀羊之外还会宰杀牛，可自家食用，抑或售卖。除牛、羊肉之外，其他采买的肉类例如猪肉、鸡肉、鱼肉等亦已成为裕固族人日常餐桌上的肉食。

便储存，或风干或冷冻；各家各户都选择这个时间段开始陆续宰牲储备冬肉。

17日早晨，在乡政府门前的路上遇见奉如山和尚国全两人从商店里出来，尚国全在身后"喂！喂！"地叫我。他明显瘦了很多，穿得很单薄，外面套着一件半长的军大衣，腰间用一条鲜红的围巾系紧，没有戴手套，面色有些黯淡。奉如山说，尚国全刚从后山下来，自从7月赶着家里的牛群到后山后，一直待在后山放牛，其间没有下过山，今天刚刚下来，准备明天早晨宰牛。

18日早晨，我到奉如山家时，他们正在等帮忙的人，是永丰村的全峰、路海强、华东明三人。这几个人与奉如山虽然不是同一村，但都是响应乡政府的号召从牧业上下到巴里庄台子上搞舍饲养牛养羊的。从山上下来搞舍饲育肥的牧户不多，故而从不同村子下来搞舍饲育肥的几户人家便经常往来，互相帮助，延续了山上裕固族人互助的传统。

我在奉如山家吃了一碗汤面饺子，汤面上密密地漂着黄色的牦牛油。出门时，遇见乡长带着信用社的人还有乡上文化站的通信员准备给舍饲育肥的牧户开会，谈谈各家贷款的情况，并上报各家舍饲养畜的数量和状况。今年黄牛育肥，高价买入低价卖出，牧户都有或多或少的亏损，有人便打了退堂鼓，剩下的牧户有些犹豫不定，感觉前途不明。永丰村的巴海说：不要在电视广播上光说好听的，做足了门面子，实际上我们的日子都不好过。

奉如山家从18日开始宰牛，准备连续几天共宰23头牛。每宰杀一头，便有人在一边等着买牛肉，有政府部门的工作人员，有闻讯而来的个人，或订或买。我遇见尹东海夫妇两人在买牛肉，二人买了很多，用红色的大食品袋子装了很多袋放在地上，全峰在帮忙分割牛肉。我对尹东海媳妇说，买了不少呀。她笑了笑，在我耳边低声说：都是买了送人的。这个时候，正是各家开始准备冬肉的时候，也是表达各种人际情感和意图的最佳时候。[1]

在牧区，即使宰一只羊待客已经常见，但是"吃新鲜肉"对于牧民

---

[1]　摘引自2008年11月20日田野笔记。

而言仍旧是非常重要的时刻。每逢家中宰杀牛羊，邀请亲朋好友一起共享
"新鲜肉"是表情达意的重要方式。

　　11月28日一早，华海娜①便打电话来说今天她家宰牛，让我上去吃新鲜肉。我到达时，亲戚、朋友和邻居来了很多，屋子里和院子里都是人，大家都在忙碌。男人们负责重体力活，包括宰杀、清理、卸块和分装，以及挖坑、架石头、搭起大锅用以煮肉；女人们则负责轻体力活，包括清洗锅碗瓢盆、择菜、洗菜、切菜、拌馅料，以及清洗牛内脏、灌装肉肠、血肠和脂囊肠。

　　大家一边干活一边聊着最近发生的事儿。东青村的尚建国和西勒村的华如学喝醉酒后打架，华如学捡起一块石头把尚建国的脾脏砸坏了，赔了35000块钱；听说现在尚建国又不行了，准备要动手术，这样华如学还要再赔钱。大家都说东青的人很野，一起喝酒的时候，如果有东青的人在都会说："把刀子②收起来，有东青的人呢"；田明峰说，有一次他与人喝酒，有人说："快把刀子收起来，有东青（村）的女婿在"，这让他听着很生气，但也没法子。③

　　宰杀牛羊时，不仅能吃到新鲜肉即"开锅肉"，还能够吃到平常很难吃到的肉肠、血肠和脂囊肠。

　　宰杀的羊（或者牛）是从羊群中挑选的最为膘肥体壮的羯羊，羊血接在预先放盐的盆里。先把羊皮整张剥下来，开膛后取出心肝肺，扒出肠肚，然后从羊后腿下刀，依关节把羊肉一块块卸开，肋条一根根分开，羊胸叉、后髋骨、羊脊骨也一一分成小块，如此，一只羊被全部卸成了一块块的带骨肉。④ 随即冷水下锅，待肉开锅后撇净血沫子，再撒点盐即可食用，称为吃"开锅肉"。裕固族人讲究"杀生害命，骨头啃尽"，要把骨头上的一丝丝肉都啃尽或用小刀剔干净，绝不浪费一点肉。

----

　　① 笔者田野调查期间曾长期居住在华海娜家，按照年龄笔者称呼其"姐姐"，这一拟亲属的关系一直延续至今。

　　② 牧区常食肉，牧户家中常备多把小刀用以剔骨削肉，所以刀具在牧区较为常见。

　　③ 摘引自2008年11月28日田野笔记。

　　④ 王秀芸主编：《肃南裕固族自治县非物质文化遗产保护名录图典》，甘肃民族出版社2016年版，第71页。

　　肉肠，裕固族语称为陶尔（音为：tɔr），其制作方法如下：宰羊剖腹后，将羊肥肠取出用冷水冲洗干净，往里面吹气使之膨胀，然后加入羊血再冲洗一遍。取鲜嫩的里脊肉剁碎，调入食盐、花椒、葱、姜粉，再掺入一些面粉或炒面，一起灌入肥肠中。灌的时候，扎住肥肠的一端，灌好后把肥肠有脂肪的一面翻到里面，里外正好翻转调个儿。① 用清水冲洗一遍后放入肉汤锅煮 30 分钟左右，煮熟后取出切成小段，盛放在盘中即可食用。

　　血肠，裕固族语称为该代斯（音为：gedes），其做法和陶尔差不多。宰杀羊剖腹后把羊肠取出清洗干净，先把小米炒熟磨成粉面，然后把羊肉汤倒进盆中，掺入小米炒面，再加入适量的羊血块和羊血水，佐以葱花、食盐、花椒、姜粉，也可以加入羊油渣拌匀，从羊肠粗的一端开始填装，装好一段就打结。② 煮熟后切成小段即可食用。

　　脂囊肠，裕固族语称为孜热（音为：zire），其制作方法如下：将炒面或面粉拌入羊血中，加入食盐、姜粉、花椒粉，佐以葱末、蒜末，搅拌均匀；把羊蒙肚油整块取下在案板上铺展开，将拌匀的羊血料用手抓到蒙肚油上，然后卷成直径约 3 厘米的长卷条，用羊黑肠或棉线扎紧，放入锅中煮大约 25 分钟③，捞出后切成小段，盛放盘中即可食用。

　　宰牲当天，亲朋好友从四面八方赶来，吃"新鲜肉"只是一方面而已，另一方面则是帮忙。所谓宰牲，从挑选、抓捕、宰杀到处理、清洁、制作等各个环节都需要多人共同协力才能顺利、快捷地完成，因此宰牲某种程度似乎已成为牧区人际关系强化的方式，而宰牲月则在频繁的人际往来过程中被赋予了某种族群狂欢的意义。

四　过日子

　　裕固族人的草原生活是由所谓"过日子"构成的，十二个时辰/24 小时一日/天是个体、家庭、族群生活和生产实践的基本时间单位。

　　裕固族老人回忆"老辈子"的日常生活会强调："那时候"裕固族人

---

① 王秀芸主编：《肃南裕固族自治县非物质文化遗产保护名录图典》，甘肃民族出版社 2016 年版，第 72 页。

② 同上书，第 73 页。

③ 同上书，第 72 页。

每天早晚有两件必须要做的事情，即早起礼佛和日落祭祖。① 家中女主人每天早晨起床后第一件事是刨开石灶中前一天埋下的牛粪火种，并在灶底部再埋入一块半干的牛粪，然后开始烧水打茶。裕固族有一个谜语曰"三山间，红牛在舔黑牛"，其谜底就是火、锅、三岔石，这是裕固族灶台的生动写照，即由三块石头搭成灶，以干柴或牛粪为燃料，架起铁锅，打茶烧饭。早茶打好后，用经水碗盛第一碗茶，端至屋后的煨桑台，点燃柏树枝，朝燃烧的松柏枝上撒炒面，然后把经水碗中的茶水朝天空抛洒，再吹几声海螺。煨桑完毕，回到帐篷中，洗净双手，再为佛龛前的经水碗换上新水；龛前经水碗最少要摆放七只，并列成排，数量可以多于七但不可以少于此数，可以是单数而不能是双数；如果家中有人是阿卡，那么每天早上均由阿卡煨桑、换经水；如果家中没有阿卡身份的人，则由家中年长之人来完成系列操作；一般情况下，不允许年轻人做此类事务，以避免玷污经水。每天日落后的第一件事则是慰祭祖先：从石灶中取一块燃烧的木炭，放在帐篷前特定的净地上②，把炒面撒在木炭上，当炒面燃烧冒起烟时开始念玛尼以祝福祈祷。这一每日的祭祀有两个目的：一是为家中逝去之人恭送食物，以免他们在阴间忍受饥饿；二是希望祖先能保佑其子孙，祈福免灾。

　　早茶后，全家人便各自忙碌开来。一般情况下，家中男性早出晚归放牧，女性在家里操持家务。家中男孩子，一般会跟着父亲外出放牧。外出的牧人会带着干粮，以及直径约20厘米的小锅、炒面、小米，以便中午在野外熬米汤或打茶。有的人家会把男孩送入永隆寺，或者送到青海一处被称为郭芒（gɔmʌŋ）寺（藏文称 serkoq 寺，意为黄金寺院）的寺院学习藏文，学成归来后在永隆寺当阿卡。女孩子一般只能跟随母亲学习操持家务，而没有其他外出学习的机会。

　　牧区的日常餐饮与城市生活中的一日三餐制存在很大差异。一般情况下，牧民们每天只有一顿正餐，即晚餐；其他时间，无论饥、渴，均喝茶。[①] 每天的生活从早晨的第一顿茶开始。家中女主人一早起来打茶，喝完早茶、吃点馍馍之类的干粮，大家便各自忙碌开来。女人挤奶，男人打开围栏把羊撒入草场，孩子或者给父母搭手，或者被分配其他事务。2—3个小时后，10点钟左右，奶子挤好了，羊赶到山上去了，水背回来了，女人再打一锅茶，端上馍馍、羊肉、饺子或其他吃食，招呼邻居，大家围坐在一起边吃边聊些家长里短；第二次茶喝的时间较第一次茶的时间长，需半小时到一小时，大家喝得很从容，慢慢地晃着茶碗，一口一口地悠然啜饮；喝到最后，干硬的曲拉已经被茶水泡得松软了，嚼起来带着些许韧劲儿；茶后，大家又各自忙开去。12—14点，忙碌的人们再次回来，女人打第三锅茶，大家再次围坐到一起，喝茶、吃馍馍，或者喝稠奶子。第三次茶的时间或长或短，但远不如第二次茶那么悠然；这时候人或多或少有些疲乏，茶后会稍事休息，然后再次忙碌开。16—18点，女人会认认真真地做一顿真正意义上的饭，或者是揪面片，或者是拉面，或者是炒面，或者是米饭和炒菜；饭后，女人开始挤奶，男人上山收羊。20—21点，一天的劳作结束。这时候，邻里之间会相互招呼相聚在一起，主人家端出肉、拿出酒，或者打上一锅清茶，大家围坐在一起边吃边聊，有时会唱歌自娱，大多时候是说一些村里的趣事，或是某次吃席时遇见的人和趣事，或是别处听来的奇闻怪谈，或者是交流牲畜和草场相关信息，或者讨论进山打猎的事儿，都是身边事，互通有无。

早晨大约六点时，山中的夜色还没有散尽，华玉梅照例起床拎着奶把里[②]和奶桶去挤奶。今年奉古言家有5头奶牛，华玉梅想趁夏天草好的时候多挤些奶，打点酥油、晒点曲拉以备茶用。虽然奉古言很不情愿妻子从牛犊口中抢奶子，但想到能喝上酥油曲拉茶，便也不说什么。

七点左右，奉古言起床架炉子、背水、烧开水，准备等华玉梅挤

---

① 喝茶是裕固族人日常生活饮食的重要构成，故而打茶的技能也是裕固族人评价一位女性是否能干的重要指标。传统裕固族新嫁娘婚礼后第四天是在婆家生活正式开始的第一天，当天天亮之前起床，一个人架火、烧水，打第一顿新茶，以证明其作为家庭主妇的能力，预示其开始正式参与理家。

② 小桶或小盆，挤奶时用来夹在双膝之间接牛奶，装满后再倒入奶桶中。

奶回来后打早茶。快八点时，华玉梅拎着奶桶进门，见我梳头时有发丝掉在了地上，赶忙对我说："快捡起来烧了吧，老人说，头发掉在地上被人踩，头发会越掉越多的。"听闻，我忙不迭地仔细将地上的头发一根一根拾起来，丢入炉火中。她挤完自家奶牛后又去帮邻居路春玉[①]挤了一阵子；尚全明（路春玉之子）不在家，路春玉一人实在忙不过来。华玉梅挤完奶回到家，把奶桶中的一点鲜奶倒入茶锅中，手擎着大汤勺走到门口朝路春玉家的帐篷喊道："姐姐，下来喝茶。"这时候，路春明来串门，他想打听羊毛价格的最新消息，华玉梅招呼他进屋一起喝茶。剪完羊毛已将近十天了，长乐沟大部分人家的羊毛还没有卖出去。

打茶（林红，摄于 2008 年 9 月 13 日）

早茶后，华玉梅从山上折回了一些柏树枝子，然后到屋后山坡上

---

① 路春玉家是村里不多的几户养牛户。2008 年时，家里有 15 头奶牛，除却自家食用的酥油曲拉之外还对外出售，每年夏天酥油曲拉的收入平均 3000 元，是一笔不菲的收入。

的煨桑台煨桑；煨桑台是她自己用石头亲手垒成的。今天是农历六月
十五，每逢一个月中的初五、十五、二十五，华玉梅都会煨桑、磕
头，为全家人祈福。每天晚上，当一天的劳动结束后，她会手握念
珠，嘴里默念玛尼，每天一千遍，从无间断。

　　早茶后，奉古言、路春明便一起到沟底去找人商量卖羊毛的事
情。不一会儿，两人便上来了，身后还跟着奉古明、亚金鹏、路习军
几人。大家动作迅速地开始给羊毛称重，并在羊毛袋子上打上自家的
区分记号。不久，吉安德开着一辆橘黄色的大卡车上来了，大家协力
把附近几家的羊毛装上车，又一起去沟底帮其他几户人家装羊毛。这
样，一辆大卡车便把长乐沟所有人家①的羊毛都拉下了山，山下已有
各地来的羊毛收购商。

　　大卡车拉着羊毛下山后，沟里的男人也都跟着下山去盯着，女人
们也跟着下山玩去了，整个长乐沟只剩下华玉梅、路春玉和几个孩子
（注：还包括我）。送走羊毛，华玉梅便上山找牛。山那边白塔村有
人捎信过来说，看见一头耳朵上打着花布条的牦牛②跑到他家牛群里
去了，华玉梅要去把那头牛找回来。中午，留在沟里的人都到路春玉
家来喝茶、吃稠奶子。华玉梅找牛回来后也直接过来了，她还顺道背
了一捆柴回来。

　　下午，华玉梅很早便上山收羊。由于沟里的人几乎都走光了，
仅剩的两个大人中，路春玉又忙着打奶子，所以她今天要一个人把
全沟里所有人家的羊都赶下山来，我自告奋勇地跟着她上山顶去收
羊。我们路过山坡上一处泉水，她告诉我："前两年这里天旱得很，
沟里人就请了奉全磊③和他那个青海师父来祭泉水，祭完以后这里
的泉水好像就大了，而且好几个地方都出泉水了，现在又没有了。
如果明年还这样，估计又要请他们来祭一下了。"在牧区，大大小

---

　　①　华方平家的羊毛除外，村里人觉得他和媳妇欧丽华不孝顺、为人也不怎样，一般不愿意
和他往来，更别说帮忙了。全长乐沟牧户家的羊毛都是在夏场上剪的，各家之间相互帮忙，每家
少则半天多则两天就剪完了。只有华方平家是把羊群赶下山到冬场上，买了一台剪毛机，并把远
在张掖的妻子的姐妹找来一起剪了三天才剪完。因为他知道，在夏场上剪羊毛，如果没有人自愿
来帮他家的忙，剪羊毛和卖羊毛都是问题。
　　②　在牧区，各家的牲畜都会在不同部位打上不同的记号以示区别。奉古言家的牛群特征是
在右耳朵戴上彩色条纹的布条。
　　③　奉古建之二子，在青海某寺院学习佛经，时常回东青村念经。

小的泉水是人畜的饮水之源。人们可能会因为各种原因请喇嘛祭泉水，比如天旱的时候祭泉水是祈祷泉水丰涌，保佑人畜平安；或是在遭遇生活不如意的时候，人们也会请喇嘛去祭祀某处的泉水，为自己和家人祈福。

晚上快十点钟，已是入睡时，奉古言和尚全明才一身酒气地回来。羊毛运到山下很快就卖了，奉古言回来路过沟底的奉古军家时，遇见奉古军家正在卖土种羊羔，于是便帮忙一起抓羊羔；羊羔抓完后，又帮忙赶到金堂沟门口，羊羔收购商才赶着下山了；忙完后，奉古军留他喝酒；后来尚全明一个人醉醺醺地从山下上来，跑到奉古军家找酒喝，两人便遇到了。路春玉原以为尚全明不回来了，一个人睡帐篷害怕，就抱着铺盖到奉古言家睡觉①；见尚全明醉醺醺的样子，她赶忙从炕上穿衣服下来，一面向奉古言道谢一面扶过儿子回家去休息。母子二人走后，大家又重新收拾了睡下。②

我们从这一天发生的所有事情，可以获知以下几点重要的信息：第一，邻里互助，剪羊毛或卖羊毛这样的大型的生产活动需要邻居搭手帮忙，即使是平日里喝茶、吃饭、睡觉、看家、收羊、撒羊等零碎的生产生活也都需要邻居相互支持。第二，宗教虔诚，每月定时煨桑、每日定量念一千遍玛尼，这是华玉梅日常表达对佛虔诚的行为，而且她深信这么做会给她和她的家庭带来福祉，如果中断了，佛爷赐予的福祉也会中断。奉古言虽然也信佛，但他平日里不会做这些事情，只有在祭鄂博和寺院大会时才会去煨桑、磕头。虽然裕固族人都笃信佛，但两性表达虔诚的方式却有所不同。在我们看来，女人比男人对宗教具有更深的寄托。第三，世风不古，用裕固族老人的话来评价如尚全明一般的年青一代是"现在的年轻人不成样子，哪像我们那时候"。有一次奉古言的弟媳昌玉花告诉我："以前滩上跑的醉汉都是老头，现在滩上跑的醉汉都是小年轻。"年青一代裕固族人有着与老一辈截然不同的人生观和世界观，他们对佛教的虔诚远不比上一辈，他们对生活的追求比老一辈更加多元化，也许正是这种多

---

① 路春玉家夏场上仍旧住毛帐篷，夏场上时常有狼出没，所以她一人在家时会感到害怕。有时候下大雨，毛帐篷晚上会很冷，她和家人也会到邻居家里借住。

② 摘引自 2008 年 7 月 17 日田野笔记。

元化最终导致了这一代人某种程度的迷茫。

当然，每一天都是不一样的，而所有试图标准化或流程化的描述也只是呈现一种概貌。裕固族人所谓"过日子"，正如牧民每逢阴天时会"过阴天"① 一样。其重点在于"过"这一日常实践行为。

五　时间观的整体性

每一个裕固族人的生命历程都有几个重要的时间点：出生、剃头、戴头面、婚礼、死亡。每一个时间点都意味着一种特定的仪式。仪式不仅意味着个体身份的改变，而且是整合所有社会关系的过程。孩子出生后，亲属探望、邻居帮忙、朋友送礼；三岁剃头时，拿剪刀的顺序、送礼的轻重考量；女子戴头面时，女伴儿的选择、客人送礼；葬礼时，抬尸体的人、埋葬的地点等各种因素的考量，都是社会血亲关系、姻亲关系、性禁忌、长幼尊卑等文化要素的实践过程。

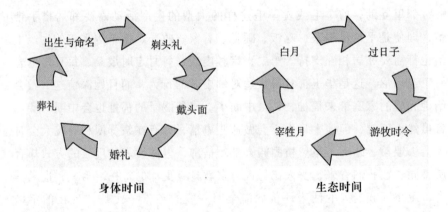

身体时间　　　　　　　　　　　生态时间

从日到年，裕固族的社会生活亦被赋予了仪式性特征。每天清晨用第一碗茶礼佛、傍晚祭祀祖先，每年白月的祭祖和寺院大会、游牧生计过程的不同时令、宰牲月作为一种丰产的象征，特定时间点上的社会行为被不断地重复和强调。如果说，裕固族人对个体生命的认知结果导致社会赋予

① 牧民所谓"过阴天"，是指阴天尤其是阴雨天、下雪天等不利于外出劳作的时候，大家相约聚在一起娱乐，例如喝酒、煮肉、猜拳。

个体某种特定身份，那么，对生态时间的认知结果则导致了个体对所属群体的认同。

"时间"作为一个历时的纵向度量方式，既是人类对宇宙形成的一种认知表达，又是不同族群文化特质的体现。裕固族人关于个体生命时间的划分方式，是这一族群对生命认知的表达之一；关于生产、生活、时令的节点性划分，则是他们对自然、宇宙认知结果的一种表述。

无论是个体生命时间，还是生态时间，裕固族对时间的认知都呈现一种循环特征（如上页图所示）。在生命的循环过程中，个体在不同的阶段被赋予不同的文化、社会身份。而在生态时间的循环中，个体的社会血亲身份和族群身份则被仪式行为所强化。

第九章

居住空间

一 牙普－盖尔

1962 年前裕固族居住的帐篷被称为牙普－盖尔（裕固语为"jap－ger"）。现仍旧在使用的是 1962 年前后传入的藏式帐篷。虽然帐篷的式样有所改变，但其内部格局及居住的空间观念并未随外观样式的变化而变化。

毛帐房（林红，摄于 2008 年 6 月 9 日）

裕固族有一个谜语："走的时候是骨头的脚，停的时候是木头的脚。"其谜底就是"帐篷"。"走的时候"是指游牧转场的搬迁过程中牧民使用驮牛运输帐篷，驮牛行走的四肢是帐篷搬运过程中行走的"骨头的脚"；"停的时候"是指牧民到达目的地后使用木头桩固定帐篷和木头杆子支撑帐篷，故而是"木头的脚"。

扎帐篷讲究坐北朝南，或者坐东朝西、坐西朝东，忌讳门朝北开。裕固族老人说，只有家里有人去世了，帐篷的门才会朝北开。帐篷一般用两根、四根、六根、八根、九根数量不等的木头杆子支撑搭建。使用的杆子数量越多，帐篷的内部空间相应越大。帐篷罩面使用牦牛毛、羊毛混织成地毯的式样，然后用牦牛毛线将各块帐篷面缝接起来。牦牛毛帐篷不怕风吹日晒，即使被雨淋湿，雨水也无法渗入，为草原上的裕固族牧民提供遮风避雨之所。

帐篷内各类物什的摆放空间秩序井然。进门右边放一排木柜，柜中放着锅、碗、奶桶、粮食等炊饮杂物，裕固族的民歌祝词中有唱"帐篷右面是放灶具、牛奶、女人做家务活的地方"[1]。左边为炕，占据帐篷内部整体空间约二分之一或三分之一，是帐篷内最重要的家居陈设，正如民歌祝词所言"帐篷的左面是客人就座、待客、休息的地方"[2]。裕固族传统的板炕相较于现在牧区常见的土炕更为简易：挖一个50厘米深的长方形浅坑，坑内填满羊粪，其上铺盖木板，再铺上毡毯，坑内填满的羊粪可以闷烧七至八天而持续保温。帐篷正前方是礼佛的位置，一般摆着约半米高的佛龛，佛龛前整齐摆放着经水碗；时至今日，裕固族人多采用画像或小型佛像取代了大体积的佛龛；至今牧区，虽然砖木结构的房屋已取代帐篷，但牧民家中室内格局这个位置仍旧是尊位。帐篷正中为火炉，是日常饮食的重要器具。在铁皮炉出现之前，牧区经常使用石灶，即用三块石头摆成三角形，上置一口大铁锅，用以打茶、做饭。

> 以前都是住毛毡房，毡房里面右边放锅、碗，左边是睡觉的地方，正前方摆着佛龛，是供佛的地方。客人来了，当官的人和尊贵的

---

[1]　八十三岁裕固族老人尕尔玛什旦口述，田自成整理，参见中国人民政治协商会议肃南裕固族自治县委员会编《肃南文史资料》（第一辑）（内部发行），1994年4月，第132页。

[2]　同上。

客人都坐在正前方，其他的客人依次在左边按照辈分从上到下（由里而外）坐。一家子人住在一起，丫头、儿子、媳妇、父母、爷爷奶奶都有。睡觉的时候，不管人多还是人少都是一起睡，男人睡左边，女人睡右边，夫妻是单另睡的。盖的被子是厚厚的毛毡子，毡子外面再用羊褐子罩上，又大又长的，几个人一起盖。一般是所有男的睡在一起盖一条被子，所有的女人睡在一起盖一条被子，夫妻就单另盖一条被子。来了客人也是这样的，男的和男的睡在一起盖一条被子，女的和女的睡一起盖一条被子。"比如说你去了人家里，就和女人一起睡在右边，盖一条被子。"那时候的冬天，人们都穿长长的袍子，晚上睡觉的时候也不脱直接穿着就睡觉，可以挡风防寒，所以也不会冷。①

帐篷外是一个户外生活圈。羊圈一般位于帐篷侧面下方、地势比帐篷要低的地方，一般在帐篷侧前方、相距 30—40 米远的低凹处，人工挖成四方形，在四周插上树枝、垒砌石块，用以圈羊、圈牛。1958 年之前，每家每户的四季牧场上都有煨桑台。煨桑台比较简易，建在帐篷后方、地势比帐篷高的地方，用石头垒成一个小圈。在使用煤炭之前，家家户户都有柴堆，一般位于帐篷左侧，不妨碍交通。

> 那时候的羊圈都很简单，两根木头交叉插进土里，两根连着两根连着围成圈，就成了羊圈。羊圈都是在房子侧面靠下方地势比房子要低的地方，一般是在毛毡房的侧前方距离房子大概有三四十米远的位置，陡一点像盆地一样的地方，朝下再挖深点，挖成四方形的，在四周插上木头，就可以圈牛圈羊。从 1984 年开始变化就大了，有人用石头砌羊圈，也有人用铁丝网围羊圈的，后来还有用砖头修羊圈，还在羊圈上面架棚子，可以挡风挡雨。
> 那时候每家每户都有煨桑台，春夏秋冬牧场上都有煨桑台。煨桑台都是在房子后面的高处，用石头垒成个圈，在中间放上柏树枝子燃烧。每天早晨起床的时候，要在佛像前面摆上铜碗（经水碗），倒满清水，我们叫经水，是供奉给佛的。然后在房子后面的煨桑台点燃柏

---

① 摘引自 2008 年 11 月 20 日田野笔记。

树枝，有的人家还要吹海螺。晚上不煨桑，下午的时候把炒面和酥油拌在一起，在房子前面一块干净的石头上放上一勺子，是敬给先人的，每天下午都要敬；意思就是请所有饿死的和没有子女后代的还有自己家的先人一起来吃，那时候老人还要念玛尼念经什么的，那时候的人都会念，但是现在就不行了，没有多少人会念了。①

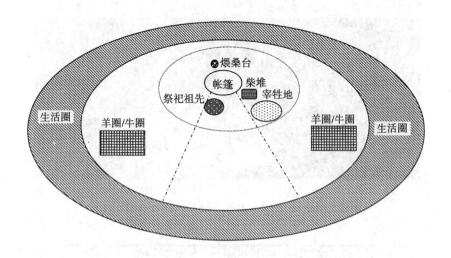

裕固族生活空间示意图

户外空间使用存在诸多禁忌。宰杀牲畜的位置选择不能随意，一般选在柴堆附近；正对帐篷门的位置绝对不可以。在裕固族人看来，帐篷门前是净地，是每日敬奉祖先的地方。帐篷后方更加不允许，那是煨桑礼佛的地方，绝不能被动物的血迹玷污。没有固定的如厕位置，如厕时随机选择隐蔽的地方，但以下地方禁止如厕：帐篷周围、牲畜圈内外、水源周围以及水流经之地。垃圾倾倒和宰牲的忌讳相同。

现如今，牧区裕固族各家各户都已在冬场乃至其他三季牧场上修建了定居房，盘起了土炕，帐篷和板炕几乎绝迹。四季牧场上建起的房屋以砖瓦结构和彩钢房为主，房屋主体结构和院落布局从外观上与农区常见的居家院落类似，但从空间使用频率来说，裕固族人家使用频率最高的是放置炉灶的房间。这间房的内部布局与传统帐篷内的空间布局大同小异。

---

① 摘引自 2008 年 11 月 22 日田野笔记。

居住空间格局（一）（林红，摄于 2008 年 9 月 2 日）

居住空间格局（二）（林红，摄于 2008 年 9 月 2 日）

换而言之，虽然裕固族人的居住方式在物质层面发生了与时俱进的变化，但作为其族群文化一部分的居住空间观念并未发生根本变化。

裕固族人虔信佛教，凡是与此相关的人或物都被赋予了最高的社会地位。在裕固族人的观念里，肉食意味着杀生的罪恶和不洁净。从外面带回的肉类例如打猎所得猎物不能直接带入帐篷，必须放置在帐篷门口；不能在帐篷内烹煮肉类，以免玷污神灵。日常生活中，人不会在佛龛前随意走动；佛龛前的座位是尊位和上座，日常生活中人们不会随意入座尊位。如果家中有阿卡，或者来客中有阿卡，那么佛龛前的座位理所当然属于阿卡。

> 东青村奉古言的哥哥奉古建，他的二儿子奉全磊是一位在青海学经的阿卡。某次奉全磊从青海回来，到家中看望叔叔奉古言。一进门，奉古言便把侄子奉全磊让到了尊位。奉全磊推让了一番，便很从容地坐下了。随即他请奉古言坐在身旁。我发现，奉古言并未与奉全磊并肩而坐，而是与他呈135度角。事后，我问奉古言为什么不和奉全磊并排坐。他解释道，虽然奉全磊是他的晚辈，但他的身份是阿卡，这个身份才是第一位的。

在裕固族人家，入座是一件非常严肃的事情。家中来客时，如果没有阿卡和官员在场，那么按照年龄和辈分入座；辈分高的长者坐上方，即佛龛下的位置，晚辈和青年坐下方；客人坐上方、主人坐下方；男性坐左边，女性坐右边。男性依次在炕沿或靠近炕的座位入座，按照辈分从上到下（越靠近佛龛处或正前方处越为尊）排列，男主人一般会选择坐在末位；男性入座后，女性才会入座。如果炕沿或靠近炕的座位还有位置，辈分高的女性可以紧靠最下方的男性入座。大多数情况下，女性会直接在右边位置落座或者靠近火炉坐下，而女主人会选择坐在火炉边以方便掌勺，可以随时为客人添茶、盛饭。

上炕睡觉，是另一件讲求长幼尊卑秩序的事情。每户人口无论多少，均睡在同一盘炕上即通常所说的通炕或通铺，老幼尊卑，秩序井然。日常生活中，家中老人和孩子睡在上方（以佛龛位置为准，靠近佛龛为上方），次之为成年男性，最下方是成年女性，夫妻俩彼此相邻。有客来访，与主人同炕而睡。老人和孩子仍旧睡在上方，共用一条被子；其他人以主人家夫妇为中心，男性客人靠着男主人睡上方，女性客人靠着女主人睡下方；主人家夫妇共盖一条被子;其他男性共用一条被子,女性共用一条被子。

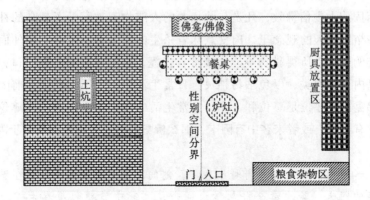

裕固族家居空间示意图

二 一条沟

裕固族人常说:"远了的姓一样,近了的名一样。"意思是说,同姓的血亲和不同姓的邻居一样重要。亲属相隔很远,即使姓氏相同,也并不一定能在必需的时候提供帮助。比邻而居的人,尽管姓氏不同,却能够在第一时间伸出援手。故而,裕固族人非常重视邻里关系。

邻里之间的情谊都体现在琐碎的日常互助中。时逢孩子剃头礼,除了邀请亲属和朋友,邻居定是必请之人,也是最早参与仪式相关准备工作的帮手。如果家中有人去世,全部落或全村人都会带着茶、馍馍、炒面、酥油、新布条前来看望,而邻居也总是第一个前来帮忙的人,分担拾柴、做饭、打茶、端茶、倒水、招呼客人之类的事务。平日,如果家中无人,可以请邻居帮忙收羊、撒羊、照顾孩子、看管帐篷,而不必有任何担心。每逢宰牲,周围邻居和亲戚都会前来帮忙,请大家一起享用新鲜肉[1],临走

---

① 裕固族一般会在每年11—12月期间宰杀牲畜,储备冬肉。之所以选择这个时段,是因为牲畜在夏场和秋场食取优质的牧草后膘肥体壮,从秋场迁到冬场后,由于草质远不如夏秋场,牲畜体内的脂肪储备会越来越少,牧民称之为"塌膘",必须在牲畜塌膘之前宰杀,才能保证肉质并方便存储。冬肉储存,裕固族通常选择将肉切成细条风干,或者在冬雪未融之前冻藏于雪中。这样,一年中的大多数时间里裕固族人吃的都不是新鲜宰杀的肉食,故而裕固族格外珍惜吃新鲜肉的机会。

时再给亲属、邻居们准备些鲜肉带走。有人擅长调马①，帮邻居调教马驹；调教好之后，自己可以骑用两年，再送还主人，相互之间不需谈任何报酬或回报。转场时，没有驮牛的人家向邻居借用后再还回，不需要说付钱或用粮食作报偿；而到了夏天，受惠之人再帮忙搬家、剪羊毛或搓毛绳，以作回报。

　　2008 年 9 月我住在多吉沟，整条沟里只有奉古言、奉古明夫妇和我五个人。闲暇时，奉古明坐在门前用五颜六色的毛线手工编织马套绳。我很奇怪，他家并没有马匹，为什么花工夫编织马套绳。奉古明解释道，夏天他家转场时，尚全明帮忙赶牛，所以帮他家的枣红马织一个漂亮的套绳作为酬谢。

　　邻里之间，格外珍惜每年在夏场相聚的时间。夏天转场时，第一个搬到夏场的人，会为后来抵达的邻居们打好茶，准备吃食；一起喝完茶后，再帮忙一起卸驮牛、扎帐篷。有人家做好吃的，总会毫不吝啬地叫周围所有邻居一起分享。夏天结束时，邻居们又将分离，各家各户之间，有羊的宰羊，有肉的煮肉，家中没有肉的人家也会精心准备酥油煎饼②或酥油米饭③等美食，邻里之间相互邀请，互道别离，并期待来年相聚。

　　2008 年的夏天，我在东青村的夏场上度过，住在有十户人家的

---

　　① 老人讲述说："调马是很辛苦的事，尤其在以前，马的体格比现在的马大得多，而且那时候马多，都是成群的一起养，不像现在少得很。马多了就顾不过来了，马驹子生下来两三岁了人都没有近过身，与人接触很少，所以那些阔马的性子就野得很，不好调教，不少人调马的时候从马上摔下来，头磕坏的，断了胳膊的，身上受伤的，只有经人好好调教成走马以后才能骑。"（摘引自 2008 年 11 月 27 日田野笔记。）

　　② 裕固族语为"亚孜玛克"（音：jʌzmak）。酥油煎饼是裕固族节庆和待客时的一道传统面食。其制作方法如下：取面粉与水和成稀糊状，锅烧热后用羊油擦拭锅底，倒入适量食用油，舀一勺面糊入锅，用温火煎制成均匀的圆形薄饼，根据食用人数煎制足够的薄饼后叠放在盘中，然后炼制酥油。等金黄透亮的熟酥油盛在碗中和薄饼一起端上桌，女主人会再端上一碗白砂糖（白砂糖可以用碗单另盛放，也可以倒入酥油中）。食用时，女主人或客人自己动手把酥油和白砂糖分别均匀地涂抹在煎饼上，然后把煎饼卷起了，即可享用。酥油煎饼可以用作赠礼，一摞煎饼，扣上一碗酥油浇糖，对于裕固族人而言是馈赠佳礼。

　　③ 裕固族语为"陶森阿姆森"（音：tɔrsər - ʌmsiŋ）。酥油米饭是裕固族节庆和待客的一道美食。其制作方法如下：米饭蒸好后，把炼化开的酥油浇进米饭，加入白砂糖，还可以加入蕨麻、葡萄干、红枣等，搅拌均匀后即可食用。

长乐沟。山里的天气真如小孩的脸，时而雨，时而雪，时而冰雹，又时而蔚蓝晴空。虽然是夏季，但是除了漫山的绿色和遍地的野花，我并没有体味到夏季的炎热。东青村近六十户的夏场，以一片开阔平坦的集体草场为中心分布在周边的沙沙、长乐、汲汲、关水、阿夏、古及六条沟中。每条沟的草场面积不同，户数也或多或少。户数少的沟如沙沙沟，只有四户。而户数多的沟如阿夏沟，则有二十几户。地理意义上的"沟"为社会意义上的"沟"的认同提供了物理性基础，牧户之间以沟为依托形成了一种天然的关系网络和互助模式。

长乐沟（林红，摄于 2008 年 6 月 27 日）

整个夏天我与奉古言、华玉梅夫妇两人同住在长乐沟中的一栋石头屋里。石屋上方十米之隔是华方平、欧丽华夫妻俩新建的一间砖瓦房；二十米之远是尚天、路春玉夫妇及其儿子尚全明三人的毛帐篷；下方五十米之隔是路春明和尔文玉夫妇俩的房屋；五百米之远一片较为平坦的碎石丛中有奉古军和尹芬秀夫妇的砖房、奉古明和昌玉花夫妇的毛帐篷、亚金海和尹兰枝夫妇的砖房、亚金鹏的毛帐篷及尹中民和尹梅霞父女的毛帐篷；靠近长乐沟的入口处是路学民和尹梅兰夫妻俩的毛帐篷。[1]

夏场上，最忙碌的时候是剪羊毛。这并非单户人家的事情，而是整条沟的事件。某户人家剪羊毛，整条沟里的人都会来帮忙，甚至远处的亲属也会赶来帮忙。如果前来帮忙的人家中也有羊群，那么，受助人便以换工的方式再去帮对方剪羊毛；如果来帮忙的人没有羊群，那么，受助人会以羊毛作报酬，由帮忙的人自己挑选一只羊的羊毛带走。

老人回忆部落时期，每年剪羊毛的时候，经济稍宽裕的人家都会为部落里没有羊的人特意留下一只羊的羊毛。如果他们帮忙剪羊毛，则要另算工钱。也就是说，不论他们是否来帮忙，主人家都会赠予一只羊的毛。而每到这时候，没有羊的人便会不请自到。主人会让他们自行挑选，选定后，等剪完羊毛便可以拿走。如果是贫困的亲属，还会赠送更多羊毛。如果遇到乞讨之人，按照惯例，牧民们会招待吃喝，临走时还要为其准备礼物如羊毛、食物等。这种对弱者的赠予，在裕固族人看来是理所当然的。

长乐沟共十户，剪羊毛时各家面临的情况各有不同。其中，奉古明、路春玉、路学民三家为养牛户，没有羊毛可剪；华方平、亚金鹏、尹中民三家的羊群已经赶下了山，不在长乐沟剪羊毛；奉古军家也是养牛户，但是承包了昌志远家的一群土种羊，奉古军在后山放牛，家中只有妻子尹芬秀和女儿奉全月。于是，沟中其余的亚金海、路春明、奉古言三家养羊户便结成了合作小组，并商定：7月2日从亚金海家开始，7月3日、4日下雨停工，7月5日开始剪路春明家的羊毛，7月6日剪奉古言家的羊毛。下面让我们分别看看到这三家帮忙剪羊毛的都有哪些人及其与主人家的关系：

　　亚金海家：亚金山—弟弟，奉斌—妹夫，华强—姐夫，尹新力—妻弟，尹新成—舅舅，路春业—朋友，路春明—同沟邻居，尚全明—同沟邻居，奉古言—同沟邻居，奉全月—同沟邻居，尹芬秀—同沟邻居，昌玉花—同沟邻居，华玉梅—同沟邻居。
　　路春明家：奉古言—同沟邻居，昌玉花—同沟邻居，路春玉—同

---

① 摘引自 2008 年 6 月 25 日田野笔记。

沟邻居，尹梅霞—同沟邻居，尹兰枝—同沟邻居，华玉梅—同沟邻居，亚金海—同沟邻居。

奉古言家：路春明—同沟邻居，昌玉花—同沟邻居，路春玉—同沟邻居，尹梅霞—同沟邻居，尹兰枝—同沟邻居，尔文玉—同沟邻居，亚金海—同沟邻居，华强--妻弟，奉古明—弟弟且同沟邻居，尚天—同沟邻居，尹兰枝—同沟邻居。

从以上罗列，不难看出"同沟邻居"在这次剪羊毛中的重要作用。其中，属于互助户的三家共六口人：亚金海和尹兰枝夫妻、路春明和尔文玉夫妻、奉古言和华玉梅夫妻六人是一个常数，而其他人则都是变数。在这个剪羊毛互助组内，最可靠的就是其参与户成员，而其他来帮忙的人，或亲戚，或朋友，都属于随机性质。虽然这些随机来帮忙的人都不固定，但只要有时间就会过来，不论帮忙的时间长短。受助人首先看重的是"你是否来了"，其次才是，是否帮上忙了或帮了多少忙。

尚全明家没有羊，但他也会时常到各家帮忙剪羊毛。剪完之后，他都会挑一只成色不错的羊的毛带走，他告诉我他准备弹一条羊毛被子。起初，我认为他是购买行为，因为没有任何一个人在意或谈论此事。后来我才知道，那只羊的羊毛其实就是他帮忙剪羊毛的报酬，因为他家是养牛户，与养羊户之间不存在剪羊毛换工的问题。如果不需要换工，那么还人情或换人情最好的方式就是实物报酬。

尚天在集体草场放养村里各家各户的公羊，偶尔回家，家中长期只有路春玉和尚全明。尚家没有羊群，养着近百头牦牛和几匹棕马。夏天水草丰足，养牛的人家会趁机挤奶打奶子制作酥油。对于尚家这样的养牛专业户来说，这个时节正是增收的好时机。短短两个月的夏天，路春玉挤奶打出的酥油、晒出的曲拉，除却自家食用外能卖得三千到四千元。也正因为此，夏天是路春玉最忙的时节，挤奶、打酥油忙得不亦乐乎。忙不过来的时候，华玉梅会去帮忙。

每天清晨，华玉梅挤完自家的四头奶牛后便会拎着奶桶去帮路春玉挤奶，而我也会时常去帮忙打酥油。偶尔路春玉下山，会拜托华玉梅帮忙挤她家那十七头奶牛的奶，挤下的奶全部归华玉梅。因为习惯挤奶的奶牛，如果突然有一天不挤，会产生不适应而导致它再次被挤奶的时候脾气暴躁。如果要上山背柴或找牛，路春玉则会拜托华玉梅帮忙看着那十几头对母乳如饥似渴、总是伺机偷吮的小牛犊。如果不时刻防范着将那些如狼似虎的小牛犊赶离乳牛，它们会伺机偷吸牛奶，那挤奶的时候就没有奶可挤了。

洗酥油、装酥油也是一件麻烦的事情，路春玉和华玉梅会错开时间互相帮助。这样的体力活，如果一个人可能会力不从心。每天稠奶子斡好的时候，路春玉都会站在自家毛帐篷门前喊我。有时候稠奶子斡得很好，她会大声地招呼邻居们都去喝。如果某天华玉梅打茶时没有鲜奶了，或是忘记备留斡稠奶子的奶橛子，都可以去路春玉家里取。路春玉一人在家时，华玉梅会叫她来家里喝茶、吃饭。如果某天奉古言、华玉梅都要上山找牛，那中午饭我肯定是在路春玉家或华方平家解决。生活总是零零碎碎，而邻居相互之间的帮助也同样零零碎碎。

这个夏天，我几乎将长乐沟里各家各户的饭、茶都吃喝了遍。不过，最常去的还是路春玉家和华方平家。因为奉古言、路春玉、华方平三家近在咫尺。平日里的家常便饭、便茶可以不提，但那些吃过的大餐却仍旧让我回味。不论谁家做好吃的，比如从山下买了一只鸡，或是在山上下的夹脑（一种捕猎器）逮住了哈拉（旱獭），或是有人宰羊送来了新鲜肉等，这时候对相邻的几户人家而言，都是一件快乐的事情。那意味着，大家都能一饱口福了。

记得有一次我从山下买了一只鸡上山来，我原想：奉古言和华玉梅夫妇俩，还有他们放假回家的女儿，再加上我，四人吃一只鸡应该是足够了。但出乎我意料的是，当晚坐在桌边一起吃这只鸡的人除了我暗自计算在内的四人，还有邻居华方平一家三口、路春玉母子二人及路春明夫妇二人。我不禁心生懊悔，早知这样就应该买两只或三只了，这么多人吃一只鸡让我感觉很尴尬。但众人却有说有笑，不想最后竟还剩下一点。后来与华玉梅说起，她笑笑说："不管东西多少，大家都吃到了就是好事。"我说我只计算了四个人，没有把邻居们都算进来。华玉梅说："家里做好吃的，如果不叫上邻居怪不好，还得偷偷摸摸地吃，万一让他们撞见了，丢死人了；再说了，这么近地住着，谁家吃个啥都知道，还是大家一起吃得舒坦。"我理解的"舒坦"二字，更多体现为裕固族人坦荡的胸怀，他们懂得彼此分享、彼此帮助。

　　但也有个别背常道而行的人。华方平和欧丽华夫妻俩在村里的声誉一向不好。首先，华方平对病重的父亲华茂不管不顾，之后又与母亲尹梅月争夺草场，导致他在村里背了不孝之名；其次，他们夫妻二人太吝啬，用邻居的话说是"要想吃点他家的好东西就好比铁公鸡身上拔毛，门儿都没有"。邻居们对华方平夫妻俩的行径颇有微词。尽管平日里大家与华方平家维持着表面的和气，但他家有事时没有人会主动去帮忙。夏天时，华方平在屋后搭棚子，邻居尚全明在家睡觉都不愿去帮忙，奉古言则借口上山背柴去了。秋天时，华方平在秋场上修石窝铺（简易的石头房子），邻居们没有人愿意去帮忙，他一个人在后山干了一个多月；剪羊毛的时候，长乐沟里只有他家把羊赶到冬场，买了剪毛机自己剪，因为沟里没有人家愿意与他家搭伙剪，大家认为他们夫妻俩即使给人帮忙都不是真心实意。有人说，华方平两口子是遇到了现在的好时候，各方面都比较方便，即使没有人帮忙，麻烦一点，也能最终解决；如果是在从前，没有邻居，绝活不了。

　　细细看来，同沟之内，邻居之间，其实各自心里都有一本明细账，这本账记的就是相互往来的人情。如同贸易往来，只是相互之间交易的是人情而非物品，或者我们可以说是一种商品化了的人情。这种人情交易是建立在相互需要的基础之上，同时受到本土道德规范才得以正常实行。在裕固族人看来，邻居之间、亲戚之间、朋友之间互帮互助是理所当然。当事情发生时，他们会对彼此心存期待，顺应了这种期待的行为就被认为"在理"，而违背了这种期待的行为就被认为是"不在理"。"理"的意义指向群体中的个体"应该怎样行为"，它为同处一个文化体系即信仰体系中的所有个体共享。"理"作为一种社会行为规范，并不具备现代法律的完全强制性，它可能被违反，但也会带来相应的社会惩罚。

三　山头上有水，人脸上有血

　　裕固族有句俗语云："山头上有水，人脸上有血。"意思是：山上的泉眼如果有水，水便会自然流下来；（做了让人羞愧的事情后）人脸上如果有血，脸就会自然红起来（别人都会看到）。对于裕固族而言，"脸面"是立足之本。但，裕固族人如何处理关乎"脸面"的矛盾呢？

　　7月夏场的一个黎明，整个草原还在熟睡中。黑暗中尚全明裹着一阵冷风推门而进，走到炕头小声对奉古言说："姑爷①，快帮我收个牛走，你要我怎么报答都行，快起来，一会儿到上面②去喝茶，我们就去收牛，今天要把牛都收齐了。"说完便掩门而出。尚全明家承包了村里位于后山的一片集体草场，夏场的草已经不够吃了，准备把牛群赶往那片草场。牛漫山遍野地吃草，当务之急是把那些漫山跑的牛都收回来，然后才能集中赶往后山。但要把那近百头牛都收回来并非易事，仅靠尚全明和他母亲是不可能实现的事，所以请邻居帮忙。奉古言听罢便起床穿衣，华玉梅也紧接着起床，两人同往。

　　早晨七点多，屋外雨声淅沥，人声和着牛蹄声。尚全明已经收回了一群牛，准备赶往阿及沟门③圈起来，等牛全部收齐后第二天一早赶往后山。路春明骑着摩托车跟在牛群后，照看着几头小牛犊，华玉梅则忙着将自家的牛与尚全明家的牛隔开来。华方平刚从三才沟找羊回来，准备回家睡觉。远处山头上奉古言正赶着几头牛下山来。一片热闹景象。

　　奉古言回到石屋，浑身湿漉漉，下雨天山中的雾水很大。大概半小时后，华玉梅也回来了，神情气愤。她告诉奉古言："我们家那两头牛气死人了！跟着尚全明家的牛群跑，好不容易才隔开。我到下面去的时候，芬秀嫂子④站在门口骂：就知道扭勾子拍马屁！一大早赶什么牛！害得我们家一头正在挤奶的乳牛脖子上还套着绳子就跟着他家（尚全明）的牛群胡乱跑，抓都抓不住，追到甘甘沟门口才抓回来，赶个牛怎么了！屁股甩到天上去了，也还不是一样拍人家的勾子！她这些话明摆着就是骂给我听的，气死我了！想回她两句，毕竟是嫂子，我也就没说啥，真是越想越气！"奉古言听罢，气愤地从火炉边站起身来说道："什么扭勾子拍马屁！我倒要去问问她啥意思！"一边说着一边朝门口走去。华玉梅迅速地挡住了他，说："算了！都

---

①　尚全明的奶奶华春花与奉古言妻子华玉梅的父亲华为山是兄妹。
②　夏场上，尚全明家的毛毡房在奉古言家石头屋的上坡方位，故而根据地势称为"上面"。
③　东青村的夏场以阿及沟门为圆心，呈辐射状分布于周围几条不同的沟内。阿及沟门为一片平坦之地，是村里的集体草场。
④　指尹芬秀，是奉古军的妻子，奉古言的兄嫂。

过去了，你现在再去说也没意思，估计她也是气得不行了，算了，毕竟是嫂子。"于是作罢。

第二天，华玉梅去帮奉古明家挤乳牛。回来时，尹芬秀站在家门口招呼她去喝茶，昨天的不愉快似乎也就烟消云散。晚上，华玉梅问奉古言："你前天在村委会上是不是提了她家（尹芬秀）居列（山羊）的事情。"奉古言答是。原来，尹芬秀自家没有羊群，承包了阿及沟某户人家的两群羊，一群土种羊，一群山羊。按理说，那两群羊不属于长乐沟的牧户所有，就不应该在长乐沟的集体草场放养。但是，尹芬秀家为了自己方便就把那两群羊赶到了长乐沟。由于山羊蹄子尖利，对草场破坏严重，长乐沟的各户人家对此颇有微词，但碍于情面又没有公开提出异议。前天村委会上，奉古言提出了这个问题，奉古军回家后又告诉了妻子尹芬秀，导致尹芬秀心生怨愤。加之，昨天早晨奉古言帮助尚全明找牛回来，接着又跑去把自家两头跟着跑的牛赶回来。路过尹芬秀家门口时，尹芬秀在门口问是谁家的牛；奉古言只是回答说，其中有两头是自家的牛，要去隔开；奉古言匆忙中说话声音很大，在尹芬秀听来很刺耳，心里感到不舒服。于是，当她看见奉古言的妻子华玉梅又从门口路过的时候便爆发了，把心中的气愤撒向了华玉梅。奉古言有点气愤地说："古军（奉古军）也真是的，党员会上的话回去跟老婆说，没有一点原则性！"我问："难道长乐沟里其他人没有提出过尹芬秀家那两群羊的问题吗？"华玉梅说："当然说了，但大家都是亲戚，当面说怕得罪人，都是在背后说呢。"

由上可知，这次风波的根本起因在于奉古军将村党员会议上奉古言的发言转述给了妻子尹芬秀，引起尹芬秀对奉古言的不满。而另一面，奉古言在得知自己哥哥的行为后认为他太没有原则，实际是指责奉古军在妻子面前表现太过懦弱，原本属于村委会委员、男人之间的事情却要向妻子汇报。而奉古言夫妇帮助尚全明赶牛只是一个导火索。后来，尹芬秀主动招呼华玉梅去喝茶，这起风波也随之平息。

有一次在我看来是更为严重的矛盾冲突。

剪完羊毛后，牧业上的男人们可以暂作休息。对于牧区男人而言，所谓休息最常见的形式就是一起喝酒，如果说 7 月的草原到处飘散着酒香，一点也不为过。男人们会以各种理由下山，而驻留在夏场上的多是女人忙碌的身影。

某天晚饭时分，由于邻居华方平和尚全明都下山了，只剩下华方平的妻子欧丽华和尚全明的母亲路春玉，华玉梅便招呼两个留守的人来家里一起吃饭。大家正吃饭时，华方平满身酒气地闯了进来，坐在炕沿上一言不发。路春玉问他是否看见了尚全明，一听到尚全明的名字，华方平顿时气愤地说："看到了！那真不是个人！"接着便说起下午喝酒的事情。

尚全明准备买奉如山的旧摩托，但两人一个还没有给钱另一个也还没有交货。下午华方平、尚全明等几人一起喝酒，尚全明喝醉了，借着酒劲发脾气说奉如山没意思，暂时没钱给他他就不给摩托车，并发狠说如果明天他还不给摩托便去把摩托车砸了。华方平回应他说，你把摩托砸了还是得赔钱。不想尚全明又将矛头转向了华方平，骂道："你个不养娘母子气死老子的人，没资格说我，全东青（村）的人都反对奉如山，就只有你支持他，明天社员大会他不给我摩托我就把他的丑事都抖出来。"华方平回道："他奉如山又不是我一个人的书记，是全村人选出来的！"尚全明听罢此话挥拳打中了华方平右脸颊，再抡拳打来时，华方平闪开了，并急忙骑着摩托走了。尚全明仍旧在后面叫嚷："你站住，看我不杀了你！"

讲述完事情原委，华方平气急败坏地说："真没见过这样的畜牲，我生下来到现在自己娘老子都没有打过我，他凭啥打我！明天社员会我就要问问喝醉酒满街跑着打人有没有人管，我就不信没有管的地方了！"路春玉一边听一边说着尚全明的不是，显得有点尴尬。

听完华方平的讲述，大家不约而同地放下碗筷迅速散去。华玉梅对我说："打得好！他（华方平）本来就该打①。不过这也惹下事了，实在不好收场。"正说着，门外响起了马蹄声，是尚全明歪歪斜斜地骑在马背上回来了。第二天早晨华玉梅去路春玉家借平底锅烙馍馍，回来时告诉我看见华方平从尚全明家出来，待她进去后看见路春玉一

① 华玉梅是华方平的姑姑，华方平夫妻俩对父母不孝，其父华茂患肺癌住院，他不出钱不出力也从未去探望，还与父母争房子。华茂去世时年仅49岁，村里人都认为他是被儿媳妇欧丽华一句"看着吧，你活不过50"咒死和被儿子华方平气死的，葬礼时儿子儿媳均未露面。后来华方平又与母亲尹梅月争夺草场。这一系列的事情使得华玉梅对侄子侄媳一直耿耿于怀。

边哭一边数落尚全明："你们虽不是哥儿们，也是邻里邻居的，你喝醉酒丢这么个人，以后怎么好意思！"尚全明在一旁一言不发。华玉梅说，看样子他们是和好没事儿了。

华玉梅烙好馍馍之后，便拎着袋子去拾蘑菇了。我纳闷华方平和尚全明是否和解了，便跑去路春玉家一探究竟，不想遇见华方平和欧丽华夫妻二人端着一口锅一前一后地也往路春玉家去。进门后，帐篷里还有尚全明的舅舅路习军和同一沟的路学民。华方平将锅放在炉火上，原来是前天那只因为消化问题而被宰杀的羊，还是由尚全明亲自烹制的①。华方平又叫来了奉古言，大家坐在一起边吃边聊，有说有笑。只是尚全明比平日沉默了许多，而路春玉似乎很高兴的样子，招呼大家吃肉喝茶。吃罢，华方平、尚全明、路学民三人一起下山开社员大会。看着三人同行的背影，我确信昨晚的打架事件真的已经解决了。

还有一件牵涉长乐沟大部分人家的事，据大家推测：沟里接连失踪或被咬死的羊羔可能是尚全明家的小狗豆豆所为。7月初的一天傍晚，华玉梅、路春玉、尔文玉、奉古言以及我几人正在吃饭，尚天骑着摩托上来，看起来心情不好，停好摩托车便问奉古言家里是否有酒。原来他家的小狗豆豆闯了大祸，在阿及沟把奉如山家的两只羊羔咬死了，按照现行价格每只羊羔至少 200 块钱，两只羊羔至少要赔400 块钱。其实，赔钱倒不是问题，最难办的是如何向奉如山解释，实在太丢人了。尚天气得一天没有吃饭，路春玉听后也很郁闷，放下碗筷便挤奶去了。

第二天下着雨，尚全明借口"过天阴"兴冲冲地跑到奉古言家来找酒喝，喝完酒就跑回家打自家的小狗豆豆。凄厉的狗叫声在山谷中回荡，在阴雨天里听来格外心酸。华玉梅急忙起身奔向尚家的帐

---

① 在村里人、邻居们看来，华方平夫妻俩平日里很吝啬，冬场家里冰箱里放着松鸡和各种肉，从不会拿出来招待人。夏场上，邻居们凡有好吃的都会请大家一起吃，但华方平夫妻俩从未请大家吃过好吃的。终于有一天傍晚，华方平收羊时发现自家一只大羊卧在地上很久不起来，情况很不好，于是他把羊扛回家宰了，结果从羊胃里发现一大块死肉，大家都不知道是什么东西。第二天，华方平说晚上请邻居们吃羊肉，这是他破天荒地一次显示慷慨，但邻居们都觉得心里很不舒服，想想那块羊胃里取出的死肉就有点害怕。尚全明不怕，他在华方平家帮忙干活了一天，把羊肉水煮了几遍，用了很多大蒜爆炒。晚上邻居们聚到华方平家吃羊肉，由于心理作用，大家吃得很少，所以剩下了很多。

篷，试图劝阻。只见尚全明浑身湿透，站在雨中，正抡着棒子打豆豆。豆豆被拴在一根木桩上，黄白花的毛已被雨水淋透紧紧地贴着躯体，蜷着身子蹲在地上，浑身颤抖，显得无比恐惧。华玉梅上前拉开尚全明，把他拉进帐篷。尚全明坐在板炕边，一边哭一边说："我对它（豆豆）那么好，它却接二连三给我惹祸，我平时什么好吃的都给它，我吃啥它就吃啥，骑马的时候把它捎在马背上，骑摩托的时候也把它捎带上，它竟然去咬羊羔子，还一下子咬死了两只。我对它那么好，它却让我丢人！我阿明在这五个沟里没人说我不好，它却让我丢人。以后这五个沟的人都会说我阿明的狗杀羊，与其这样，不如今天让我把它打死，以后就省心了！"说着又要冲出门，华玉梅急忙按住了他。

下午时，华玉梅告诉我，去年尚全明家有一条大黑狗，一个不注意跑到尔汲沟把一户人家的一只大羊咬死了；因为是邻居，所以那家人也没有要求赔偿；今年长乐沟接二连三丢羊羔子，之前大家以为是被狼或鹰叼了去，现在看来八成就是被尚全明家的豆豆吃了。奉古言粗略估算了一下，今年夏场上可能被豆豆咬死或吃了的羊羔子差不多有九只：华方平家一只，奉古言家一只，尹中民家三只，奉古军家一只，亚金海家两只，亚金鹏家一只；如果要赔偿的话就是差不多两千块钱。但奉古言说："大家都是邻居，也不会让他们赔；但这下他家那只狗就不能撒开到处跑了。以前我们都提醒过他家，让他们把狗拴起来，以防万一。他们不听，以为豆豆小小的，不可能去伤羊。这下好了，他们也不敢再把那狗放开了。"果然，从那天开始，豆豆就失去了自由，而奉如山也未要求赔偿。

发生在长乐沟里的这些矛盾冲突，或涉及经济利益，或涉及道德恩怨；或是骨亲之间，或是异姓同辈之间；或者个体之间，或者同沟之内，虽然缘由、形式各不相同，但最终都如一粒石子投入湖水后很快归于平静。从这些矛盾冲突的解决我们都可以看到"脸面"的作用。可以说，维护"脸面"是裕固族社会生活中一件至关重要的事情。

"脸面"的功能，平衡了裕固族社会中的矛盾，化解了冲突，它与"理"相辅相成，同时规范着社会中的个体行为。在"脸面"建构的裕固族人情社会里，人与人之间的关系并非一种面对面的二维存在，即只存在

"你"或"你们"与"我"或"我们",还存在一个抽象的第三者"他/她"或"他们/她们"。第三者的在场,对人际关系中作为行为主体"你""我"的各种行为产生了无形的监督效力。汉民族有句古话"人在做,天在看",实际上,这里的"天"就是一个被形象化了的第三者存在,与裕固族人口中的"别人"有着异曲同工之效。裕固族人极力维护"脸面"其实就是对这种第三者在场监督力的遵从。

四 那个丫头

裕固族把未婚女性统称为丫头(裕固族语为"gun")。2008—2009 年在草原,进入田野大约两个月后,我获得了一个非常单纯的社会身份:一个丫头。牧民们在当地社会的信息传播过程中都会以"tere gun"(那个丫头)或者"tere Beijing gun"(那个北京丫头)来指代我。"丫头"这一称谓,不仅是对我个人的一种指称方式,而且隐喻了我在裕固族牧区的一种社会身份。它蕴含两层意思:女性、未婚;首先,男性的地位高于女性;其次,已婚者地位高于未婚者。

我时常在各个村子之间奔走,一路且停且住。虽然大家都知道我是来自北京大学的博士研究生,也大概知晓我来牧区的目的,但这种身份对他们而言似乎没有实在的意义,远远没有"丫头"这一身份真实可及。礼节性的招呼和客套之后,我对他们而言就是一个未婚女子。而在牧区,所谓"未婚",意味着非完全社会化,即不具备成人身份;而未婚女子的身份,则意味着其社会地位永远排在阿卡、长者、长辈、官员、男性、成年女性等身份之后。因着这一身份,我无论是在奉古言家还是在任何一户我曾住过的人家,我都是睡在炕的最下方位置,一面紧贴着墙体或窗户。

一年多的田野调查期间,东青村奉古言家是我同住时间最长的一户人家。夫妇俩有一儿一女,儿子奉全明在乡政府工作,偶尔回家;女儿在张掖上学,逢节假日才能回家。我跟随着夫妇二人从冬春场转到夏场,再转入秋场,最后再回到冬春场。其间,我每晚睡觉的位置始终在炕的最下方,靠近门侧或者紧挨着窗户。通常情况下,奉古言和华玉梅夫妇二人睡在炕中间,他们的儿子回家时挨着父亲睡在炕上方,女儿回家时则挨着母亲华玉梅睡在炕下方。如果家中来了客人,无论人数多寡都睡在一张炕上，众人以奉古言和华玉梅夫妇为中心，男人紧靠奉古言朝上方睡，女人则紧挨华玉梅朝下方睡。无论何时，无论人数多少，我的位置从来没有变过。

我曾因为自己睡的位置而暗自愤怒过，现在想来不禁莞尔。一般冬场上的居住条件比夏场和秋场都好很多。由于冬天、春天各家各户都会用羊粪煨炕，所以即使睡在炕的最下方位置我一般也不会在半夜里被冻醒。但是夏场和秋场上的居住条件就恶劣很多，昼夜温差很大，而且夏秋时节，很少有人家会煨炕，于是我睡的固定位置就成为夜晚最为寒冷的地方。

那年6月，我在西勒村田世学家的夏场上。他家夏场上的屋子是一间以树枝为骨、用泥巴糊起来的小平房。屋内三分之二的空间被板炕占据，炕的下方位置则是一扇大窗户。窗户没有玻璃，用塑料布为窗布封起来。我原以为自己会被安排睡在炕的上方，那里会比较暖和。我暗自以为，无论如何，作为一名调查者，我都应该得到客人般的照顾。但是，我失望了。田世学家除了他们夫妇俩和我，还有一位从其他村子请来帮忙放羊的雇工尹正峰，四十多岁，田世学夫妻俩称呼他"ahwa（叔叔）"。晚上华米兰（田世学的妻子）打铺①时，她把尹正峰的被褥铺在了最上方，接着是田世学的被褥，然后是她自己的，在她旁边也就是炕的最下方则是我的铺盖位置。当看见她把我的褥子铺在窗户边上的位置时，我心里开始有点失望，但也不便提出，因为深知这是理所当然之事，只是我心存侥幸而已。夜晚草原上的风刮得窗格上的塑料布哗哗抖动，冷风通过窗户和木门的每一丝缝隙渗透进来。那天晚上，我几乎没有入睡，整夜浑身冰凉，无法聚起一丝暖气。第二天，我告诉华米兰夜里很冷，内心无比期望她会给我换个地方睡。但是，晚上她打铺时，仍旧把我的铺盖放在了炕的最下方位置，只是把自家夏场上能找到的大衣、毛毯都给我压在了被子上，我不禁有点怨愤。当然，虽然身上压盖着各种旨在御寒的物件，但是第二天夜晚乃至接下来的很多个夜晚，我仍旧会被时不时地冻醒。而那些无法言说的怨愤，不断在心中累积，促使我只想着尽快离开，到一个能够睡个暖和觉的人家。只是，我的这一愿望并未得到实现。后来我又转战永乐村和东

---

① 在草原上都是睡土炕或板炕，基本上家中的每个人都有一套褥子和被子，有时候夫妻俩共用一套或者一对夫妻和孩子共用一套。我每到一户人家，女主人都会为我单独准备一套被褥。每天晚上睡觉时，女主人都会事先为每一个人铺好褥子、拉开被子，叫作"打铺"。

青村，在牧区各家各户之间辗转和停住，唯一不变的是我始终睡在炕的最下方位置。

随着调研的过程推进，我也逐渐习惯和坦然接受了自己作为一个"丫头"的身份，田野调查初期那种因睡觉位置总是被安排在炕的最下方而心生的那点怨愤也逐渐烟消云散，并生出些许欣喜。"丫头"这一身份，虽然带给我诸多不便甚至限制，但我也明白这其实是当地社会真正接纳我的一种表达方式。换而言之，这一称谓意味着我被纳入了当地的社会系统。身处这一社会系统中的我，被当地牧民以"丫头"的身份看待，也让我能够以一种身体力行的方式去探寻这一身份所隐含的社会规则，以及由此而触及这个社会更深层的文化制度。

日常生活实践中，每一个人在社会中所处的位置都蕴含着一套相应的行为规则。以这套行为规则为基础建构的社会空间，其本质是一套观念体系。这套观念体系不会因历史变迁戛然而断，它作为文化的表达方式之一而具备了文化的特征：稳定性。"一个民族的信仰集合和它的各种制度的稳定性是其运作的必要条件。"[1] 裕固族人的社会空间观念在实践中直接体现为一套社会规范，并基于这套规范进而形成特定的社会秩序，每一个人都被纳入了这一秩序之中。即使我作为一个外来者，一旦进入，也以一种理所当然的强势被纳入了这套社会秩序之中。

五　空间的性别化

20世纪60年代之前，裕固族男女四季均穿着长袍，系腰带。用羊毛擀成毡匹，做成袍子，毡袍外再罩褐布长袍。无论性别，每人腰间都佩带短刀和火镰子。[2] 男性佩刀一般长约30厘米，而女性佩刀则短小很多。如果男人佩带的刀具与女性佩刀一般，则会受到其他男性的嘲笑，被认为是佩带了自己妻子的刀具。女人也可以不佩带刀具。但是，如果男人不佩

---

① 蔡华：《人思之人——文化科学和自然科学的统一性》，云南人民出版社2009年版，第137页。

② 火镰子，即打火石，是20世纪60年代之前裕固族人常用的取火工具，用牛皮、钢条做成倒梯形，上面是一截钢条，下面是牛皮袋子，袋子里装着晒干碾成棉花状的艾草和一种半透明的很坚硬的打火石。需用火时，把石头放在艾草中，拿着石头和钢条摩擦起火，火星子落在艾草里，然后用燃着的艾草点火。

带，则会被人们嘲笑为"老婆子"（女人）。

日常生活中，两性分工非常明确。男性主要从事体力劳动，如下山到农区交换粮食①；冬天赶着驮牛去山上驮运冰块，储存以备不时之需；转场时搬运帐篷，扎帐篷；夏天时，背水、打猎、挖羊粪、砍柴、背柴、擀毡等。而女性主要从事技术性劳动，如洗衣服、做饭、打茶、打扫等家务活；捻线、织褐子布、制毡袍、做褡裢、缝帐篷、打奶子、做酥油等日常生活必需活计。

打猎是一项男性化的劳动。裕固族有一个谜语："这边着火了，那边害命了。"谜底就是"打猎"。人们认为，打猎就是杀生，是一种不道德的行为。裕固族女性不拿枪，不杀生。用老人的话来说："女人害命拿枪的，自古没见过。"男人打猎归来时，也禁止女人出门迎接。部落时期，只有家庭贫困之极且无牲畜和草场的人会以打猎为生。猎人夏天打獐、鹿，冬天抓狍子、狼、猞猁、青羊等，所获之物拿到山下出售或交换生活物资。一只鹿茸能换得五六个白坨子（银子），一个白坨子能换四斗粮食，一斗为四十斤。由此我们可知，打猎能够带来很丰厚的经济收益。但是裕固族老人并不苟同，他们说："放绳、打猎②发不了财，因为那都是害命（杀生）的事情。"

一些家庭生活的细节中，性别分工体现得更为具体。家中只要有女性，男性就不必做任何家务。如果男性扫灰（打扫屋内灰尘）、倒灰，预示将有不好的事情发生。裕固族老人说："如果男人倒灰，灰都会急叫（生气）。这些事都是女人干，换男人干就不是那么回事儿了。"女人打茶、做饭使用的勺子，男人绝不会触碰，因为"那是女人的东西"。如果某个男人在家中做饭或是倒灰，就会被其他男性嘲笑。平时喝茶、吃饭时，均是女人掌勺倒茶、盛饭，首先端给男人，然后是儿子、女儿，最后才是自己。如果家中有女性客人来访，则由女主人招待。但如果客人为男性，则女主人在灶边忙碌，由男主人端茶、端饭。尤其所来客人为重要人物时，均由男性招待。男主人不在家或者家中没有男性，这种情况下女人可以为客人端茶、端饭。但是必须用衣袍袖子挡住自己的脸或是把头尽可

① 牧区生活物资缺乏，裕固族与农业地区各民族长期存在物资交换关系。裕固族人以畜牧或打猎所得，如獐子皮、猞猁皮或者羊毛、牛毛到山下农区去交换粮食、茶叶、白糖、红糖、靴子、棉布等日常物资。

② 放绳，指通过设置陷阱、安放夹脑的方式捕捉猎物；打猎，主要指使用猎枪获得猎物。

能地低下，不能抬眼看客人。家里如果有姑娘，必定在客人到来之前便早已出门去了。

虽然裕固族社会中，两性之间存在很细致的分工，但在没有男性的家庭中，这种两性之别就被模糊化了。东青村路建梅老人向我描述她小时候的生活，其中有一段是这样：

> 我不知道我的老子（父亲）是谁，没有见过。他们那时候的人，都是好了就一起过，不好了就走了。我七岁的时候，我的娘母子去农区代牛上来放。她用裙褴把我兄妹两个一边装一个背在肩上，另一边肩上背着一个土布拉①，里面装着粮食，是给人家代放牲口得来的。那时候给下面农区代放黄牛，一头黄牛一个季度给五升青稞。我娘母子就这样把牲口从农区赶到牧业上来，没有马，全靠腿走，一趟来回就至少一个星期。

从路建梅老人的描述中，我们至少可以获得四条信息：

第一，路建梅的母亲是勒系腰。这种性生活模式下，男女关系极不稳定。男人作为女性家庭的临时住客，可能随时离开。所以路建梅说不知道自己的父亲是谁，也没有见过他；她的母亲与共居的男性"好了就一起过，不好了就走了"。这说明，她母亲并没有长期的、固定的共居对象。

第二，"勒系腰"家庭在裕固族地区很普遍。是时，路建梅67岁，我们可以推算，她"七岁的时候"应该是1948年。老人用"他们那时候的人"代指了她母亲那个时代的人。这个普称足以表明，1949年之前，裕固族地区像路建梅母亲这样的家庭是很普遍的。

第三，在没有男性的家庭中，女性的性别角色被模糊了。路建梅描述她母亲双肩的负重，实际应该是一个男人的承受力。肩背着两个孩子和粮食，同时赶着牲畜，徒步近十天的山路，充分体现出裕固族女性的韧性和坚强。这时候的女人，已经不仅仅是女性，同时还扮演男性的角色。

第四，1949年之前，牧区的裕固族和农区其他民族有着频繁的经济往来。由于牧区产品单一，无法自产粮食、茶叶、盐等重要的生活物资，势必要与邻近其他民族发生贸易关系，互相补充，各取所需。

---

① 用牛皮、羊皮或者羊毛褐子缝制而成的袋子，可用来装面粉、小麦等粮食，结实耐用。

对于上述第四点，有必要做一点补充。永乐村尹怀谷老人告诉我，1949 年以前，山上基本上每家每户在农区都有认识的汉族；通过每年代牲口、换粮食，形成了长期固定的关系，有的人家一直到现在还有相互往来。西勒村君世磊家剪羊毛时，我见到了一位从甘浚①赶来帮忙、五十来岁的汉族人刘汉民。询问之下方知，他与君世磊家并没有亲戚关系。原来，他家与君家 20 世纪 50 年代之前就认识。因为君世磊的父辈曾给他家代牲口而建立了很好的关系，君世磊称呼他"daqa（舅舅）"。现在，刘汉民有十只羊由君世磊家代放，过年过节时，两家会互相走动，延续着祖辈建立的关系。君世磊说："我们两家就像亲戚一样。"

1956 年之前，由于存在勒系腰和立房杆子两种性生活方式，而且勒系腰比较普遍，导致家庭中女人占主导地位。但是，裕固族男尊女卑的观念是如此深入骨髓，体现在日常种种的生活细节中，仍旧让人无法怀疑男性的至高地位。

在裕固族人家，如果从活动时间和频率上计算，女人在室内右侧，也就是堆放日常杂用的地方所待时间和频率是最高的。如果将这片区域称为"女人之地"，毫不为过。在东青奉古言家时我发现，无论冬春场或夏秋场上，女主人华玉梅一天中除了睡觉，其他时间几乎都活动在我称为"女人之地"的区域内。草原上，女人的活计大概可分为室内和室外。室外劳动如撒羊、收羊、背水、背柴、挤奶、拾蘑菇等；室内劳动主要是一日三餐、打茶、打奶等。这些事务，主要在屋内右侧进行。吃饭、喝茶时，华玉梅均坐在铁炉边的小凳上，守着茶壶或饭锅，随时为其他人倒茶、添饭。即使家里来了客人，她做好饭、打好茶后，仍旧坐在这个位置，从他人手中接过茶碗、饭碗为之续水、盛饭。很多时候，来客中的女性进门后也会习惯性地坐在炉边。而男人们则很自然地朝着左边的炕走去。每一次家庭酒席到了最后，屋内就会出现很明显的空间分化：男人们都集中在左边推杯换盏、谈笑风生，而女人们则都集中在右侧围着炉子自顾自话。

2008 年 7 月的一天，西勒村君世磊家剪羊毛，他家的亲属、朋友、邻居都赶来帮忙。其间，有两件看似微不足道的事情让我感触颇深。一

---

① 属农业区，以汉族为主。

天中午，一群年轻人趴在炕上看我拍摄的照片。土炕的外侧角落处堆放着衣服、帽子（男性头戴之物）、头巾（女性头戴之物）。大家让我帮忙摆弄一下相机，而此时炕上已经挤满了人，只有炕沿角落堆衣、帽、巾的地方还有空隙。于是，我顺势趴在那里。这时，听见君世磊的姑姑田秀云对站在炕边的君世磊的妻子章立云说："林子（指我）的腿压住了一磊（君世磊）的帽子，你把那帽子取一下挂起来。"章立云说："没事吧。"田秀云快人快语："什么没事！那是男人头上戴的帽子！"我听罢，条件反射式地跳下炕来。章立云大笑说："你看把林子吓得，没事。"田秀云急忙向我解释："现在的年轻人啥都不懂了，帽子怎么能乱放，那是男人头上戴的东西！衣服、头巾倒没啥。老人说糟蹋（羞辱）男人的帽子就是辱没了男人的气概，女人的东西随便放没关系，男人的东西可不能随便乱放。现在的年轻人越来越不懂这些了。"

都说吃一堑长一智，但事实证明我吃一堑后并未能长一智。帽子事件后，当天下午，我将剪羊毛时弄脏的一身衣服洗了。晚上，衣服仍旧未干。于是，为了让衣服早点干，我将上衣、裤子拿进屋来准备挂在屋内的衣帽架上。我正挂裤子时，田秀云突然大声对我说："林子，把一磊（君世磊）的帽子取下来再挂！"原来，君世磊的帽子挂在架子上。我之前在帽子下面的挂钩上挂了我的衣服，田秀云没有说什么，但挂裤子时问题就出现了。她言下之意就是：女人的裤子不能和男人的帽子挂在一起，否则就是羞辱了男人。我忙不迭，不知所措。后来，在肃南县城尹自荣家访谈时，他似乎很骄傲地告诉我："在过去，女人的衣服都是不能和男人的放在一起的。墙上挂了男人的衣服，女人的衣服就不能往上挂，男人在家里的地位可高着呢。"

在裕固族人的观念里，两性之中，男性被赋予了某种不容玷污的权威。帽子作为男性的象征，理所当然也应高高在上。女性不允许坐、压男人的帽子，女人的裤子不能和男人的帽子放在一起。这些禁忌至少包含两层意义：其一，男性地位高于女性，男性的权威是不允许女性玷污的；其二，服、帽被赋予了"性"的象征意义，成为一种性隐喻和性禁忌的具象。

第十章

生态空间

一 底勤之内

"部落"一般用以指称人口。整个部落人口居住、游牧的区域则称为底勤（裕固语为"dytʃin"），是指物质性的部落存在。包括部落中的所有人口、牲畜、草场、帐篷等具象物质。裕固族部落建制时期，康乐地区被分为四个底勤，即四个部落［大头目家①、东八个家（也叫乃曼鄂托克）、杨哥家＋罗尔家②、赛尔丁家］的游牧地。

康乐地区属于高山草甸草原，裕固族实行四季游牧。每家每户都有固定的春、夏、秋、冬牧场。有一首古老的《四季歌》③唱道：

布谷鸟唱歌的时候，要到夏场上去了，牛羊吃的是湖草；

尕尔阿聚集的时候，要到秋场上去了，山上的达兰特尔花依然那么美；

黑老鸦聚集的时候，要到冬场上去了，是白雪覆盖大地的时候；

麻雀集中的时候，是起风的季节（春天），

---

① "家"是汉语对裕固族"部落"的称呼，裕固族人将之与"鄂托克"（ɔtɔq）并用，同指"部落"。

② 原为一个部落，后分裂成两个部落。这两个部落合称"gɔrge"，意为"两位母亲"。"gɔr"表示数量词"两个"，"ge"意为"母亲"。据说，杨哥部落和罗尔部落原为一个部落；后来，部落头目娶了两位妻子，两个女人分别住在不同的地方；渐渐地，以头目两位妻子的居住地为圆心形成了两个部落。

③ 肃南裕固族自治县裕固族文化研究室、张掖电视台合作收集整理和制作：《裕固族原生态民歌档案》，中国国际广播音像出版社2008年版，B盘，杜秀兰演唱。

　　苦难的牧人，耐心地等待吧，山羊羔子像星星一样；

　　这就是牧人一年四季的劳作，尧熬尔牧人高兴地笑了。

　　牧户在不同季节牧场上居住、放牧的时间长短不一。在冬、春牧场上驻留时间最长，有近 8 个月；而在夏、秋牧场上时间最短，两者相加不足 5 个月。由于各家各户的冬、春牧场相连、面积大、放牧时间长，故而每年这段时期也是裕固族人居住最为分散的时节。放牧的草场被起伏的山峦分割成沟，牧户便散布于这些大、小山沟之内。冬春季节，各山沟内少则一户，多则两三户不等，居住极为分散。

　　2009 年 8 月 17 日，我跟随东青村奉古言家，从前山长乐沟转场到后山的多吉沟。奉古言与弟弟奉古明的草场在一起，位于同一条沟内。由于奉氏两兄弟的秋、冬、春三季牧场连在一起，故而从夏场直接转场到了冬场。一般情况下，草场丰足的人家，只有冬、春场连在一起。奉家由于兄弟众多，导致分家时各户分得的草场面积很小。每年 8 月中旬，奉古言家转入冬场，至来年 4 月，共有 7 个多月居住在多吉沟。也就是说，这 7 个月间，除了儿女在假日回家，绝大部分时间里整条沟内只有奉氏兄弟夫妇 4 人。10 月底，大雪封山之前我独自下山。奉古言夫妇则在第二年 4 月把羊群赶下山，在前山租用的草场上等待接羔；奉古明夫妇则在第二年 6 月把自家的牛群直接赶往夏场。① 夏场一般为集体公用草场。每当夏季来临，牧民们从分散于各方的冬春牧场汇集到夏场，把帐篷扎在比邻的几条沟内。夏场上驻留的 2 个月，是牧民们互相往来最为频繁的时间段。邻居们大多是经过整整一年的分别，重新在夏季相见。

　　2009 年 6 月 7 日，我跟随东青村奉古言家从前山接羔点迁往位于长乐沟的夏场。前后几天之内，空寂的长乐沟即随着各牧户的到来变得生机勃勃。对我而言，很多新面孔似乎一夜之间出现，之前不知道隐藏在哪条沟里的人在夏场上现身了。长乐沟共有十户，有的人家

---

　　①　在东青村，各牧户放养的牲畜种群根据各自草场类型、草场质量、家庭劳动力等因素可大致分为养牛户和养羊户两大类。大多数家庭为牦牛、高山细毛羊混合放养。少数家庭仅放养牦牛，如奉古明家、尚全明家。

建起了红砖房，有的人家仍旧使用毛帐篷。奉古言夫妇又与邻居华方平、路春玉两家人相见了。一年之中，他们三家人似乎只有在夏场上才能见面。

夏季牧场上做邻居的两户人家到了秋季牧场不一定能够继续做邻居。西勒村田世学家，夏场上时同住在一条沟里的邻居是君世磊、尹世军两家；而转场到秋季牧场后，邻居则变成了君世磊、华东强两家。东青村华方平家，夏场上的邻居为奉古言、路春玉两家；而到了秋场后，则与路春业、路春建、路士元三家为邻。

从分散到集中，再从集中到分散，裕固族人在这样的游牧循环中，赶着牲畜、驮着帐篷、携家带口迁徙于底勤之内的四季草场之间。用裕固族人自己的话来说："在过去，一年里见不全整个部落的人；现在，一年里见不全整个村的人。"1949 年之前的部落建制被打破之后，裕固族人关于"底勤"的概念经"生产队"时期后，现已为"行政村"取代。虽然外延有所变化，但内涵却保持一致。与"底勤"相同，"村"也包含了人口、牲畜、草场、帐篷等具象物质，两者具备相同的"边界"属性。不同的是，"底勤"的边界是以部落盟约划定的，"村"则是经政府行政仲裁划定的，而裕固族人的生活和人生就在这样物质化的边界内完成代际再生产和延续。

二 上面和下面

"下面的人和我们不一样……"每当说起自己的生活方式，牧民们多会这样开始。访谈中，牧民们总会有意识或无意识地将自己与山下农区的人作比较。他们称山下农区从事农业生产的人为"下面人"，即住在山下面的人，以汉人为主，间有其他事农民族。反之，在高山草原上从事游牧生产的人则被称为"上面人"，即住在山上面的人，以裕固族人为主，间有蒙古族人、藏族人等。用"上面"代指自己身处的牧业区，"下面"代指山下的农业区。这一区分并非单纯的地理划分，更重要的是游牧和农耕两种生活方式的划分。

2008 年夏季的一天，奉古言和华玉梅夫妻二人都要上山去找牛，家里只剩我和他们十七岁的女儿奉雪莉。夫妻俩临出门时交代女儿说："你小婶婶中午可能要过来，你煮点饭，让她吃了饭再走。"姑娘一听，很不情愿地噘起嘴说："我可招呼不了她，要不我去找牛吧。"我觉得很奇怪，在家做点饭比起漫山遍野跑腿找牛应该是轻松多了。奉古言无奈地笑笑，告诉我，他弟弟奉古荣的妻子是下面农区的汉人，"和我们不一样，完全吃不到一块儿"，不吃牛、羊肉、不喝酥油炒面茶；而牧民逢饭必有肉，没有肉就不能算饭；且牧民家中常备的肉食基本上都是牛、羊肉，偶尔吃猪肉都需要下山去购买；家中来客，牧民们首先端上桌的便是一碗酥油炒面茶，炒面中撒着曲拉，茶水面上漂着橙黄的酥油，酥油越厚越能体现主人家的诚挚和热情；酥油和曲拉对牧民而言是珍品，平时自家食用都会很珍惜地调用；只有在给客人奉茶时才会慷慨地抠一大块酥油，并抓一大把曲拉撒在炒面里；而这些在牧民看来是待客珍品的食物，对奉古言那位从农区嫁来的弟媳而言却非常不合口；所以听说要招待婶婶，奉雪莉倒是宁愿上山去找牛了。午饭过后，奉雪莉的婶婶并没有来，她高兴得一蹦三尺高，双手合掌连说谢谢佛祖，帮她解决了一个待客难题。

关于农、牧两种生活方式的差异，永丰裕固族流传着很多笑话。其中一则流传甚广，讲述互为姻亲的裕固族和汉族因饮食差异而导致的笑话。一次，山下的汉族亲家给山上的裕固族亲家送来一个西瓜。裕固族亲家杀开西瓜一看瓜瓤鲜红，便以为是生的，要像牛、羊肉一样煮熟了吃。于是，将西瓜放入锅里烧火煮。煮了很久，西瓜仍旧是红色。最后，煮的时间太长，西瓜瓤化没有了。后来，裕固族亲家又给山下的汉族亲家送了一大块酥油。汉族亲家问怎么吃。想起之前因为煮西瓜吃丢了面子，裕固族亲家有点生气地说："火里烧着吃！"于是汉族亲家拿回家后，将酥油放在火上烤，不一会儿酥油就化没有了。至今，裕固人和汉人相互开玩笑便说："勺西番，勺西番，拿个西瓜煮着吃；呱汉人，呱汉人，拿块酥油烧着吃。"

2008 年 5 月，正值牧区各家接羔的繁忙时节。一天中午，奉古言的妻子华玉梅忙里偷闲，搬出缝纫机，找出撕好的羊毛和碎花棉布，与奉古言的姐姐奉妮兰一起商量着怎么做一套小孩子的冬衣。原

来，他们的弟媳（即上面提到的那位娶自农区的汉族女子）4月时刚
产下一女。孩子即将满月，姑嫂两人准备给婴儿做一套暖和的羊毛
衣裤。

　　奉妮兰面露愁态，手中一边飞针走线，一边告诉我：弟媳妇在婆
婆也就是我们妈妈面前告状，说孩子快满月了，兄弟姐妹都没个人去
看看，是不是嫌弃她生了个丫头；其实生男生女在我们裕固族看来都
没有什么区别，我们并不像农区人那么看重男孩，我们还更喜欢丫头
呢；主要因为这阵子大家都忙着接羔，每家每户都忙得不可开交，抽
不开空；还有就是不知道应该带什么东西去看。我们牧业上能拿得出
手的东西无非就是肉、酥油、曲拉，可这些东西都不称弟媳妇的心；
如果另外买其他东西，就必须下山，这阵子哪有时间下山。孩子快满
月了，弟媳妇的娘家人打算摆满月席，但这不符合我们的习惯；我们
从来不给孩子过满月。按照裕固族的传统，孩子三岁的时候必须剃
头，剃头礼之前孩子的头发是不能动的，否则对孩子就不吉利，对孩
子将来不好；她既然已经嫁给了我们裕固族人，就应该按照裕固族人
的风俗来办，怎么能过满月呢？再说了，如果给孩子过了满月，那三
岁剃头礼还办不办？如果满月的时候收了村里人的礼，那剃头的时候
怎么还好意思再收呢。

　　问题总有解决之道。后来，我听说奉家的兄弟姊妹们都陆续去看
望了产妇和新生儿，大家不约而同地直接上红包，免去了买礼物的头
痛；而关于孩子过满月的事，双方商定了一个折中的办法，即：孩子
的满月酒照旧摆，由女方家在农区操办，所请客人也是女方家的亲
友，不给孩子剃头，孩子的头发一直留着，等到三岁剃头礼的时候再
剃；而孩子的剃头礼则由男方家在牧区操办，摆酒席招待男方家的亲
朋乡邻，为孩子举行剃头仪式并祈福。

　　裕固族历来与周边各族在经济、婚嫁等各方面都保持互通。在牧区，
不少裕固族少女外嫁他族，也有不少裕固族男性娶汉族、藏族、蒙古族等
他族女子为妻，也有入赘到牧区的他族男子。裕固族人虽然和其他族群不
论生产方式还是生活方式都存在很大差异，但这种基于差异的彼此区分更
倾向是一种客观差异，而非主观意识和心理上的彼此区隔；对待族群差
异，裕固族人在心理上极为包容，而在情感上则具有很高的理解力和接受

度。换而言之，不同文化之间的差异并不意味着不可调和的冲突，美美与共和求同存异的共存共生在生活实践中与其说是一个优秀案例，不如说是一种常态的存在形式。

三 祭鄂博

回纥汗国灭亡后，至元代时其后人将汗国分崩离析的原因归为：（在回纥汗国牙帐①附近）有一福山，唐使与相地者至其国曰：和林（回纥牙帐驻地）之盛强，以有此山也；盍坏其山，以弱其国。乃告诸的斤②曰：既为婚姻，将有求于尔，其与之乎？福山之石，于上国无所用，而唐人愿见。的斤遂与之，大不能动，唐人以烈火焚之，沃以酿醋，其石碎，乃輂而去，国中鸟兽为之悲号。后七日，玉伦的斤（时为可汗）卒。灾异屡见，民弗安居，传位者又数亡，乃迁于交州。③ 回纥后裔认为汗国灭亡的原因是圣山遭到破坏，惹怒神灵而降罪。虽然这仅仅是一种解释视角，但我们由此可知：对于回纥及其后裔而言，"福山"作为庇佑全民的神的象征而存在，是神灵居所，同时也是民众的精神寄托之地。

岑仲勉在《外蒙于都斤山考》一文中引《北周书·突厥传》中一段：可汗恒处于都斤山，牙帐东开，盖敬日之所出也。每岁率诸贵人，祭其先窟；又以五月中旬，集他人水，拜祭天神。于都斤四五百里，有高山迥出，上无草树，谓其为勃登凝黎，复言地神也。④ 从此段小文我们可略知，裕固族先祖突厥人有崇拜太阳、祭祀祖先、崇拜天神和地神的习俗。此处所谓地神，即指山神，现今裕固族每年祭祀鄂博的活动即是祭祀山神。

鄂博一般建在山顶、山岔（崖豁口）或山坡之上。建立的位置和祭祀的时间均需由大寺院（例如裕固族人常去的塔尔寺）的高僧根据建立鄂博的目的、牧区居住分布、地理形势等相关具体条件，经过念经、占卜等方式确定。"鄂博的祭坛是用柏木制作成的一个方形木框架栽在地上，正中竖一根高高的幡杆，杆顶上饰有日月形图案，杆上挂满大大小小写有经文和图案的玛尼旗并向四周延伸拉有牛、羊毛绳，绳上拴满了哈达、牛

---

① 牙帐，即指游牧部落建立的汗国都城，或指汗王设帐之地及其周边区域。
② 的斤，即"特勤"，为可汗诸子弟的专称。
③ 《元史·巴而术阿尔忒的斤传》。
④ 岑仲勉：《突厥集史》，中华书局 2004 年版，第 1076 页。

羊毛等，在鄂博旁较平坦处建有煨桑台（池）。"①

鄂博（林红，摄于 2008 年 4 月 26 日）

　　2008 年 5 月 14 日，农历四月十日，东青村。由于第二天要上东云华山祭祀鄂博，各家都在做祭祀前的准备工作。

　　一早，奉古言的儿子奉全明骑着摩托车到远离永隆寺的松林去砍松树杆、折松树枝子。永隆寺附近的松林禁止砍伐，只能在寺院有需要时才能动用，这是很久以来的不成文的规定。奉古言特意嘱咐儿子：要砍干死了的松树，不能砍活树；树干要直，不能弯曲；砍三根或是五根或是七根，要单数。这些松树杆子是用来明天祭鄂博时插在顶上所用。

　　约两个小时后，奉全明带回了一蛇皮口袋的松树枝子和五根松树杆子。他接着开始对松树杆子进行处理：剥皮、打光、削直、两头削

　　①　肃南裕固族自治县裕固族文化研究室主办，《尧熬尔文化》2007 年第 1 期（总第 4 期），第 23 页。

尖。然后，华玉梅拿来蓝色的油漆和墨汁，把羊毛缠在一根小棍头上做成一支临时性的毛笔。奉古言用羊毛笔蘸上油漆和墨汁在杆子上画出蓝色、黑色的条纹，剩下两根杆子没有染色。奉古言说，裕固族人管这种杆子叫"ɕpʃɔlɔp"，负载着人的美好愿望，祭祀鄂博时插入鄂博顶部，可以祈求保佑人畜平安兴旺；有的人会在杆子上画红、黄、蓝、黑、白五种颜色的条纹，有的只画一种颜色，单一色彩或不染色都可以。①

上色（林红，摄于 2008 年 4 月 24 日）

下午，有人来找奉古言带东西。按理每家每户都要有人去祭鄂博，

---

① 老人的讲述中将这种杆子用汉语表述为"旗杆子"，并说：以前的裕固族，每家每户都要插旗杆子，插在房子边上或房子后头都行，彩色的杆子或白色的杆子都可以，杆子上挂上彩色的布条，上面写着玛尼或者是活佛的咒语、各路神仙说的话，用来避邪和祈求人畜平安兴旺无病无灾，也是保佑死去的人到阴间去的路上能一路平安顺顺利利；坟头上也插，挂上玛尼和神仙们的咒语保佑死去的人阴间路走得平安。房子后面和山头上插的杆子作用都差不多，就是避邪保平安的；在后山，山高水多，很多小河两边的两个山头上挂着经幡，从阴坡里拉向阳坡，横在河水上面，也是避邪、保平安的。（摘引自 2008 年 11 月 22 日田野笔记）

但由于身体不好或是其他原因不能上山祭祀的人家都会提前准备好祭品请能够上鄂博的人帮忙带上山，代为供奉。最先是奉古言的母亲尹秀花拿来了四种祭品：一种叫合桑（音为"xsaŋ"），由酥油、曲拉、白糖、冰糖、炒面、红枣、葡萄干等食材掺和而成，用于在鄂博上焚烧，敬给山神，据说山神闻到人间食物的香味会很高兴，就会赐福；另一种叫孜（音为"zi"），是白色的石头，要放在鄂博上，为牲畜祈福；其余两种是柏树枝子和白色的哈达。傍晚邻居花慧兰也拿来了合桑与哈达。晚饭时奉古言的外甥路一鸣也来送东西，与尹秀花送来的东西差不多，只是多了一瓶奶茶。不一会儿，奉多寿老人拿来一面彩色的鼓和一对镲，裕固语分别叫作衮尕（音为"guŋrga"）和敞（音为"tʃʌŋ"），还有一只白色的大海螺，这些东西专门用于鄂博祭祀时举行的佛事活动。①　老人腿脚不便利，请奉古言明天一起带上山。

合桑（林红，摄于 2008 年 4 月 25 日）

按照部落时期延续下来的传统，西勒村和永乐村的人祭祀西云华山上

①　由于东云华山上的鄂博历来属于永隆寺，所以每年东云华山上祭祀鄂博时，永隆寺的阿卡都会上山念经，念经时阿卡需要敲鼓、打镲。

的鄂博，白塔村和东青村的人祭祀东云华山上的鄂博。东云华山上现存的鄂博是 1996 年重新修建的。重建时，东青村的奉古言和白塔村的叔东军等四人从东青村、白塔村、牛毛村三个村子化缘得来 14000 元，专程前往青海塔尔寺请回信物，重新修建起几近被废的鄂博，从那以后才开始正式延续中断已久的祭祀。

2008 年 5 月 15 日，农历四月十一日，是惯例祭祀东云华山鄂博的日子。奉古言凌晨 5 点起床，将准备带上山的各种物什打包装好，并准备了午饭和途中的各种饮食。6 点钟我跟着奉古言出发前往东云华山。途中，陆陆续续遇到其他上山的人，每一个人都背着大包小包，装着食物、祭品、柏树枝子，手里拿着松树杆子。

经过将近两个小时的山路行走，终于到达山顶的鄂博。很多人提前到达，正在为祭祀做准备工作。有人在鄂博两边的山头之间挂起长长的彩色经幡，有人在修葺鄂博前的煨桑台，有人在整理鄂博顶上的松木杆子，有人在捡拾鄂博周围的垃圾。两位喇嘛郑重其事地选定了鄂博右侧的一处坡地，挖了一个深坑，将一只从青海请回来的宝瓶埋入坑中，仔细掩埋后又默念了一段经文。埋好宝瓶，两位喇嘛盘腿坐在鄂博的右上前方，支起鼓、摊开经文册，开始一边敲鼓一边念经。

鼓声和念经声响起后，祭祀活动正式开始。人们开始煨桑，柏树枝燃烧的味道开始在空气中一点点弥漫开来。场面肃然有序，有人在往煨桑台里添柏树枝，有人在撒合桑，有人拿着酒朝天、朝地、朝燃烧的柏树枝上洒。煨桑后，人们开始把哈达系在杆子上，然后拿着杆子插到鄂博堆上；有人直接双手捧着哈达挂到鄂博上；有人捧着哈达绕鄂博转圈，嘴里念念有词；有人手拿着合桑朝鄂博挥撒；有人将孜摆放在鄂博底部，或者撒向鄂博；有人只是简单地绕着鄂博转圈；有人手执白色的海螺站在鄂博左侧奋力地吹响，还有人在打镲。每一个人的行为都不一致，但大家口中都大声地呼唤着"herdjalo（音译为：海尔加罗）……herdjalo……"。念经声、鼓声、镲声、螺声、呼声，在柏树枝的袅袅青烟中交织，群山高远的背景，让人恍惚间似乎能够感到山神就在身边。

转圈（林红，摄于 2008 年 4 月 26 日）

　　活动完毕，人们坐在一起，拿出自己带来的食物，打开酒，互相传递着食物和酒瓶子，相互询问今年家里接了多少只羊羔，说着谁家的羊又有问题了……稍事休息后，随着喇嘛的一声呼喊，念经声重新响起，人们都起身开始围着鄂博转圈。众人排着队走，一边挥动手中的哈达，一边大声地呼喊着"herdjalo……herdjalo"，三圈之后，人群渐渐散开去。

　　祭祀接近尾声，喇嘛们仍旧在念经，人们又开始坐在草地上吃喝、敬酒。喇嘛们念完经后加入人群，永隆寺的住寺喇嘛从自己包里拿出一瓶酸奶子，倒在手里开始往人脸上和身上涂抹，人群随即欢腾起来。大家开始相互抹酸奶子，不一会儿，众人脸上、身上、头发上都是白色的奶子。喇嘛说，抹得越多越好，这是念过经的，能给人带来福气。一阵欢闹之后，奉古言拿着大家五块、十块捐的钱用哈达包着送到两位喇嘛手中，算是人们对喇嘛的心意，同时也是虔诚的一种表达。随后，大家慢慢散去，下山回家。

欢聚（林红，摄于 2008 年 4 月 26 日）

　　刚走到山底，奉贤静和女儿尹芳燕、尹兰燕早已站在自家门口招呼大家进去喝茶。文洲说，祭完鄂博回来去人家里不好，会把从鄂博上带来的福气留在人家里的，至少要留一半。但是盛情难却，大家还是进去了。

　　茶后，大家继续踏上回家的路。即将分道时，文洲特意和喇嘛商定时间，他想请喇嘛选个日子上山念经，祭泉水，说是去年喇嘛就算好要祭泉水，但是去年没有祭，今年一定要去祭，这次祭泉水是他的个人行为，只是为了祈福，保佑家庭平安、生意兴旺；祭完泉水后还要请喇嘛在家里念一天小经。念经，作为祈福消灾的重要方式，已经成为牧民生活的一部分。

　　"鄂博的祭祀形式可分为三种。一是个人祭祀；出门人路遇鄂博时，捡路旁白石头垒于其上，然后燃柏香（如身边带有），膜拜祈祷，以求保佑出门平安大吉。二是家庭祭祀；家有不祥之事，遭遇灾祸或家族鄂博祭日时，家长带全家人带着祭祀用品到鄂博上祭祀，祈求驱灾降福。三是部落或全村祭祀。"① 每年一次的大规模鄂博祭祀活动属于第三种鄂博祭祀形式。老人回忆道：

> 鄂博分好几种，有寺院的、部落的、个人的。祭祀鄂博的时候都是愿意去就去，但大家都会去的，没有不去的，一人拿上几根棍子就去了。
>
> 那时候祭祀鄂博的时候都是要开部落会议的，头目给各家各户分摊税，谁家给只羊，谁家给头牛，没有牛羊的人家就要安排跑腿；还有就是部落的集体草场今年谁家要租，或是商量一下租给谁，租金是多少，或者是上头征税的官员来了，由谁家拿出一只羊，谁家出一头牛，谁来当跑腿的招待政府当官的。那时候，裕固族所在的地区不抓兵，都是用马匹来抵税的，比如我们裕固族各部落的名称有叫十五个马家，四个马家，就是根据每年交的马匹数量而定下的名称。部落大会开完以后大家就在一起唱歌跳舞，吃呀喝呀，一般不赛马，因为地方不好，祭祀鄂博的地方都是在山上，陡得很，不平，就不能骑马。
>
> 祭祀鄂博的时候，大家都带着馍馍、酒、炒面和奶茶等一些吃的东西到山上去。那时候，东云华山是永隆寺的鄂博，每年祭祀的时候，都是杀一头牛，而且必须是青色的牦牛②，其他颜色的还不行，两三岁的公疱牛，不能骟的。祭祀鄂博的那天把牛牵到鄂博跟前，阿卡先念经，经念完了以后在牛脖子毛上面系上五种颜色的布条子就撒了，成了野的了，谁也不敢惹，它就漫山遍野地跑，到处跑着吃草，跑到人家门口，不能打，也不敢打，只能把它撵走。西云华山是大头目家的鄂博，每年农历的四月十一日祭祀，祭祀的时候要杀一只羊，

---

① 肃南裕固族自治县裕固族文化研究室主办，《尧熬尔文化》2007 年第 1 期（总第 4 期），第 23 页。

② 裕固族牧区有定期择选神牛、神羊和神马的传统，老人讲述道：以前只要是有牛有羊的人家都会有神牛神羊，神马也有，但是很少。神牛神羊身上都系着各种颜色的布条子，不能打不能杀。神牛或者神羊老得不行以后，就要请阿卡来念经重新选神牛神羊。阿卡念经的时候，把老的神牛或神羊和重新选的神牛神羊并排放在一起，阿卡一边念经主人就把老神牛神羊身上系的各种布条子全部解下来再系到新的神牛神羊身上。神牛神羊的选定也没有什么标准，主要是自己定，白色、黑色的都可以，不过东云华山上的神牛就必须是青色的。选神牛神羊的时候还要说明这个牛这个羊是送给哪位神仙的。每位神仙都是有名字的，是给哪位神仙的一定要说清楚，并请求那位神仙保佑自家人平安，牲畜兴旺。神牛老了不行了，可以卖掉，或者就直接撒掉成了野的自生自灭；神羊老了乏死以后就扔到远远的一处空旷地方。（摘引自 2008 年 12 月 2 日田野笔记。）

必须是红眼窝、白色毛的羊。祭祀那天把羊拉到鄂博跟前，阿卡念经，经念完了以后就把羊杀了，连着头一起剥下全身的皮，把皮挂在鄂博上，仪式完了以后，大家把羊肉煮了一起吃肉喝汤、唱歌跳舞；玩完了以后头目召集开会，商议部落的各种事务；事情商量完，工作分配完了后，大家就各自回家了。

每年的祭祀鄂博，作为裕固族山神崇拜的仪式性表达，是参与人数最多、规模最大的祭祀活动。无论是过去还是现在，尤其自20世纪80年代以来，祭祀鄂博的意义已超越了宗教范畴，被赋予了多重的社会意义，例如聚会期间举办文娱活动，调解草原民事纠纷和民众矛盾冲突，实践和传承民间艺术等，成为年度性的盛大民俗活动。

四　念经

念经，是一种重要的祈福方式，已然成为裕固族社会生活的重要组成部分。根据念经的场面大小、人数多少、花费多少、时间长短，可以将念经分为"大经""小经"。

以前念经的阿卡多，寺里的阿卡有上百个呢，请阿卡念经的人也多。家里摆席结婚、有人生病了、死了人，都要请阿卡念经。大经要念两三天，念大经给阿卡送的都是一头牛或者一只羊，或者直接给钱，牛多的人家就给牛，羊多的人家就给羊，没有牛羊的人家就给钱；大经给的钱都不少，比小经多多了。念小经就随便给了，送茶、酒、哈达或者给一点钱就行了。

念经的阿卡也分好多种，比如有专门为死人念经的阿卡。并不是随便一个阿卡就可以为死人念经，是需要经过特殊训练的才可以。听老人说，这类阿卡的训练方法是：夏天快到秋天时候，不打雷了，阿卡背上吃的、用的东西，带上自己住的小帐篷或者毛房子，雇两个小伙子帮他背东西或者赶着驮牛驮上所有的东西跟着。一路上遇到泉水就要停下来念经，然后住一晚上，第二天离开去往下一处泉水，临走的时候要在念过经、住过一晚的泉水边挑两块白色的石头放入怀中带走。如果两处泉水相隔不远，从念完经的泉水处收起毛房子、收拾好东西，然后到不远处的新一处泉水再重新扎毛房子，再念经并住一晚上，第二天再收起东西、拾两块白石头揣入怀中，继续去往下一处泉水。不论泉水相隔远近，只要遇到泉水就要扎毛房子、念经、住一晚上。从每一处泉水离开的时候都要在泉边拾两块白色石头带走。就这样，阿卡从一处泉水到下一处泉水，必须转完 108 处泉水，转完后也差不多是春天了，然后回到自己原先的住处。这时候，阿卡就具备了降鬼送鬼的本事了，就能送死人了。①

2008 年的永丰地区，花销在 400 元以上的都可以算是"大经"。"大经"一般要念两三天或更长时间。"小经"的时长不定，有的念一两个小时，有的念半天，最多一天，花费一般在 200 元左右。念经的原因可以多种多样，但目的只有一个：祈福消灾。

2008 年 4 月 3 日，东青村，奉古建家中在做念经的相关准备工作。由于妻子路怀玉近七八年以来身体一直不好，并导致手指僵硬无法正常弯曲而没法干活，奉古建准备在家念一场大经为妻子祈福。

路怀玉说，这一次大经算是 2008 年的经，包括了 2008 年要念的各种经②；什么时候开始念、念多少遍经、点多少盏酥油灯、敬多少碗清水、上多少碗麦子、捏多少个炒面人、磕多少长头和短头、转多少圈等，涉及的具体日期和数字都经由阿卡卜算确定，必须完全按照这些数字执行，而且做的时候只能多而不能少于这个数字，达到既定要求就算是经念完了。阿卡卜算这次念经的数字是一千，也就是说经文要念一千遍、酥油灯要点一千盏、经水要敬一千碗、麦子要奉一千碗、炒面人要捏一千个、长头短头分别要磕一千个、转圈要转一千圈，这些事情都做完了以后，念经才算正式结束。

早茶后，奉古言和华玉梅便去奉古建家帮忙。正式念经之前有各种准备工作，包括擦洗酥油灯和经水碗、把燕麦摘拾干净、拌酥油炒面并捏出一千个面人等。随后，邻居和亲戚家也陆续来人帮忙。男人

---

①　摘引自 2008 年 11 月 27 日田野笔记。

②　意思是：这次念大经可以把一年里涉及生活生产方面面的祈福经都念了，也就是说这次念经得来的福分可以在这一年里让各方面都受益。每一年的大经只管当年，其效用不会无限期延续。如果是为 2008 年祈福，那就要在 2008 年念经，如果是为 2009 年祈福就要在 2009 年念经。

主要负责擦洗经碗和酥油灯，女人主要负责摘拾麦子。

擦经水碗（林红，摄于 2008 年 3 月 16 日）

　　我跟着华玉梅坐在院子里择麦子，把其中的各种杂质挑选出来。华玉梅说，缺了一半的麦子也要挑出来，因为这是要敬佛用的，所以要特别干净，如果是平时自己吃就没有这么注意了。一边拣麦子她一边说清明祭祖的事情。清明祭祀宜早不宜晚，她已经托人从区上买了祭奠用的各种东西包括红枣、葡萄干、酥油拌炒面、曲拉、酒、烟、五色布等；为了和后天正式念经开始的日子错开，她想要明天去后山给葬在那边的父母上坟。奉古言明天也要去给父母上坟，他和妻子华玉梅不是一个方向，于是华玉梅只能自己跑 2 个小时的山路去后山。

　　2008 年 4 月 4 日，念经仍旧在准备中。奉古言上坟回来后便准备去奉古建家继续帮忙。我以为华玉梅也会去，没想到她神情有点拘束地问我："今天你也要去么？我今天不去了。"我不明就里，问她为什么不去了。她答道："今天过去就是帮忙捏炒面人，这个活只能男人干，女人不能干，如果你想去看看也可以。"① 她接着说"我明天去，你明天跟我一起去吧"。听得出她不希望我去，或者是感觉有点为难，于是我决定不去了。

下午时奉古言回来说，今天四个男人捏了一天的炒面，指头大的面人捏了一千个，面人捏好，将熬好的酥油抹在面人上面，把一小块没有化开的酥油点在面人上；还有其他形状的炒面也各捏了一千个，昨天没有拣完的麦子，今天他们也接着拣完了。他告诉我："这次念经大概要花费五百多块钱，平时小的（念小经）大概也就两百来块钱吧，再大点的要花七八百块，有时候要花一千块左右。念经敬的麦子，在经念完之后还可以炒了自己吃，但是炒面捏的那些东西就不能吃了，经念完就只能拿去喂羊了。家里（奉古建家）已经请了几家亲戚念经那天过来帮忙磕头，其他人如果愿意来磕头也可以。来的人也不需要带什么东西，如果家里有酥油可以带点酥油来点酥油灯，没有也没有关系，来磕头就可以了，一来是帮忙完成（念经的）任务，二来对自己也是好事。"

经过整整两天紧锣密鼓的准备，念经于4月5日正式开始。我跟着奉古言一家一早便到了奉古建家。院子里里外外打扫一新，经堂已经布置成形，一千个面人摆放得整整齐齐，正中摆着一只大盘子，盛放着一个大炒面团，其上点着红枣，周围摆着切成瓣状的红苹果；21只大碗②装着择好的麦子整齐地摆放在桌上。磕头的人陆续到来，众人一起擦酥油灯，插灯芯，摆酥油灯；擦经水碗，摆碗。做好这些后，男人们开始倒酥油，倒清水。往经碗里倒清水时，藏族阿卡③从自己的黄色经袋里拿出一个小塑料袋，里面装着褐色粉末状的东西，他倒出一点撒在将要倒入经碗的清水中。我问是什么东西，他笑了笑说是秘密。后来华玉梅告诉我，撒有褐色药末的清水，念过经后用来

---

① 对此，裕固族人没能给出一个合理的解释。他们认为，佛教上如此规定就应该执行。念经时，看到手捏的炒面人后我们推测，这种禁忌的解释之一可能是性禁忌，因为炒面人的形态看上去犹如没有穿任何衣物的裸体人，含性隐喻。同时，在当地人的宗教观念中，女性有不洁之意，所以只能由男人捏炒面人。

② 按照当地的计算方法，一只大碗相当于10只小碗。那么，21只大碗就相当于210只小碗的麦子。

③ 是奉全磊（奉古建之二儿子）的师父，曾为青海某寺院阿卡，已经还俗并娶妻生子，现为游行藏医，常在裕固族地区念经行医，人们对其医术大为赞赏。

洗脸可以治脸上起的痘子，具有洁净的功能。点酥油灯时，大家争先恐后。我点了几盏便退了出来，遇见几位阿姨，都问我点灯了么，并告诉我点得越多越好，意味着获得的福气会越多。酥油灯点燃之后，两位阿卡便开始念经，同样的经文要念一千遍。念经声响起，众人便在屋外院子里朝着阿卡打坐的方向开始磕长头、短头。

念经堂（林红，摄于 2008 年 3 月 16 日）

　　午饭很丰盛，但都是素菜。拉条子、韭菜拌粉丝、蘑菇炒青椒、小白菜拌粉皮、凉拌白芯红萝卜。华玉梅说，今天念的经不能吃荤，回家后自己怎么吃都行，但是在这里不能见荤。她先给两位阿卡端饭，同时送去了醋和辣椒酱。那位藏族阿卡问："辣酱里面有没有蒜？"大家都不确定，于是两位阿卡便不吃辣酱了。华玉梅说，念经的时候，阿卡是绝对不能吃蒜的，但是可以吃韭菜、葱。

　　午饭后，一切继续。我发现一个有趣的现象，换酥油灯，换清水，换麦子等经堂里的事情都是男人在做，女人则大都在厨房帮忙。院子里磕头的、院子外面转圈的、经堂里帮忙的、厨房里帮忙的，到处都是人，一片忙碌。到下午 5 点钟的样子，短头数量汇总后已经超过 1000 个了，长头数量也超过 1000 个，转圈也够数了，麦子已经敬了 600 多碗，酥油灯点了 800 盏，清水上了近 700 碗，经念了 500 遍。

奉妮月（奉古建之妹妹）下午一直在厨房里做一种斋饭，裕固族语叫沙玛尔（音为"ʃamar"）。所有佛事都会煮这样的斋饭，分与众信徒食用。她告诉我，这是阿卡念过经的饭，吃了对人好；以前逢寺院里举行佛事活动，大家都会到寺院去拜佛，寺院会用大锅煮这样的斋饭，众人排着队取饭，一人一块儿，放在手心里吃，还可以给不在场的家人带回去。

吃过斋饭，众人又帮忙擦经水碗，擦酥油灯，插灯芯，倒酥油，摆好经水碗，为明天念经做准备。临走时，每个人都带了些斋饭回家，华玉梅还特意带了一大瓶经水回家，说要用来洗脸。

4 月 6 日是念经第二天。一大早，邻村的几位老人也赶来了。有人手拄着拐杖，有人手持转经轮；有的老人行动迟缓，甚至身体残疾，但都非常虔诚地一遍遍磕长头、转圈。下午开始念经时，藏族阿卡问了一句："都有哪些人？"路怀玉说："我这里有名单。"随即从怀中掏出一张纸递给阿卡。两位阿卡开始照着纸上的内容默念。路怀玉告诉我，纸上写的都是家里去世了的老人的名字，清明节了，也给他们过节。

念经结束，众人开始撤酥油灯、撤经水碗、撤麦子、擦经碗、擦经灯、撤桌子等，只留下了经堂正面的炒面人和四盏酥油灯没有撤。阿卡说，这些炒面人要至少三天之后才能撤，或者七天之后，或者九天之后，但至少要放置三天，是为了敬神；念经之后的面人人不能吃，那是敬给神，供神享用的；摆在中间的炒面团大家可以吃，那是神赐给人的。

一切事宜结束后，大家围坐下来，奉古建拿刀切开炒面团。他把炒面团切成小块放在一个大盘子中，并掺入切成小块的苹果、橘子瓣、山楂糕、山楂片、糖果等吃食。他告诉我，这个大拼盘叫作桑格阔尔（音为"sʌŋgəqɔr"），也是一种斋饭。大家在吃的过程中，吃一半留一半放入另一个小盘子中。当小盘子中的食物堆满后，阿卡让奉全明（奉古建的侄子）把盘子端出去，倒在了门外山下的某处，说是敬献给死去之人。后来奉全明告诉我还有另一层意思，即：人们吃一半留一半，是为了把运气给主人家留下一半，客人不能把主人的运气全部带走了。吃的过程中，路怀玉又拿来了一些塑料袋，让客人带些斋饭回去与家人分享。

分食桑格阔尔（林红，摄于 2008 年 3 月 17 日）

这次念经，让我体味最深的是两个词"互助""共享"。

首先，从念经前的大量准备到念经时的各种事情都是由亲戚、邻居帮忙完成的，甚至磕头这样仪式性的事情都是在大家帮助之下完成的。从日常生活生产劳动到宗教活动，无不体现出裕固族人与人之间的互助协作。

其次，在这次念经中，"共享"有两层含义：第一，敬神之后的炒面团分别由参与人和去世的人共同分吃，这是人、神、亡灵三者的共享；第二，帮忙磕头的人既是为奉古建家祈福又是为自己祈福，参加念经的人不仅自己吃斋饭而且给未参加念经的人带斋饭，这样一来，念经求得的福祉通过直接和间接的方式惠及了主人家及其之外的人，这是一种人际共享，共享的不仅仅是食物，还有福祉和信念。

五　空间观的整体性

人类对空间的认知实际上是经验的产物。心理学中两个重要研究领域是感觉和知觉，感觉是指通过感官从周围环境中获取信息，而知觉则把感觉世界（视、听、触、味、嗅）以一种组织好了的形式呈现在个体的意识中。大脑中有很多可利用的技巧或策略来帮助我们按照有意义和可理解的方式去组织各种输入感觉系统中的信息，其中一种重要的组织技巧或者说策略就是环境和文化。心理学史上对感觉和知觉相关研究产生重大影响的案例并非来自心理学实验，而是来自人类学的田野观察。

人类学家特恩布尔在 20 世纪 50 年代末 60 年代初，进入扎伊尔（现在的刚果）茂密的伊图里森林研究巴布提部落俾格米人（Bambuti Pygmies）的生活和文化。[①]

有一次特恩布尔外出考察，他穿过森林从一个俾格米人的部落到另一个部落。随行的是一名叫肯格（Kenge）的小伙子（大约 22岁），他来自当地的一个俾格米人部落。肯格是特恩布尔的向导，并把特恩布尔介绍给不认识他的巴布提部落。特恩布尔的发现始于他和肯格到达一座小山的东边，那里为了建一个传教点而把树木全部砍伐了。由于树木稀少，人的视线便能越过森林一直看到远处高高的鲁文佐里山。因为伊图里森林十分茂密，这种景象很难看到。

肯格有生以来从未看到过远处的风景。他指着鲁文佐里山问那是山还是云雾。虽然特恩布尔告诉他那是山，但是这些山要比肯格在自己生活的丛林中所看到的大得多。特恩布尔问肯格是否愿意一同驱车前去更近地观察那些山。犹豫了片刻后——肯格以前从未离开过他居住的丛林——他同意了。他们启程时，下起了暴雨，直到他们到达目的地时雨才停下来。暴雨使能见度降低到大约 100 码，这使肯格无法看到渐渐接近的群山的情景。最后，他们到达了位于山脚下爱德华湖

---

① ［美］罗杰·霍克（R. R. Hock）：《改变心理学的 40 项研究》（第 5 版），白学军等译，人民邮电出版社 2010 年版，第 42—46 页。同时参见 Turnbull, C. M., 1961, Some Observations Regarding the Experiences and Behavior of the Bambuti Pypmies, *American Journal of Psychology*, 74, pp. 304 – 308。

边的伊尚戈国家自然公园（Ishango Natural Park）。

特恩布尔写道："当我们驱车穿过公园的时候，雨停了，天空也放晴了，呈现在面前的风景真是难得一见，鲁文佐里山没被一丝云雾遮挡，整座山耸立于傍晚的天幕下。它那积雪覆盖的山顶也在阳光下熠熠生辉。我停下车，肯格极不情愿地迈出车外。"①

肯格扫视了一圈，断言这个地方不好，因为这里没有树。然而，当他抬头仰视群山时，他简直说不出话来。巴布提人的生活和文化都受到了茂密丛林的限制，因而在他们的语言中没有可以描述眼前景象的词汇。肯格被远处白雪皑皑的山顶所吸引，他认为那是一种岩层构造。他们准备离开时，前方广阔的平原清晰地映入眼帘。接下来的一项观察是特恩布尔研究报告的中心。

在平原上放眼望去，肯格看到一群野牛正在几英里外吃草。要知道相隔那样的距离，野牛投射到肯格视网膜上的映像（感觉）是很小的。肯格转向特恩布尔问道：它们是什么昆虫？特恩布尔回答说那是野牛，这些野牛甚至比肯格以前在丛林里看到的还大。肯格立刻笑了起来，认为他是在开玩笑，并再次询问那是些什么昆虫。"然后，他自言自语，觉得他的这个同伴实在不够聪明，竟然把那些像甲虫和蚂蚁的昆虫说成是野牛。"②

特恩布尔立刻做了一件在那种情况下你我都会做的事。他回到车里，和肯格一起开车接近吃草的野牛。肯格是个勇敢的年轻人，但当他看到动物的形体在不断增大时，他挪到特恩布尔身旁，小声地说这应该是魔法。最后，当他们到达野牛身旁，看到野牛的真实大小时，肯格也不再害怕，但他仍不明白为什么刚才它们看起来那么小，并且怀疑它们是不是在刚才那段时间里渐渐长大的，或者这是不是某种骗人的把戏。

当两个人继续驱车来到爱德华湖边的时候，发生了类似的情况。这是一个很大的湖，在两三英里外有一艘渔船。肯格不相信几英里外的那条船大到足以能装下几个人。他断言那不过是一块木头，直到特

---

① Turnbull, C. M., 1961, Some Observations Regarding the Experiences and Behavior of the Bambuti Pypmies, *American Journal of Psychology*, 74, p. 304.

② Ibid., p. 305.

恩布尔提醒他野牛的经历后，肯格才惊异地点头表示同意。

在回到森林前的余下时间里，肯格观察着远处的动物并试着猜测它们是什么。特恩布尔明白，肯格已明显不再感到害怕或怀疑，并且在不断让其知觉适应这种全新的感觉信息。他学得很快。第二天，肯格要求特恩布尔把他送回森林中的家里，并再次说这是个不好的地方，因为这里没有树。①

特恩布尔提供的人类学案例引发了心理学研究关于先天和后天的论战，行为科学家们就行为受生理还是环境（学习）影响进行了激烈辩论。显而易见，特恩布尔关于肯格知觉能力的观察报告支持了后天或者说环境因素一方的观点。而我们在此引用这一经典个案，旨在指出：人类关于空间的认知受到环境和文化的影响，也正因如此，不同族群的空间观念亦是其文化观念体系的再现。

"空间"作为一个共时的横向丈量方式，是人类对宇宙、社会认知结果的一种表达。裕固族人关于个体身份认定的观念在社会实践中最直接地体现于对"方位"意义的认知，就如同处于亲属关系网络中的每一个体都有自己特定的身份和地位一样，在社会生活中这些抽象的认知以最直接的方式表现为性别分工、社会分层以及人们对地理环境、居住空间的划分。

"底勤"是建立在裕固族部落制基础上的地域划分，是包括人口、帐篷、草场、牲畜、一草一木、一山一石在内的物质空间。作为部落所处的地理位置和活动的区域范围，底勤是人们关于具体外部物质空间划分的、最大的边界概念。底勤之内，个体以部落之名维系，构成一种区域认同体。而这种整体认同之下，个体之间又以骨亲/非骨亲、姻亲/非姻亲进行划分。人与人之间以亲子、夫妻、兄弟姐妹、骨亲、姻亲、邻居、朋友等名维系。

当地理空间从底勤缩小为以自然的河流、沟壑为标界形成的"沟"，个体对于底勤的认同也随之具体到对沟的认同。虽然作为自然因素划分的结果，但是居住在不同沟内的人们却在地理划分的基础上形成了一种心理

---

① ［美］罗杰·霍克（R. R. Hockr）：《改变心理学的40项研究》（第5版），白学军等译，人民邮电出版社2010年版，第42-46页。

划分，并体现在言语称谓上"我们的沟""你们的沟""他们的沟"。一沟之内，骨亲或姻亲关系被弱化的同时，邻里关系被强化，成为维系个体最重要的关系。

沟之内是盖尔（帐篷或房屋），这是个体能够感知的、最小的物质空间。在这一空间内，血亲关系被强化，个体关系具体到亲子、夫妻、同胞。这些关系中蕴含的个体身份、长幼尊卑、代际关系、性别区分等文化要素又通过室内空间的细致划分得以表述。

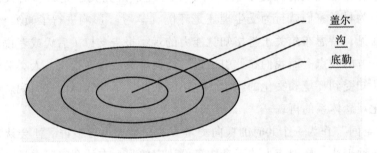

物理性三级空间关系

裕固族关于物理性空间的三级划分，从内涵和边界而言可视为包含与被包含的关系。盖尔包含于沟之内，沟包含于底勤之内。但是，这三者的核心内涵却是相互区别的。底勤强调的是部落作为一个整体，个体之间互为"一个部落的人"；沟强调的是沟作为一个整体，个体之间互为"一条沟的人"，主要体现为邻里关系；盖尔强调的是盖尔作为整体，个体之间互为"一个家里的人"，主要体现为社会血亲关系。三级空间概念有各自确定的内涵和外延，在此三级划分之外，还有两个内涵和外延均模糊的概念：上面、下面。二者的区分仍旧以地理位置为基础，但其所指却随语境而变化，可以具体到个体，亦可泛指某个群体。从本质上来说，这对概念实际指代了两种反差的社会生活方式：游牧和农耕。

在盖尔、沟、底勤之外，我们从鄂博祭祀、念经、祭泉水等活动还能看到另一种不同的空间存在形式，即根据山神、水神、佛祖、神灵、祖先、鬼魂等信仰存在而确立的空间格局，是裕固族生活世界中不同于世俗空间的神圣空间。此类空间的主体虽然从物理性视角来看是无形，但却在真实的生活世界中无处不在。牧区常见的各种鄂博，从个人随机性祭祀途中所遇的鄂博，到家庭祭祀中家族鄂博的所在，再到部落或全村每年祭祀的鄂博地点，鄂博所在之地即是神灵的居所。老人言"每一个鄂博都有自己的名字，每一座塔也有自己的名字。裕固族敬的神很多，不同的山，不同的水，不同的塔，不同的寺院都有不同的神"①。路遇山、水，随处可见经幡飘扬，"长的布条，越长越好，上面印着玛尼、观音咒语等，山头上、水上这些地方都挂着，因为这些地方有伤人的东西比如鬼，人从这些地方过去的时候为了防止被鬼和一些不好的东西跟着，就挂上经幡，鬼就被挡住了"②。此外，泉水祭祀中作为水神和泉灵居所的泉眼，念经中作为佛祖居所的佛龛、寺院，祖先祭祀中作为先灵所处的门前（帐篷门前）和坟场，都是无形主体存在的有形空间。

　　世俗空间和神圣空间在裕固族人的生活实践中共存，例如日常仪式行为包括煨桑、点酥油灯、念经等。"平时各家各户点酥油灯、念经，一是为了给自家死去的人和其他所有死去的人照明，一年到头即使自己家里没有人去世，别人家里也总有去世的人，所以点酥油灯也是一种做好事，为那些认识或者不认识的死人照明；另一方面也是为自己积德，也是一种做好事。以前佛教教规实行得非常严格的时候，教人活着的时候不能干坏事，亲戚朋友邻居要和睦相处，相互帮助，这些就是法律。阳间里过去了，阴间里也是过不去的。"③

　　裕固族人的观念体系通过有形的世俗空间和无形的神圣空间呈现，以族群观念为内核，以空间呈现作为表征，二者交织共存，构成了裕固族的整体空间观。

---

①　摘引自 2009 年 1 月 12 日田野笔记。

②　同上。

③　同上。

结　语

一　亲属制度：父系制社会

我们得到裕固族个体身份的三种基本构成：文化血缘赋予的文化身份、社会血亲赋予的社会身份、历史传说赋予的族群身份。从本质上来讲，社会血亲赋予的社会身份和历史传说赋予的族群身份都是一种社会秩序的认知表述，族群身份其实也是一种社会身份。由此我们可知，裕固族个体身份的基本构成为"父亲的骨头"这一文化血缘赋予的文化身份和社会血亲、历史传说建构的社会身份的复合体，其本质就是信仰。

蔡华这样定义"民族"和"民族性"：处于一个给定的信仰和信仰结构力场域中的群体，或者说，一个以给定的一套信仰体系为个体身份认定标准、行为标准和社会组织标准的集团构成一个民族。一个集团在一个或长或短的时期内采用的一套文化逻辑、文化身份和社会身份的整体构成了民族性。① 裕固人对族群历史的共同记忆，对人与自然的自我认知，对个体生命的诠释，构成了这一群体的集体观念。虽然史诗民歌《尧熬尔来自西至哈至》《沙特》及"骨头"的观念各自形成了一套信仰逻辑，进而产生了不同的文化力场域，但是："一个群体的各种制度的整体导致一套社会组织及其运作机制，由此组成了一种基本自洽的生

---

① 蔡华：《人思之人——文化科学和自然科学的统一性》，云南人民出版社 2009 年版，第105 页。

活方式。"① 在我们看来，这三者看似分立实则兼容自洽的观念体系正是构成"裕固族"并赋予这一族群内的个体以"裕固族性"个体身份的基本内涵。

在裕固族的观念里，孩子身体的骨骼来自父亲，血和肉来自母亲，这种代际的传承建立在两性关系基础之上。"父亲的骨头"作为最重要的个体遗传性征，是能够在代际间永远传承且毫不会消减的物质。源自同一个男性祖先的个体共享相同的骨头，拥有相同的姓氏，互称"本家"，我们称之为裕固族社会血亲。在这个建立于"同骨"基础之上的社会血亲集团内部，性关系是被禁止的，严格遵守"同姓不婚"的规则。

姓氏是最重要的性禁忌，其潜在的逻辑为：父亲的骨头 = 姓氏。"同姓不婚"的内涵还包括同姓之间的各种性回避，如父—女、母—子、兄—妹、姐—弟在场时的性话题回避。这种性回避的核心就是社会血亲性禁忌。交叉旁系婚姻、母方平行旁系婚姻是被允许的，而父方平行旁系婚姻则是被禁止的，其根本原因也是"同姓不婚"禁忌。

裕固族亲属称谓中，夫妻关系和共居关系中的两性，女性禁止对男性直呼其名，而男性则可对女性直呼名字。Ego 对 0 代、−1 代、+1 代的称谓也存在明显的、重要的区分。这一区分主要存在于交叉旁系和平行旁系之间。Ego 对 0 代亲属的称谓，重点区分了父母双方交叉旁系、母方平行旁系与父方平行旁系（即叔伯亲属关系）。处于前两者关系中的两个个体之间存在专属称谓，而父方平行旁系中的两个个体则不存在类似的专用称谓。Ego 对叔伯亲属关系中个体的称谓与对己身兄、弟、姊、妹的称谓相同。这种称谓区分的基本逻辑就是社会血亲观。

在文化血缘和社会血亲基础之上，裕固族实践两种性生活模式，即明媒正娶和勒系腰。而明媒正娶又表现为四种不同形式：娶媳、招赘、立房杆子、换门亲。

娶媳是裕固族婚礼的常态，包括提亲、定亲、送亲、迎亲、仪式五个主要环节。从提亲到定亲，彩礼是婚事成败的关键。而在"交代姑娘"这一环节中，陪嫁又成为界定女子身份和衡量女子地位的筹码，同时也成

---

① 蔡华：《人思之人——文化科学和自然科学的统一性》，云南人民出版社 2009 年版，第105 页。

为婆家和娘家话语权分配的秤杆。如果说，彩礼是婚姻关系能否成功缔结的关键，那么陪嫁，则可以赋予女性在家庭中一定的话语权。

"招赘"这一方式中，所有程序的方向逆转。女性和男性运动的方向与一般男娶女嫁相反，为男嫁女娶，没有任何一个环节被弱化。虽然男子是"嫁"入女方家庭，但所生子女仍旧使用男方姓氏。

"换门亲"也完整保留了娶媳的五个环节，但是，弱化了彩礼和陪嫁。"换门亲"中的"换"，即两个家庭之间交换女子。由于双方交换的物品即女子可以视为等值，所以彩礼和陪嫁都"不会相互为难"。

"立房杆子"，即以帐房杆子的名义娶媳。在这种婚姻关系中，不存在真实的"丈夫"，而只有名义"丈夫"，也就是帐房杆子。此方式完全执行明媒正娶的五个环节，但女子在家庭中的地位，由于真实丈夫的缺位，而成为唯一。与其他明媒正娶方式不同，"立房杆子"缔结的两性性关系并非真实存在，而真实的性伴侣位置则是由其他共居男性补充。

除"立房杆子"之外，其他明媒正娶方式的所有环节中，彩礼—陪嫁、戴头面、沙特最为关键。其关键在于：彩礼—陪嫁实际上是缔结婚姻关系的男女两家建立起来的一种经济联系，更确切地说是两个家庭对建立第三个新家庭经济投入形成的力量对比，这种对比直接决定了新家庭中两性话语权的分配；戴头面是一个女子从未成年迈向成年的关键，戴了头面的女子就被社会赋予了与男子交往的权利，成为一个真正的社会人；而沙特则是两性结成夫妻关系并繁衍后代的象征，一起受过沙特之礼的男女二人被赋予了共同生活、共同生育后代的权利和义务，通过沙特缔结的男女关系并非简单的两性性关系，还意味着感情联系和经济联系，并具有社会所赋予的特定义务和责任，接受社会监督。

明媒正娶的四种方式又可以归为两种基本形式：男娶女嫁，男嫁女娶。男娶女嫁中，无论何种形式，所生子女均使用"娶"方的姓氏。而男嫁女娶中，所生子女则使用"嫁"方的姓氏。也就是说，不论谁娶谁嫁，不论丈夫角色虚实与否，所生后代姓氏均随男方。

另一种性生活模式是勒系腰。1956年以前，这是裕固族地区普遍流行的性生活方式。"勒系腰"的意思是，某位女子将自己的系腰送给或系到某位男子的腰上，表示嫁给这位男子。这种性生活方式具备明媒正娶的所有形式特征。但是，处于婚姻关系中的两性不存在必然的感情联系

（包括性关系）和经济联系。也就是说，"勒系腰"的两性关系中，"丈夫"只是一个名义上存在的角色。由于勒系腰缔结的只是一种名义性关系，这就直接赋予实质的两性性关系以选择。

勒系腰带来的两性性关系同时意味着女子对性关系的选择和男子对性关系的选择，而且两性的各自选择都是自由的。由此，决定了勒系腰女子可能与前来共居的某些男子保持多边性关系，同时某个男子也可能与某些勒系腰的女子保持多边性关系。一方面，女子勒系腰的主要目的是为自己的孩子找个姓，以获得一种社会合法性；另一方面，不论实质如何，仅仅在形式上，勒系腰结成的两性关系是为社会承认的、正式的婚姻关系。

勒系腰结成的两性性关系存在几种不同状态：第一，女子与受系腰男子共同生活，于是勒系腰结成的夫妻关系就是名副其实的两性关系，同时存在感情联系和经济联系；第二，女子分别与其他一个或多个男子共居，于是勒系腰结成的夫妻关系只存在于形式而不具备实质内涵；第三，女子与受系腰男子和其他男子同时保持性关系。

勒系腰女子所生子女，受系腰男方不需要承担任何抚养义务。通过勒系腰结成的、形式上的夫妻关系相对比较稳定，不会因男子已婚、死亡、离开等原因而轻易解除，从而保证了勒系腰女子所生子女在姓氏上的延续。但另一方面，相较于形式上的稳定，实质的两性性关系却极为不稳定，从而形成勒系腰关系中"姓氏"的稳定和"性关系"的变化。对于同一个女人来说，她可以先后与不同的男子共居并生育子女。在生物学意义上，这些源自不同男子的孩子却拥有一个共同的姓氏。女子勒系腰后继续与其家人共同生活，相对于稳定的女性家庭而言，那些来到女子帐篷与其共同生活的男子只是留居时间或长或短的过客。于是，勒系腰女子家庭中的其他成员如母亲、兄弟、姊妹，对勒系腰女性的子女理所当然地分担了一定的抚养责任和义务。

与明媒正娶相反，"勒系腰"方式中，不是男方家庭先到女方家说媒提亲，而是女方请媒人先到男方家里去提亲。与正式提亲不同的是，勒系腰提亲时男女两家不需要讨论彩礼。女方家向男方家只是借姓，男方家对于女方家而言仅仅是给予帮助。女子戴头面之后将系腰勒给愿意施以帮助的男子，其唯一目的就是为将来自己生育的孩子获得一个姓氏。在这场名义婚礼中，女子的"系腰"而非"沙特"成为象征物，因为这两者有着本质的区别。"系腰"象征的婚姻关系仅代表一种形式上的合法性，而"沙特"同时意味着形式和内涵的合法性。用"系腰"代替"沙特"，并非单纯的象征物替换，而是社会意义的转换。通过勒系腰建立起来的夫妻关系仅仅是一种名义上的夫妻关系，而同过勒系腰成为姻亲的两家人也仅仅是名义上的亲家。这种名义上的姻亲关系可以不存在真实的两性性关系，可以不存在任何感情联系和经济联系，双方不需要承担特定的姻亲责任和义务。缔结了勒系腰关系的两个家庭并不因此而带来家庭成员的变动，女子仍旧在女方家，男子仍旧在男方家。在新建立起来的勒系腰家庭里，"丈夫"和"父亲"只是虚有其名。

"立房杆子"作为一种家庭延续的补充方式，同时兼有娶媳和勒系腰的特征。与"勒系腰"相同，"立房杆子"也是通过系腰结成婚姻关系，拥有名义上的两性性关系。但是，"立房杆子"建立的两个家庭之间的姻亲关系却与其他明媒正娶方式相同，女子必须承担相应的社会责任和义务如赡养老人、所生孩子继承家庭姓氏。其他明媒正娶方式结成的姻亲关系包含了作为夫和妻之间的感情联系、经济联系，以及婆家、娘家之间的感情联系和经济联系，还有婆家、娘家分别与新家庭之间的感情联系和经济联系。勒系腰结成的姻亲关系并不包含作为夫和妻之间必要的感情联系和经济联系，也就并不必然包含婆家、娘家之间的感情联系和经济联系以及婆家与新家庭之间的感情联系和经济联系。立房杆子结成的姻亲关系虽然不包含作为夫和妻之间必要的感情联系和经济联系，但却包含了婆家、娘家之间的感情联系和经济联系，还有婆家、娘家分别与新家庭之间的感情和经济联系。

无论是明媒正娶，还是勒系腰，最终都能够为孩子获得姓氏，确立父子/女的关系，但这种亲子关系却有着完全不同的内涵。通过明媒正娶途径确立的父子/女亲子关系不仅仅是姓氏的继承，还包括这种亲子关系蕴含的感情联系和经济联系，子女从给予姓氏的男方继承的不仅仅是姓氏，同时还要继承财产、对父亲及其家庭成员有赡养的义务，而父亲及其家庭给予孩子的也不仅仅是姓氏，还有亲情以及对子女抚养的责任。而勒系腰家庭中，父子/女的亲子关系仅限于姓氏的继承，不必然包含子女对父亲及其家庭和父亲及其家庭对子女的感情联系和经济联系。

以"姓氏"为导向的性生活方式所表述的男性主导权，同样体现在家庭继承、居住制度和人生礼仪中的性别观。

　　完整的裕固族家庭继承包括姓氏的延续和财产的传递。虽然女儿和儿子都可以"扎帐篷"，但只有儿子才能延续姓氏，实现完全继承。女性虽然也可以继承家庭财产和赡养老人，但却无法延续姓氏。

　　居住空间的划分充分体现了男尊女卑的观念。"炕"作为一个家庭公共空间，被赋予了"上方"为尊，"下方"为卑的意义。男性居上，为尊；女性居下，为卑。女性日常的主要活动局限于炉台边及其右侧。这个区域被赋予了"女性"的意义，而男性则以从事"女性"的相关劳动为耻。

　　人生礼仪亦反映出女性对男性的依附性。1956 年以前，每一个裕固族女性都必须经历戴头面礼方能获得与男子交往的权利和身份。但是，男子却并没有类似的成年礼，男童即可接受女子的系腰。也就是说，未行戴头面礼之前，女子并没有社会承认的身份，但男子自剃头礼之后便自然获得了一种社会身份。女子所生孩子必须要有一个正式的姓氏，否则必为人耻笑。而姓氏的获得必须嫁给某位男子。每一个裕固族女子必须出嫁的另一个原因就是，为自己寻找一个合法的葬身之所。女子去世后，必须葬入其夫家的坟场，并以丈夫家庭成员的名义享祭。

　　裕固族的个体身份认定制度作为一种根本的社会运作逻辑，分别从文化血缘、社会血亲、性禁忌、称谓制度四个方面明确了男性的主导地位。明媒正娶和勒系腰两种性生活模式都直指男性姓氏的关键作用，以及男性实现完整家庭继承的重要性。而作为对个体生命和周围物质存在的认知表述，裕固族的空间和时间观具体强调了男性的家庭、社会地位以及女性对男性的依附性。

　　综上所述，我们的结论是：裕固族社会实行父系制。"勒系腰"仅仅是父系制度下一种多样化的性生活模式。

二　时空域限：关系实践的场域

　　裕固族的社会生活可以被划分为时间和空间两个基本面向，而每一个面向又可以细化为两个不同维度，即以个体生命周期呈现的身体时间和以游牧生产与生活周期呈现的生态时间；以个体为主体性视角、物理性可触及的以居住空间呈现的小我空间，和以族群为主体性视角、超越日常生活的以生态空间呈现的大我空间；这四个维度共同建构出裕固族作为一个整体性族群的集体记忆中的时空域限，而这一时空域限亦是族群所属个体实践各种社会关系的场域，如下图所示。

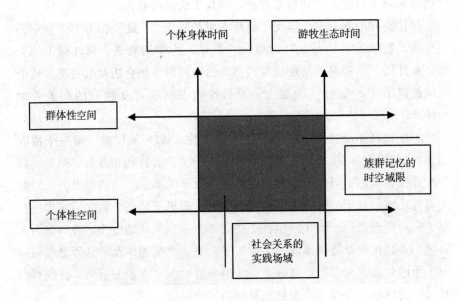

时空域限中的关系实践场域

　　如果说以生命周期方式呈现的个体时间线，其演进的轴心是人与人的关系；那么以游牧周期方式呈现的族群时间线，其演进的轴心则是人与自然的关系。很大程度上，这两条时间线的两对轴心关系即人与人的关系和人与自然的关系是相互依存的。我的田野调查时间从 2008 年跨越到 2018 年，在这期间，当地社会的基本轮廓和运行逻辑并未发生本质性变化，但是因生态环境恶化而采取的生态搬迁等政策措施却给当地社会带来显而易见的改变。牧民的农民化和城镇化，以及游牧转定居，这种改变的本质是打破了裕固族社会原有的人与自然的关系，也势必在其重建的过程中进一步改变人与人的关系。

　　如果说以居住空间方式呈现的一种个体性的空间观，其核心是人与人的关系，那么以族群记忆空间方式呈现的群体性空间，其本质则是人与自然的关系。随着牧民逐渐退出草原，游牧的生产方式和生活方式逐渐被城镇打工和定居务农而取代；由此，族群记忆空间的内涵也势必将随之消失，从而导致人与人之间的关系也随之发生根本性的改变。

　　族群记忆的时空域限,其内涵是族群社会关系的实践场域。从个体的出生、命名、剃头礼、戴头面、婚礼、葬礼,到族群生产与生活的白月、各种游牧生产节令、宰牲月;从个体生活的居住格局、邻里空间,到族群生活的底勤、农牧区分、鄂博祭祀、念经祈福;无论个体化实践,还是族群实践,都可以从人—神灵、人—祖先/鬼魂、人—环境、社会血亲关系、性别分工、等级制度等各种具体关系中抽象出三类实体性主体,即人、神灵、鬼怪。① 换而言之,裕固族的时空域限不仅定义了"人"这一实践主体,同时定义了"神灵""鬼怪"其他非"人"类的实践主体;三类实在主体共生共存的时空域限,构成了裕固族的整体时空观,并成为定义"裕固民族"及其"裕固民族性"的重要方式。这一族群性的整体时空观可大致以下图呈现:

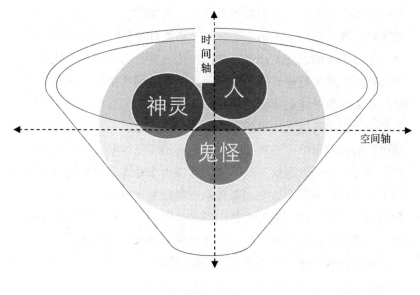

整体时空观

---

　　① 需要说明:我们从各种具体关系中抽象出的这三类实在性主体,只是一个概括性的分类而并非具有明确边界和内涵的概念性分类,例如"神"和"灵"在某些具体情境下并不能归为同一类存在,"鬼"和"怪"二者之间也存在区分,"祖先"在特定语境中又具有"鬼"和"灵"的某种特质,诸如此类的具体概念性区分,需要从宗教实践视角搜集大量田野材料才能完成。而本书立足于亲属制度,提出裕固族的整体时空观,一则基于现有田野材料和分析尝试提出一种解释性框架,二则尝试为后续相关研究提供一种可能性参考。

附录1：尧熬尔来自西至哈至①

咦哪噢，我尊敬的客人们哪，快走进这温暖的帐房吧！

你们肩披着明丽的阳光，尧熬尔却把朋友揣在心上。

咦哪噢，我亲密无间的兄弟们哪，犹如回到生养你骨肉的家乡。

父母为儿女们荣光，祖国是尧熬尔真正的亲娘。

咦哪噢，我举起这晶莹的牛角杯哟，酒浆赶走你浑身的寒霜。

要说尧熬尔不能把朋友原谅，是因为你将要把历史的苦水品尝。

咦哪噢，牛粪火燃烧在我们心中，天鹅琴哀诉着世代的衷肠。

琴声里流淌着千年的眼泪，手指间凝固着民族的悲伤。

不是因为我喝酒过量，也不是我生来就爱嚷嚷；

是因为阿尼尕留下了苦歌，我才有心留给子孙说唱。

谁不知道蓝天是大地的母亲，尧熬尔说雨水是母亲的乳浆。

高山上有松柏和花朵，它们都各自有扎根的土壤。

我们尧熬尔民族哟，是谁把我们子孙生养？

舀一勺眼泪汇成的河流，也能照得见我们心灵上的创伤。

呵，尊贵的客人哟，不是我无意把你谦让，

是我那说古道今的阿瓦尕，嘱咐我要记住尧熬尔的善良。

呵，敬爱的朋友们哪，不是我无意中提起故乡，

是被灾难夺走生命的父兄，要我铭记住焚烧民族的火光。

呵，珍稀的来宾们哪，不是我无意中把情意献上，

是尧熬尔古老的沙米尔酒，让你在寒夜里摸见春天的阳光。

---

① 肃南县纪念册编辑室：《裕固之歌（1954—1984）》（庆祝甘肃省肃南裕固族自治县成立三十周年纪念），1984年，第255—272页，由才让丹珍搜集整理。

呵，同胞的兄弟们呐，不是我无意中对你叙唱，
是琴弦带来故土的浓香，酒杯里你能见到尧熬尔的血浪。
呵，火一样的年轻人哪，你听吧，听我来说，
即使我流下了眼泪，你可不要误以为今天我有什么悲伤！

说着唱着阿瓦尕才知道了：尧熬尔生息在西至哈至的远方。
那里有我们三十五个邻邦。第三十六面旗帜是尧熬尔的敬仰。
丰美辽阔的牧场，镶满了珍珠般的驼马牛羊；
红柳花连上了天空的红云，沙丘上堆满了金子般的阳光。
慈祥的雪山化下了雪水，每一棵小草都生机勃勃。
花儿开出了民族的容颜，松柏筑成长年的绿墙。
在幽静的海子泉边，白天鹅展开了闪光的翅膀。
彩云间飞来飞去的银雀，歌唱着尧熬尔的爱情和吉祥。
我们有一万顶牛皮帐房，我们有十万个民族的儿郎。
就连与世长辞的祖宗，也在无瑕的白石堆下埋葬。
大寺院常年香火缭绕，大活佛每日里闭目合掌。
部落里到处是经幡，奴隶们却为自己的双手歌唱。
湖滩上布满了部落长的牛羊，骆驼队为贵人们驮来荣光。
布谷鸟赶走了寂寞，帐房里闻得见沙米尔酒香。
贫穷不是奴隶们带来，富强却是我们用双手铸造。
部落虽然是贵人们的天堂，寒夜中却有奴隶心上的火光。
老人们生就倔强的脸膛，深藏着岁月赠予他们的粗犷。
就连三岁的木拉、卡斯达尔，也能从“一”数上万只牛羊。
苦难使我们认识了每一棵野草，海子水为奴隶们洗净苦肠。
大佛爷祖护着凶暴的部落长，牧人们却在黑夜里欢聚一堂。
金鹿般的尧熬尔小伙，把沙米尔酒当成灵芝一样。
只要海子水不会枯竭，他们就能盛得下“海量”。
银雀鸟儿似的姑娘们，酒歌在她们胸中荡漾。
只要微风轻轻飘洒，她们也会倾醉在阿哥身旁。
羊脚骨缠上柔软的绒毛，红腰带系起情人双双。
婚礼歌唱出欢乐和悲伤，头面等待着团聚的幸福时光。
比玛瑙还要珍贵的孩子们，把天鹅琴声当作母亲的乳房。

只要阿娜的心儿还在跳动，他们就永远嬉戏在甜蜜的梦乡。
母亲的乳汁使他们双眼明亮，驼马牛羊的奶水使他们更加茁壮。
五岁的骑手急马追猎，每支箭都各有丰富的报偿。
"啦咦啦"个歌声随风飘荡，"牙什扎"的舞步多么豪放。
苦难的心犹如日月一样明朗，清泉水也被感动得热泪汪汪。
褐子织进了妇女的向往，绒毡擀进了男人的直爽。
奶桶里漂满了纯净的酥油，头面上跳跃着珊瑚的奇光。
呵，勤劳智慧的尧熬尔，就像那茂盛的红柳树一样；
在母亲般的西至哈至，绿了又枯，青了又黄。

说着唱着阿尼尕尔才知道了：尧熬尔来自西至哈至的远方。
部落的强盛酿成灾难，欺辱异族孕育着民族的灭亡。
奴隶们谁不愿安静地生活，野心却使部落长头昏发狂。
任意杀戮异族的奴隶和牛羊，示威的屠刀激怒了邻邦。
大地被黑云压得透不过半缕阳光，一阵腥风撕破了尧熬尔的帐房。
狂风卷走无辜的牛羊，沙丘上林立着敌人复仇的刀枪。
老佛爷跪膝祈求上苍，礼拜寺的钟声带给佛殿可怕的凄凉。
瘟神给部落降下了疟疾，猎手的羽箭不幸射中神像。
部落里顿时失去了吉祥，尧熬尔不得不举刀抵抗。
部落长孕育了恶果，奴隶们不得不杀向战场。
美丽的故乡鲜花枯萎，灿烂的太阳顿时失去明媚。
刀剑相击拼杀出万点火花，分不清哪是星星哪是刀光。
血战中男儿们奋勇献身，心火把故乡的泥土炽烫。
妇女们凝固在血泊之中，婴儿还偎依着冰冷的亲娘。
战驼背峰人地，战马四蹄伸向天空。
战刀断裂成片，尧熬尔面临着民族的灭亡。
没有弓箭就不能捕捉虎狼，没有骆驼就不能在沙漠中游走。
没有灯火谁敢在黑夜中奔忙？尧熬尔不得不迅速离乡。
谁知部落长下了命令："把老人和孩子全部杀光！"
理由是"杀敌需要青年少壮，还要把口轻的牲畜赶上！"
悲惨的情景历历在目：老人和孩童全用牛皮袋装上。
沙坑里传来了亲人的哀号，人世间再没有比这更丧尽天良！

酥油已填满了死人的七窍，佛灯跳跃着烧心的鬼光。
大地下奔流着冤屈的血浪，尧熬尔从此诀别了歌唱。
不幸中总有万幸，有位姑娘竟把老父偷藏。
骆驼羔皮袋捅开无数小洞，把老人混杂在骆驼中驮上。
寺院挂上了牛大的铁锁，黄沙把经堂深深埋藏。
经幡随风飘过红柳树丛，红柳花抚摸着它遍体的鳞伤。
走吧！冤屈的土地，离开吧！血染的天堂。
老人的白骨留在故乡的土壤，孩子的灵魂刻在无情的家乡。
用一千年的风雪雷电，铸炼出儿孙们的翅膀。
飞回西至哈至，再建造起父辈们真正的陵场！
螺号声呜咽着民族的不幸，启明星指示了生存的方向。
银雀鸟展开带血的翅膀，鸣叫着飞向陌生的东方。

说着唱着阿扎才知道了：尧熬尔乘星夜逃向东方。
三个月没敢歇鞍停步，背后又闪耀着追兵的刀枪。
眼看民族临近灭亡，奴隶们准备做最后的抵抗。
就在这危急的关头，骆驼羔皮袋里传出智慧和希望：
"黑夜中不要怕火光，胆怯时要记住力量。
暴风中不要怕迷失方向，失望时要记住翅膀。
即使敌兵追得紧，孩子们也无须惊慌。
快告诉我追兵离我们有多远？用智慧去惩罚他们更为适当。"
姑娘听到父亲的话语，说敌兵离我们只有三马站。
"如果阿扎没有办法，死亡的灾难就会降在眼前。"

老人听完哈哈大笑，说我们尧熬尔绝不会灭亡。
"你快去告诉部落长，就说你们自己把办法想：
乏弱的牛马可以不要，短刀插在它们后腿上；
乱蹄奔向四面八方，叫敌人难以辨认我们的去向。
剩下的牛马骆驼，全都连夜倒挂蹄掌；
人们也要倒钉靴底，然后安心地奔向东方。"
部落长听取了姑娘的忠告，下命令全部落速办。
一千把短刀刺疼了乏畜，东南西北都有它们挣扎的蹄板。

追兵到了此地，个个被弄得眼花缭乱；
头领不知所措，只好放弃了灭族的恶念。

说着唱着阿娜才知道了：尧熬尔一路受尽了苦难。
刚逃出敌兵的虎口，面前的荒沙却一望无际。
驮上的饮水已经耗尽，太阳却晒得大地冒烟。
骆驼蹄磨成了纸片，牛肚皮干瘪得可用针穿。
大漠汲干了人畜的血汗，皮袋里的沙米只剩下几餐。
狂风吹倒了骨瘦嶙峋的姑娘，小伙子也不得不连声哀叹。
走呀走哟，何时到天边？跑呀跑哟，何时没有苦难？
有谁来救命？旱魔把尧熬尔逼向死亡的边缘。
在这万分紧急的关头，骆驼羔皮袋里又传来智言：
"不要怕，孩子们！老人是智慧的源泉。
死亡中活下的人，永远不会怕死；
洪水中幸存的人，永远不怕水患。
大火烧不化的人，才算是金子；
刀枪中逃生的人，是尧熬尔的子孙。
兄弟姐妹要咬紧牙关，面对灾难要攥紧双拳。
死亡的魔鬼最怕诚挚的友谊，苦难中爱情把力量增添。
不要哭泣，眼泪会淹没勇敢；
不要悲伤，叹息会失去信念。
黑疱牛是旱魔的对手，它闻得见地底珍藏的清泉。
快放它在前面引路，人畜要紧跟上不可掉远。"
姑娘把这话说给情人，大伙儿立即把黑疱牛放在前面。
它哞叫着奔向远方，尧熬尔的人马跟在它后边。
走了不知多少时辰，黑疱牛突然停蹄不前。
它俯首闻着一丛马莲，犄角把花丛掀开。
姑娘把干沙掏完，小伙子又向下挖了三尺三；
没等人们取出木碗，清泉水却已把沙坑里喷满。
人喝了三天，畜饮了九遍。
驮桶又重新装满，清泉却突然又变成了马莲。

说着唱着卡斯达尔才知道了：黑风暴使尧熬尔迷失了方向。
白天像黑夜一样可怕，头顶寻不见一颗星光。
黑风狂吼了三天三夜，尧熬尔也只能随风奔忙。
大黑风显完了淫威，尧熬尔却不知被刮到什么地方。
姑娘又急忙求救老人，老人悄悄告诉她不必慌张。
问女儿天上是否有飞鸟，还问她鸟儿会不会唱歌。
姑娘抬眼望穿蓝天，突然见一只银雀在云间翱翔。
"跟着银雀鸟儿走吧，它会为尧熬尔带来吉祥。"
人畜振奋启程，银雀儿引路歌唱。
苦难的尧熬尔有了欢乐，银雀儿给民族增添了新的敬仰。

说着唱着木拉才知道了：尧熬尔终于看见了绿树新房。
千佛洞矗立着庄严的神像，万佛峡透过了温暖的阳光。
人们穿着短腰子鞋帮，麻线鞋底印在三道车辙的路上。
当地人的笑脸伸出了花格木窗，为尧熬尔送来了小米和干粮。
阳光下我们放牧，当地人和尧熬尔情深意长。
用绒毛换来了丝绸，尧熬尔从此脱掉了兽皮衣裳。
黑夜里我们向东赶路，火镰子冉冉烧着"塔玛克"的浓香。
当地人说我们会"吃火"，鼻烟壶更使他们难以想象。
沙枣花开得遍地清香，到处是桃李垂柳和白杨。
我们来到"砖包城"下，古城楼上金钟鸣响。
老人听见了钟声，又对女儿悄悄细讲：
"这儿没有饥饿，尧熬尔到了安居的地方。"
于是大伙儿请求部落长，要他去和肃州官商量：
若有剩余的地方和草场，请借给尧熬尔民族牧羊。
部落长前去说情，肃州官向朝廷把文书奏上。
洪武帝施下大恩大德，让尧熬尔安居在肃州东方。

说着唱着我们才知道了：尧熬尔来到八字墩梁上。
祁连山啊可爱的山，尧熬尔从此有了自己的家乡。
洪熙年尧熬尔被定为"安家茶马"，九个寺院又建造在新的土地上。
尧熬尔分居九个部落，各自都分得了肥美的草场。

巴衣雨夭斯湖面天鹅飞翔，黄鸭子在蓝天上歌唱。
芨芨草盖过了骆驼，尧熬尔学当地人筑起了土房。
祁连山中的异族兄弟，和尧熬尔像松柏一山生长。
吐蕃人赠给我们羔羊，劳动使我们民族慢慢富强。

说着唱着子孙们才知道了：老人在女儿的婚礼上露出脸膛。
部落长这才醒悟：老人是民族的智慧和荣光。
从此不论是婚礼或是酒会，尧熬尔都要把老人敬让；
也不论是赛马还是寺院大会，尧熬尔都要把老人敬仰。
自古到今，世世代代，尧熬尔没有把老人遗忘；
是因为西至哈至的土地，凝固着民族的悲伤。
我要把这支泣血的歌，留给子孙万代叙唱；
让他们永远不要忘记，尧熬尔来自西至哈至的远方。

附录2：沙特①

在久远的往昔，天地还没有形成

后来在一个茫茫大海中形成了天地

最初天地在一个金蛙身上

金蛙降临宇宙，天地形成了三十二层

三十层已稳定，尚有三层没有稳定

天地间还有八十八根金柱子的须弥山

三十层稳定了，八十四根稳定了

四根还没有稳定，这是为什么？

请教了罗尔格特勒旦巴

请教了屈义日具格腾，这是为什么？

请教了拉义俄毛布加布绒汗

拉义俄毛加布绒汗的地方

蓝天的面上，平常看不见白云飘荡

也看不见丰饶的雨水降下

水没有源头，人没有舅舅

又请教了鲁布桑汗

鲁布桑汗的大地上，没有草木是光滩

没有水到处是沙漠，没有松柏是荒地，没有龙是旱地

又请教了具增加恩白汗

又请教了屈义日具格腾，这是为什么？

---

① 由铁穆尔搜集整理，见肃南裕固族自治县裕固族文化研究室收集整理《裕固语话语材料（一）》（内部资料），2008年，第3—23页。

汗说是天和地需要结亲

两个亲家需要四个斯买

两个亲家怎样才能结亲

需要去印度，需要印度丰富的经典

兴旺了

图日哈义开头莫日根·巴特尔，阿勒特义开胡热莫日根·巴特尔

买的格其莫日根·巴特尔，奥力杜什贵奥老尼阿日哈其

可汗的四个使者去了印度，迎请了那高深的经典

他们吹着那白色海螺，用白色的绸缎包着，用白色的阿鲁骨良马驮
来了

从此后诸事顺利了

拉义俄毛加布绒汗的图热恩旦巴台吉

鲁布桑汗的奥切日特哈那阿瓦海哈敦

请教了鲁布桑汗

（汗说）长满黑发的子孙将要在大地上出生的时候，需要准备婚宴

需要像黑发孩子的头发那么多的嫁妆和礼品

又去请教了拉义俄毛加布绒汗

汗说可汗要和诺彦结亲，诺彦要和百姓结亲，百姓和奴隶结亲

又从这些条件降低了条件

羊毛织的呢子要缝对缝，绫罗绸缎要花对花

金子、银子要配在一起，婚宴是这样歌颂唱的

又从这些条件降低了条件

从此以后四方百姓为可汗筹办

白日开为诺彦筹办，奴隶们为百姓筹办

又从这里降低了标准，从此？

准备了带驼羔的棕色骆驼，准备了绫罗绸缎来颂唱，准备了装着礼品
货物的宝车

是这么颂唱的

又从这里降低了标准

从此以后四方百姓为可汗筹办

白日开为诺彦筹办，奴隶们为百姓筹办

又从这里降低了标准

歌之舞之，宾客侍者来了

像天上的星星一样多的宾客侍者来了

像地上的草叶一样多的宾客侍者来了

请来了太阳的夫人，带来了金色太阳光

八万宾客，八千侍者来了

请来了月亮的夫人，带来了银色月亮的光

八千宾客，八百侍者来了

天的夫人请来了，带来了蓝色的天光

八千宾客，八百侍者来了

天的姑娘请来了，天的胡儿穆斯巴特尔

哈热格纳，艾德尔汗，一片蓝色的光芒

带来了五百宾客、五大侍者

地的夫人请来了，大地的纳俄其巴特尔

额尔乃格图，一片金黄色的光芒

可汗和诺彦结亲，诺彦和百姓结亲，百姓和奴隶结亲

那么多的宾客侍者来了，在仁千赛日吉散布如的世上欢乐生活

歌之舞之

又从这里降低了标准

歌之舞之

准备怎么颂唱呢？

又要降下标准来颂唱

说应该这样歌唱

四个大臣颂唱了

噢！两亲家像白色雪山中生存的青鬃白狮子一样颂唱

祝福两亲家像矗立的雪山永恒地友好和睦

祝福（你们像）白狮子的青鬃一样茁壮蓬勃

像白云中间生存的青龙一样颂唱，两亲家像白云一样旺盛壮大

像青龙高亢的声音，像黑松林中的金黄狮子颂唱

祝福（你们）拥有黑松林一样的手，像金黄老虎一样的勇气

像有千两宝牙的白象颂唱，两亲家永恒地结亲

可汗们尊重的沙特，诺彦们崇拜的沙特，成为百姓智慧的沙特

又要降下标准来颂唱

西边的达赖博格达汗歌颂的黑牦牛

应该是这样颂唱的

毛发是黑的奶汁是白的，养育了芸芸众生，让众生欢乐幸福

可汗把布尔汗（神）祭祀着，东方的莫日根成吉思汗

颂唱过的有盘羊血统的百只白色绵羊，颂唱了五卷沙特

送给舅舅的左披鬃的褐色骏马备着马鞍马镫

回报母亲养育之恩的白犏牛带着白犊

送给父亲左披鬃的褐色骏马备着马鞍马镫

翻越达坂时马肚带紧好如初

年龄还小时马肚带也不会松弛，父亲之恩使它有镫

送给哥哥江格尔送的长着棕色角的棕色驮牛驮着鞍具带着镫

西边的达赖博格达汗颂唱过的黑色牦牛

东边的莫尔根成吉思汗颂唱过的百只白绵羊

两个亲家方面建立了四个寺院

歌之舞之……

是从五畜上驮来的沙特，是从骏马背上载来的沙特

是驮在马上的千两的沙特，是驮在骆驼上的万两的沙特

是驮着财宝沿着纯银的道路　颂唱的沙特

又请教了老日格勒旦巴，两亲家要建四座寺院

歌之舞之

宾客侍者来了

是东边的莫日根成吉思汗的盘羊血统的白绵羊左边的沙特

让新郎举举在手中因为感恩而颂唱

用达勒骨（肩胛骨）颂唱，那是有其他用途的骨头

用浩恩骨（后腿短骨）颂唱，那是短小的骨头

用合日骨（前腿骨）颂唱，那是难看的骨头

用随吉骨（尾骨）颂唱，那是开洞的骨头

用杜恩达图骨（后腿中间的骨）颂唱，那是短小的骨头

因此用宝贵的白羊左边的沙特颂唱

怎么才能长久如愿呢？祝愿两个亲家永久结亲

噢！什海图重一头呈三角形是为什么？是用纯银包裹的纯银的沙特

噢！什海图轻一头呈四方形是为什么？是用黄金镶嵌的黄金沙特

愿两亲家用黄金富裕，用八音来铺路

海螺呈白色是因为什么？白色海螺的声音不绝

祝愿马纳斯，毛老木，八个柱子

什海图中黄金色精髓那么旺盛是为了什么？是为了两亲家圣神黄教
兴盛

什海图的外层覆盖三层（肉）是为什么？那是两亲家的羊毛呢子缝
对缝

绫罗绸缎花对花，就这样富裕兴旺

噢！换白绸子是为什么？就是为了两亲家互相换亲

噢！互敬美酒是为了什么？是为了新娘、新郎

祝愿像蓝色大海一样永恒富裕

这吉祥白米是什么意思

这是为了像吉祥白米一样茁壮盛开，像六字真言一样完美正确

新娘、新郎请来了五国贵客，具备了六种宴席

愿新娘、新郎百年谐好永恒幸福！

附录 3：尧达曲克^①

噢——月儿要选月圆的时节

噢——日子要选吉祥的日子

噢——今天的日子是农历××月××日

噢——是神佛所赐的黄道吉日

噢——是双方成亲的缘分到了的日子

噢——要说今天的日子

噢——向君巴瑶询问这古老习俗的来历

噢——要完满地讲述呢

噢——要完满地来说呢就是一席话呀

噢——要说尧熬尔人呢

噢——在成亲待客的时候

噢——要做阿斯哈斯

噢——要做阿斯尕尔阿

噢——要做尤达觉克

噢——双方亲家要互相敬献和交换哈达

噢——要恭请新郎的舅舅和新娘的舅舅在上席上就座

噢——要互相谦让推说一番

噢——有这样的古老攀亲习俗啊

噢——按照这样的习俗

----

① 由阿尔斯郎根据已故著名尧熬尔民间艺人托瓦（杨生湖）先生生前的录音整理。见肃南裕固族自治县裕固族文化研究室收集整理《裕固语话语材料（一）》（内部资料），2008 年，第 23—45 页。

噢——要讲诵古老的礼仪

噢——要咏唱尤达

噢——今天我们也按照这古老的习俗来举行

噢——今天要举行咏诵尤达这一古老的习俗

噢——恭请尊贵的神佛祈愿咏诵

噢——他们谦让说不会咏诵

噢——恭请安姓王族及部落首领来咏诵

噢——他们也谦让说不会咏诵

噢——恭请其他部落及其头领来咏诵

噢——他们也谦让说不会咏诵

噢——又恭请副总东

噢——恭请上席辈分年龄最长的奶奶

噢——恭请伴娘、侍茶的姑妈

噢——恭请总东、东家们

噢——恭请帐内两侧的宾客们

噢——恭请所有来赴宴的男女老少们来咏诵

噢——所有的人都谦让说不会咏诵这古老的史诗

噢——要说今天所要咏诵这尤达呢

噢——常言道衣之首是领子

噢——水之源是清泉

噢——人之尊是舅舅

噢——于是恭请成婚新人双方的舅舅来咏诵

噢——因为双方舅舅来咏诵的话

噢——是符合传统习俗的

噢——但双方舅舅们说

噢——他们俩翻山越岭走过的路无数

噢——涉江渡河赴过的宴席无数

噢——但自牙牙学语到老却从未咏诵过尤达

噢——于是他俩请我们俩（指主婚人）来咏诵这古老的尤达

噢——那咏诵的话就来咏诵吧

噢——要说这咏诵尤达呢

噢——其间的规矩还真不少

噢——要说这咏诵尤达的习俗呢

噢——据说是地神苏古姆巴释扎陶瓦创造这世间大地时就形成的

噢——是古代桢可思可汗和鲍黛可汗两位可汗攀亲结缘时

噢——就立下了这咏诵尤达的古老习俗

噢——要说地神苏古姆巴释扎陶瓦

噢——是如何创造这世间大地的呢

噢——据说是用青龙驮上黄金

噢——用白象驮上白土

噢——填入松恩大赖

噢——可是这世间大地也没有能够创造形成

噢——地神苏古姆巴释扎陶瓦的计谋也尽了

噢——只好祈问苍天

噢——天神贺郎尔扎西朝说

噢——要（创造世间大地）先要在苍穹的四角立起四根擎天柱

噢——从台神处讨回人种并创造人类开始繁衍生息

噢——从火神处讨回火种造福世间

噢——从佛国天竺取回真经

噢——在鸟儿都无法产卵的峭壁上筑造起大经堂

噢——在马儿都无法立足的陡坡上建造起小经堂

噢——这世间大地就会自然生成

噢——按照天神这样的指点

噢——这世间大地也就自然形成了

噢——这天地形成以后

噢——桢可思可汗和鲍黛可汗相互开始攀亲结缘

噢——相传鲍黛可汗有位王子

噢——桢可思可汗有位公主

噢——于是桢可思可汗向鲍黛可汗求亲

噢——早上去求亲

噢——中午回话说不允准

噢——中午去求亲

噢——傍晚回话说不允准

噢——傍晚又去求亲

噢——次日早上回话说不允准

噢——地神苏古姆巴释扎陶瓦的办法也尽了

噢——地神苏古姆巴释扎陶瓦说

噢——这世间大地之所以形成

噢——是苍天之上

噢——是天神贺郎尔扎西朝的无量功德呀

噢——又向天神贺郎尔扎西朝祈祷

噢——天神贺郎尔扎西朝显灵说

噢——要想让这两位可汗攀亲成功

噢——要举行隆重的仪式在苍穹四角祭奉苍天

噢——在各个高山之垭口垒筑祭奉

噢——让芸芸众生都相互攀亲繁衍

噢——用青龙的尤达来咏诵尤达

噢——用金银财宝来厚礼相聘

噢——那么这门亲事就会顺利成功

噢——按照这样的神谕

噢——柯勒尕阿部落的首领

噢——名叫柯尔阿块尔爱的

噢——向可汗进言道

噢——要说这青龙

噢——到了夏季在九天之上

噢——行白云起白雾

噢——到了冬季呢

噢——就会回到万重雪山深处与山同眠

噢——活着的时候身重千斤

噢——死后骨重千斤

噢——这真是世间无法找到的宝物呀

噢——但世间人无论贫富都要攀亲繁衍

噢——这样稀罕的宝物他们上哪儿去找呢

噢——只有在你们两位可汗的皇宫中才有啊

噢——请两位可汗将这尤达转降到其他宝物上吧

噢——两位可汗说转降的话也行

噢——那么从青龙身上转降的话呢

噢——那么就转降到这洁白的大象的尤达上定了吧

噢——要说这洁白的大象呀

噢——在可汗尊贵的宝殿里

噢——在遥远的印度

噢——在无法取胜的战场上才用啊

噢——这么稀罕的宝物平常老百姓又到哪里去找呢

噢——亚乐格部落的首领

噢——名叫杨奈登增者

噢——向可汗进言道

噢——能否将这尤达转降到其他宝物上呢

噢——可汗答应说降的话也行

噢——从这再往下转降的话呢

噢——那么转降到这雪白的狮子身上就不容再更改了

噢——要说这雪白的狮子呢

噢——在遥远的佛国印度

噢——据说它只饮松恩大赖的水

噢——这样稀罕的宝物平常老百姓又到哪里去找呢

噢——话说陶鄂什部落的首领

噢——名叫陶奥麦尔恩者

噢——又向可汗进言道

噢——能否将这尤达转降到其他宝物身上呢

噢——可汗说转降的话也行

噢——要从这再往下转降的话

噢——就请你们四位杰桑要好好商议一下

噢——这四位杰桑经过商议

噢——话说哈尔拉德部落的首领名叫哈尔奥保机者说

噢——在这黑莽莽的大地上

噢——有四种难得的宝物啊

噢——这四种牲畜就是不可缺少的宝物呀

噢——火红的马群是一种难得的宝物

噢——要给阿木兰可汗做战马

噢——给部落首领和活佛们当坐骑

噢——给老百姓做忠实的骑畜

噢——这真是一种难得的宝物啊

噢——金黄的骆驼是一种难得的宝物啊

噢——全身上下蕴含十二生肖

噢——承载不了的重物全靠它来驮运

噢——这也是一种难得的宝物啊

噢——乌黑的牦牛是一种难得的宝物

噢——奶子和酥油可以点佛灯敬佛

噢——肉可以向首领和活佛们敬献份子肉

噢——皮毛可以供军需品生产

噢——这也是一种难得的宝物啊

噢——洁白的绵羊是一种难得的宝物

噢——奶子和酥油可以点佛灯敬佛

噢——肉可以在盛大宴席上招待宾客

噢——洁白的羊毛可以织成五彩的袭衣毛料

噢——不论贫富家家户户都养有绵羊

噢——这确实是一种难得的宝物啊

噢——两位可汗下旨说

噢——请你们四位杰桑再好好商议一下

噢——按照这样的旨意

噢——四位杰桑经过商议

噢——定下了成亲的吉日

噢——选准了保尔居乌德的驼色绵羊并做下了记号

噢——将这羊用灰色的绸缎裹好

噢——驮上了灰色的骆驼

噢——慢慢地开始进发了

噢——到了可汗的宝殿

噢——可汗把绸缎掀开看了一下羊头说

噢——用来献给亲家的肥美的羊头份子就是它呀

噢——看了一下羊的嘴可汗又咏道

噢——让苍莽黄土地生生不息的难觅的宝物就是它呀

噢——把羊脖子看了下可汗又咏道

噢——像黄金一样金贵的永不分离的六兄弟就是它呀

噢——又把前胸骨看了下咏道

噢——供双方亲家来来往往相互商议亲事的通道就是它呀

噢——又把羊胸叉骨看了一下咏道

噢——为了让双方亲家和睦要供献的肥美的羊胸叉就是它呀

噢——又把脊椎骨看了一下咏道

噢——横跨苍穹的银河就是它呀

噢——又把肋骨看了一下咏道

噢——十二对肋骨都头朝里呀（意为亲族团结一致）

噢——又把臀尖背子看了一下咏道

噢——敬献给头目和活佛的大背子就是它呀

噢——又把肩胛骨看了一下咏道

噢——苍天上的铁阳板就是它呀

噢——又把臀骨看了下说道

噢——撑起苍天的铁柱子就是它呀

噢——又把前臀骨看了一下咏道

噢——双方来回联络的信物就是它呀

噢——又把燕子骨看了一下咏道

噢——支撑苍穹的通天大梁就是它呀

噢——又把股骨看了一下咏道

噢——撑起苍穹四角的擎天立柱就是它呀

噢——又把小腿骨看了一下咏道

噢——今天借以颂诵古老习俗的尤达就是它呀

噢——这小腿骨的这头为什么是青的呢

噢——是因为渗透了千两八音的缘故

噢——这小腿骨的这头又为什么是黄的呢

噢——是因为渗透了无数黄金的缘故

噢——为什么小腿骨上长满了厚厚的筋肉呢

噢——象征着给新郎穿上了盛装

噢——为何要给这小腿骨上缠上洁白的羊毛呢

噢——象征着给新郎系上了簇新的系腰

噢——为何要给这小腿骨两头涂上酥油和奶子呢

噢——象征着对新郎圣洁的祝福

噢——被神圣的可汗钦点的尤达

噢——被各部首领们祝福的尤达

噢——被部众子民们赞颂的尤达

噢——被芸芸众生咏诵的尤达

噢——祝福永远吉祥如意啊！

参考书目

中文书目

安建梅：《裕固族民间文学作品选》，民族出版社 1984 年版。

［法］安德烈·比尔基埃、克里斯蒂亚娜·克拉比什－朱伯尔、玛尔蒂娜·雪伽兰、弗朗索瓦兹·佐纳邦德主编：《家庭史》，袁树仁、姚静、肖桂译，三联书店 1998 年版。

蔡华：《人思之人——文化科学和自然科学的统一性》，云南人民出版社 2009 年版。

才让丹珍搜集整理：《神奇的皮袋：裕固族民间故事选》，甘肃人民出版社 1984 年版。

岑仲勉：《突厥集史》，中华书局 2004 年版。

杜芳琴、王政主编：《社会性别》（第一辑），天津人民出版社 2004 年版。

法律出版社法规中心编：《中华人民共和国婚姻法注释本》，法律出版社 2006 年 9 月（2007 年 12 月重印）。

国家民委民族问题五种丛书之一，中国少数民族社会历史调查资料丛刊，甘肃省编辑组：《裕固族东乡族保安族社会历史调查》，甘肃民族出版社 1987 年版。

国家民委民族问题五种丛书之一，中国少数民族自治地方概况丛书，《肃南裕固族自治县概况》编写组：《肃南裕固族自治县概况》，甘肃民族出版社 1984 年版。

甘肃省地方志丛书，甘肃省肃南裕固族自治县康乐区《康乐区志》编委会：《康乐区志》（内部资料），2006 年 10 月。

中国人民政治协商会议甘肃省委员会文史资料和学习委员会、中国人民政治协商会议甘肃省委员会张掖地区工作委员会、中国人民政治协商会议肃南裕固族自治县委员会合编，甘肃文史资料选集第四十六辑，《中国裕固族》，甘肃人民出版社1997年版。

贺卫光、钟福祖：《裕固族民俗文化研究》，民族出版社2000年版。

郝苏民编：《东乡族保安族裕固族民间故事选》，上海文艺出版社1987年版。

贺玉梅：《裕固族》，民族出版社1985年版。

［英］克·里德伯斯编：《剑桥年度主题讲座：时间》，章邵增译，华夏出版社2006年版。

（明）李应魁：《肃镇华夷志（校注）》，高启安、邰惠莉点校，甘肃人民出版社2006年版。

［法］勒尼·格鲁塞：《草原帝国》，魏英邦译，青海人民出版社1991年版。

［波斯］拉施特：《史集》（第一卷第一册），余大均译，商务印书馆1983年版。

［芬兰］马达汉：《马达汉西域考察日记》，王家骥译，中国民族摄影艺术出版社2004年版。

彭兆荣：《西南舅权论》，云南教育出版社1997年版。

肃南裕固族自治县裕固族文化研究室、张掖电视台合作收集整理和制作：《裕固族原生态民歌档案》，中国国际广播音像出版社2008年版。

肃南裕固族自治县裕固族文化研究室收集整理：《裕固语话语材料（一）（二）（三）》（内部资料），2008年。

肃南县纪念册编辑室：《裕固之歌（1954—1984）》（庆祝甘肃省肃南裕固族自治县成立三十周年纪念），1984年2月。

铁穆尔：《北方女王》，甘肃文化出版社2008年版。

铁穆尔：《千年尧熬尔文化史》，民族出版社1999年版。

田自成、杨进禄主编：《裕固族民间歌谣谚语集》，天马图书有限公司2003年版。

田自成主编：《裕固族民间故事集》，天马图书有限公司2002年版。

［苏格兰］维克多·特纳：《仪式过程——结构与反结构》，黄剑波、柳博赟译，中国人民大学出版社2006年版。

魏泉鸣：《裕固族文学作品选》，西北民族学院出版社 1979 年版。

肖爱民：《中国古代北方游牧民族两翼制度研究》，人民出版社 2007 年版。

杨圣敏：《回纥史》，广西师范大学出版社 2008 年版。

阎云翔：《私人生活的变革：一个中国村庄里的爱情、家庭与亲密关系 1949—1999》，龚小夏译，上海书店出版社 2006 年版。

中国人民政治协商会议肃南裕固族自治县委员会：《肃南文史资料》（第一辑）（内部资料），1994 年 4 月。

［日］佐口透：《新疆民族史研究》，章莹译，新疆人民出版社 1993 年版。

［伊朗］志费尼：《世界征服者史》，何高济译，内蒙古人民出版社 1981 年版。

中国科学院民族研究所、甘肃少数民族社会历史调查组编：《裕固族简史简志合编（初稿）》，1963 年。

郑筱筠、高子厚主编：《裕固族——甘肃肃南县东青村调查》，云南大学出版社 2004 年版。

钟声：《戈壁人家》，云南大学出版社 2001 年版。

中国人民政治协商会议肃南裕固族自治县委员会：《肃南文史资料》（第二辑）（内部资料），2000 年 12 月。

钟进文主编：《国外裕固族研究文集》，中央民族大学出版社 2008 年版。

钟进文主编：《中国裕固族研究集成》，民族出版社 2001 年版。

张纯志、安永香主编：《肃南史话》，甘肃文化出版社 2007 年版。

王秀芸主编：《肃南裕固族自治县非物质文化遗产保护名录图典》，甘肃民族出版社 2016 年版。

安玉冰主编、肃南裕固族自治县裕固族文化研究室编：《东部裕固语汉语词典》，甘肃民族出版社 2017 年版。

英文书目

Amin Maalouf, *In the Name of Identity—Violence and the Need of Belong*, Translated from the French by Barbara Bray, Arcade Publishing, New York, 2000.

Bryan S. Turner and Chris Rojek, *Societ and Culture Principles of Scarcity and Solidarity*, Sage Publishing, London/Thousand Oaks/New Delhi, 2001.

Cai Hua, Translated by Asti Hustvedt, *A Society without Fathers or Husbands—The Na of China*, Zone Books, New York, 2001.

Caroline Humphrey and David Sneath, *The End of Nomadism? Society, State and the Environment in Inner Asia*, The White Horse Press, 1999.

Chris Jenks (Edited), *Culture – Critical Concepts in Sociology* (Volume 1 – 4), Routledge, London and New York, 2003.

Dora Capozza & Rupert Brown, *Social Identity Processes*, Sage Publications, London, 2000.

David M. Schneider, *A Critique of the Study of Kinship*, The University of Michigan Press, 1984.

Gordon Mathews, *Global Culture/ Individual Identity/Searching for Home in the Cultural Supermarket*, Routledge, London and New York, 2000.

Janet Carsten, *After Kinship*, Cambridge University Press, 2004.

John J. Macionis, Nijole V. Benokraitis, *Seeing Ourselves: Classic, Contemporary and Cross—Cultural Reading in Sociology*, Pearson Education Asia Limited and Peking University Press, 2004.

Richard Feinberg and Martin Ottenheimer (Edited), *The Cultural Analysis of Kinship—The Legacy of David M. Schneider*, University of Illinois Press, 2001.

Rodney Needham, *Remarks and Inventions—Skeptical Essays about Kinship* (reprinted), Routledge, London and New York, 2004.

Robert Parkin and Linda Stone (Edited), *Kinship and Family—An Anthropological Reader*, Blackwell Publishing, 2004.

Rechard Jenkins, *Social Identity* (Second Edition), Routledge, London and New York, 2004.

Stephen Hunt, *The Life Course—A Sociological Introduction*, Palgrave Macmillan, New York, 2005.

Terry Eagleton, *The Idea of Culture*, Blackwell Publishing, 2000.

Tim Dant, *Critical Social Theory: Culture, Society and Critique*, Sage Publications, London, 2003.

索　引

后　记

2008 年第一次到达肃南，2017 年第二次返回肃南，二者之间隔着一个十年。2008 年 2 月，我踏上开往张掖的火车，开始为期一年的田野调查。2009 年 2 月，彩荣姐姐用摩托车载着我到马场滩上的白塔旁，把我送上开往张掖的大巴车；上车之前，她飞快地塞给我二百元现金，离别的情绪在一刹那泪涌而出。2017 年 5 月，我再次回到肃南，似是故人归的情感隔着十年的时间河流，汹涌澎湃。

第一次到达，让我用一年的时间完成了一场人类学者的"成年礼"过渡仪式，而那些善良的裕固族牧民就是整个仪式过程的见证者。每一次翻山越岭、长途跋涉，常立国叔叔总会接过我的行囊；夏场上，每一次熬奶，高凤香阿姨总会为我留一碗香浓的鲜牛奶；当我无知地骑驴下山时，罗志军因担心我的安危而责备妻子高彩荣；当我第一次骑马奔驰时，高彩荣竟兴奋得放声高歌；大雨泥泞中，常海亮不顾自己受伤，把住摩托车，避免了我被甩下山谷……太多回忆总是无法细细书写，太多感激总是无法一一言明。

第二次到达，让我的身心真正开始与这方水土和人们产生了连接。十年前，我身处田野，虽然被牧民们宽容而慷慨地接纳，但更多是以一位观察者的身份不断探索和记录；而十年后的归来，却让我真正开始关心这片土地的未来，以及当地牧民们的生计和发展。如果说十年前的我更多地体验着所谓的草原风情，并接受着牧民们的关爱和付出；那么十年后的我，开始学习思考这片草原的未来，以及世界和时代变迁下祖祖辈辈生活在这片草原上牧民们的生计和命运。

两次到达，十年间隔。时间似乎如一条河，只要淌过去了便成为历史；但是人与人之间相遇的各种情感，却似乎永远无法成为历史，只会不断积聚而历久弥香。我必须感谢蔡华、罗红光、牛汝极三位先生，他们是我学术道路的导师，也是我每一次重要选择和转向的见证人。我必须感谢卓玛、铁穆尔和赵国鹏，他们以一种全新的视角，丰富了我对裕固族及其文化的理解。我还要感谢肃南县人大主席高林俊（2008—2009 年调研期间时任），在搜集档案材料的过程中，他不遗余力地为我协调各行政部门的关系，才让我免去了许多奔波之苦。我要特别感谢安立超夫妇，作为重要的报道人，两位老人总能不厌其烦地为我描述各种细节。仍旧记得，冬天在老人家中围着火炉吃烤土豆，胃满肚圆后，老太太还不忘让我带些走；他们总是担心，我一个女子在外奔波会挨饿受冻。

其实，永远无法通过罗列的方式穷尽感恩之情。如果说，父母赋予了我生命，那么，所有在我生命历程中留下意义的人，则成就了我的生活，因此值得铭记并由衷感谢。

林红

2018 年 5 月 20 日